国企招聘考试全攻略
——高校毕业生如何找到心仪的好工作

主编 温显章

清华大学出版社
北京

内 容 简 介

本书是一本面向国企求职者的专业书籍，旨在帮助读者全面了解国企的招聘流程和考试规范，提高读者的考试技巧和应变能力，帮助考生顺利考入国企。

本书内容主要分为三篇：第一篇简单介绍了国企招聘的特点和流程，详细介绍了网上申请的注意事项和需要准备的资料；第二篇详细介绍了行政能力测试、公共基础知识、申论和综合知识的答题技巧和思路；第三篇主要介绍了半结构化、结构化、无领导小组讨论三种面试形式的答题技巧和思路。本书提供了丰富的实战案例和详细的真题讲解，让读者能够更好地掌握考试内容和应对方法，取得优异的成绩。

本书适合有意向进入国企的求职者阅读，包括高校毕业生和社会在职人员等。无论是哪个领域的人才，只要有志于进入国企，本书都会给您带来实实在在的帮助。

本书封面贴有清华大学出版社防伪标签，无标签者不得销售。
版权所有，侵权必究。举报：010-62782989，beiqinquan@tup.tsinghua.edu.cn。

图书在版编目(CIP)数据

国企招聘考试全攻略：高校毕业生如何找到心仪的好工作 / 温显章主编 . —北京：清华大学出版社，2023.8

ISBN 978-7-302-64397-5

Ⅰ.①国… Ⅱ.①温… Ⅲ.①国有企业—招聘—考试—中国—自学参考资料 Ⅳ.①F279.241

中国国家版本馆 CIP 数据核字 (2023) 第 142187 号

责任编辑：施　猛
封面设计：熊仁丹
版式设计：孔祥峰
责任校对：马遥遥
责任印制：宋　林

出版发行：清华大学出版社
网　　址：http://www.tup.com.cn，http://www.wqbook.com
地　　址：北京清华大学学研大厦 A 座　　邮　编：100084
社 总 机：010-83470000　　邮　购：010-62786544
投稿与读者服务：010-62776969，c-service@tup.tsinghua.edu.cn
质 量 反 馈：010-62772015，zhiliang@tup.tsinghua.edu.cn
印 装 者：三河市东方印刷有限公司
经　　销：全国新华书店
开　　本：185mm×260mm　　印　张：14.75　　字　数：341 千字
版　　次：2023 年 8 月第 1 版　　印　次：2023 年 8 月第 1 次印刷
定　　价：69.00 元

产品编号：102747-01

本书编委会

顾　问　雷朝滋

主　编　温显章

编　委

夏艳丽　李　宁　蔡嘉楠

潘长清　李文成

前 言

很多人都要面对就业问题的挑战，尤其是对于大学生而言，选择一份理想的工作，开启自己的职业生涯，是他们的重要任务之一。在当前就业市场竞争激烈的背景下，大学生求职压力越来越大。同时，随着社会经济的发展和科技的进步，就业形势也在不断变化。因此，对于大学生而言，了解就业市场的前沿动态和趋势，积极应对挑战，才能更好地实现自己的职业规划和目标。

本书从初步了解国企招聘考试到深入讲解笔试、面试各个环节，每个章节围绕一个主题深入探讨，帮助读者了解国企的特点和招聘流程，掌握求职技巧和备考策略，进而在竞争激烈的就业市场中脱颖而出。

本书特色主要包括以下几个。

(1) 内容设置全面。本书包括网上申请、笔试、面试等内容，旨在为广大读者提供一份全面、系统的就业指导。

(2) 市场前沿性强。本书结合当前就业市场的最新变化和趋势，为读者提供有针对性的求职建议和策略。同时，根据最新的国企招聘考查经验和实际案例，为读者提供更加贴近实战的就业指导。

(3) 实用性强。本书除了介绍理论知识，还阐述了大量的案例分析和实用技巧，旨在为读者提供一份实用可行的求职指导。

(4) 知识点全面。本书介绍了国企招聘考试中常考的知识点和考点，包括行政能力测试、公共基础知识、申论等方面，可以帮助读者更好地掌握考试内容。

无论您是正在求职中，还是即将面临就业压力，本书都能为您带来启示和帮助。

最后，衷心希望本书能够成为您求职路上的好伙伴，祝愿您早日实现人生价值和职业理想。

本书反馈邮箱：wkservice@vip.163.com。

温显章
2023年6月

目　录

第一篇　初步了解国企招聘

第一章　初步了解国企 ··· 2
　　第一节　国企分类··· 2
　　第二节　国企招聘特点··· 9
　　第三节　国企招聘流程·· 10

第二章　入职国企从网上申请开始 ·· 13
　　第一节　网上申请筛选的两个环节··· 13
　　第二节　网上申请填报的五项准备··· 15
　　第三节　客观信息的填写技巧·· 18
　　第四节　主观信息的填写技巧·· 19
　　第五节　简历填写的三大技巧·· 23

第二篇　国企招聘笔试知识

第三章　行政能力测试——言语理解 ··· 27
　　第一节　中心理解题·· 27
　　第二节　细节判断题·· 33
　　第三节　词句理解题·· 35
　　第四节　语句排序题·· 37
　　第五节　语句填空题·· 38
　　第六节　接语选择题·· 40
　　第七节　选词填空题·· 41

第四章　行政能力测试——判断推理 ··· 45
　　第一节　图形推理题·· 45
　　第二节　定义判断题·· 54
　　第三节　类比推理题·· 57

第四节　逻辑判断题…………………………………………………………… 63

第五章　行政能力测试——资料分析……………………………………………… 70
　　　第一节　常见概念…………………………………………………………… 71
　　　第二节　统计术语…………………………………………………………… 72
　　　第三节　速算技巧…………………………………………………………… 74
　　　第四节　高频考点之基础增长率…………………………………………… 75
　　　第五节　高频考点之特殊增长率…………………………………………… 80
　　　第六节　高频考点之基期量………………………………………………… 83
　　　第七节　高频考点之增长量………………………………………………… 85
　　　第八节　高频考点之比重…………………………………………………… 89
　　　第九节　高频考点之平均数………………………………………………… 95
　　　第十节　高频考点之综合分析……………………………………………… 98

第六章　行政能力测试——数字推理……………………………………………… 103
　　　第一节　数字推理概述……………………………………………………… 103
　　　第二节　数字推理之高频题型……………………………………………… 105

第七章　行政能力测试——数量关系……………………………………………… 115
　　　第一节　数量关系之基础计算……………………………………………… 115
　　　第二节　数量关系之大小比较……………………………………………… 119
　　　第三节　数量关系之工程问题……………………………………………… 120
　　　第四节　数量关系之比例问题……………………………………………… 122
　　　第五节　数量关系之浓度问题……………………………………………… 124
　　　第六节　数量关系之行程问题……………………………………………… 125
　　　第七节　数量关系之其他题型……………………………………………… 127

第八章　公共基础知识……………………………………………………………… 134
　　　第一节　时事热点…………………………………………………………… 134
　　　第二节　政治知识…………………………………………………………… 136
　　　第三节　历史知识…………………………………………………………… 137
　　　第四节　科技常识…………………………………………………………… 138
　　　第五节　其他知识…………………………………………………………… 139

第九章　申论知识…………………………………………………………………… 141
　　　第一节　申论高频考点之单一题…………………………………………… 142
　　　第二节　申论高频考点之综合题…………………………………………… 147
　　　第三节　申论高频考点之公文题…………………………………………… 150

　　　　第四节　文章写作 ··· 157

第十章　综合知识 ·· 164
　　　　第一节　专业知识 ··· 165
　　　　第二节　行业知识与企业知识 ·· 169

第三篇　国企招聘面试知识

第十一章　面试之半结构化问题 ·· 174
　　　　第一节　个性特征类问题 ··· 174
　　　　第二节　行为经历类问题 ··· 177
　　　　第三节　求职动机类问题 ··· 180

第十二章　面试之结构化问题 ·· 183
　　　　第一节　社会现象类问题 ··· 183
　　　　第二节　态度观点类问题 ··· 188
　　　　第三节　组织管理类问题 ··· 192
　　　　第四节　应急应变类问题 ··· 197
　　　　第五节　人际关系类问题 ··· 201

第十三章　面试之无领导小组讨论 ·· 206
　　　　第一节　无领导小组讨论理论知识 ··· 206
　　　　第二节　无领导小组讨论环节 ·· 212
　　　　第三节　无领导小组讨论五大角色 ··· 219
　　　　第四节　无领导小组讨论常见问题巧解 ·································· 223

后记 ··· 225

第一篇
初步了解国企招聘

第一章
初步了解国企

　　国企是指由国家出资或国有资产控股的企业，其经营目标不仅仅是盈利，同时也包括服务于国家、促进社会发展等多个方面。在我国，国企是国民经济的重要组成部分，在许多关键领域扮演着举足轻重的角色。

　　中华人民共和国成立之初，为了满足国内工业化建设的需要，政府大力兴办了一些企业。改革开放以后，国企逐渐实现了市场化运作，形成了一套完整的管理体系和企业文化。近年来，随着经济的快速发展和外部环境的变化，国企的竞争力不断加强。

　　很多读者对中国烟草、国家电网、中国石油等国有企业比较熟悉，但是并不了解什么是国企、什么是央企、什么是省属企业以及这些企业之间有什么区别与联系。下面就让我们一起初步了解国企，让大家对国企有一个基础的认识。

第一节　国企分类

　　国企，即国有企业，它是指由政府出资或者控股的企业，其主要目标是实现国家经济和社会发展,而不是追求纯粹的经济利益。国企通常在关键领域中扮演重要角色,如能源、交通、电信等行业。

按照级别的不同,国企分为国务院直属企业、央企、省属企业。下面我们简单介绍不同级别的国企。

一、国务院直属企业

我国国务院直属企业只有两家,分别是中国铁路总公司、中国投资有限责任公司。

二、央企

央企是"中央管理企业"的简称,它是指由中央人民政府(国务院)或委托国有资产监督管理机构行使出资人职责,领导班子由中央直接管理或委托中央组织部、国务院国资委或其他中央部委(协会)管理的国有独资或国有控股企业。

按照国有资产管理权限的不同,国有企业分为中央企业(由中央人民政府监督管理的国有企业)和地方企业(由地方各级人民政府监督管理的国有企业)。中央企业在关系国家安全和国民经济命脉的主要行业和关键领域占据支配地位,是国民经济的重要支柱。

广义上,我国的央企分为四大类,即实业类央企、金融类央企、文化类央企以及行政类央企。

1. 实业类央企

实业类央企指的是从事实业生产及运营的央企。实业类央企全部由国资委管辖,每年国资委都会在其官网上更新实业类央企的名单。截至2023年6月,我国实业类央企共包括98家,具体如表1-1所示。

表1-1　98家实业类央企名录

序号	企业(集团)名称	序号	企业(集团)名称
1	中国核工业集团有限公司	50	华润(集团)有限公司
2	中国航天科技集团有限公司	51	中国旅游集团有限公司[香港中旅(集团)有限公司]
3	中国航天科工集团有限公司	52	中国商用飞机有限责任公司
4	中国航空工业集团有限公司	53	中国节能环保集团有限公司
5	中国船舶集团有限公司	54	中国国际工程咨询有限公司
6	中国兵器工业集团有限公司	55	中国诚通控股集团有限公司
7	中国兵器装备集团有限公司	56	中国中煤能源集团有限公司
8	中国电子科技集团有限公司	57	中国煤炭科工集团有限公司
9	中国航空发动机集团有限公司	58	中国机械科学研究总院集团有限公司
10	中国融通资产管理集团有限公司	59	中国中钢集团有限公司
11	中国石油天然气集团有限公司	60	中国钢研科技集团有限公司
12	中国石油化工集团有限公司	61	中国化学工程集团有限公司
13	中国海洋石油集团有限公司	62	中国盐业集团有限公司
14	国家石油天然气管网集团有限公司	63	中国建材集团有限公司
15	国家电网有限公司	64	中国有色矿业集团有限公司

(续表)

序号	企业(集团)名称	序号	企业(集团)名称
16	中国南方电网有限责任公司	65	中国稀土集团有限公司
17	中国华能集团有限公司	66	有研科技集团有限公司
18	中国大唐集团有限公司	67	矿冶科技集团有限公司
19	中国华电集团有限公司	68	中国国际技术智力合作集团有限公司
20	国家电力投资集团有限公司	69	中国建筑科学研究院有限公司
21	中国长江三峡集团有限公司	70	中国中车集团有限公司
22	国家能源投资集团有限责任公司	71	中国铁路通信信号集团有限公司
23	中国电信集团有限公司	72	中国铁路工程集团有限公司
24	中国联合网络通信集团有限公司	73	中国铁道建筑集团有限公司
25	中国移动通信集团有限公司	74	中国交通建设集团有限公司
26	中国卫星网络集团有限公司	75	中国信息通信科技集团有限公司
27	中国电子信息产业集团有限公司	76	中国农业发展集团有限公司
28	中国第一汽车集团有限公司	77	中国林业集团有限公司
29	东风汽车集团有限公司	78	中国医药集团有限公司
30	中国一重集团有限公司	79	中国保利集团有限公司
31	中国机械工业集团有限公司	80	中国建设科技有限公司
32	哈尔滨电气集团有限公司	81	中国冶金地质总局
33	中国东方电气集团有限公司	82	中国煤炭地质总局
34	鞍钢集团有限公司	83	新兴际华集团有限公司
35	中国宝武钢铁集团有限公司	84	中国民航信息集团有限公司
36	中国矿产资源集团有限公司	85	中国航空油料集团有限公司
37	中国铝业集团有限公司	86	中国航空器材集团有限公司
38	中国远洋海运集团有限公司	87	中国电力建设集团有限公司
39	中国航空集团有限公司	88	中国能源建设集团有限公司
40	中国东方航空集团有限公司	89	中国安能建设集团有限公司
41	中国南方航空集团有限公司	90	中国黄金集团有限公司
42	中国中化控股有限责任公司	91	中国广核集团有限公司
43	中粮集团有限公司	92	中国华录集团有限公司
44	中国五矿集团有限公司	93	华侨城集团有限公司
45	中国通用技术(集团)控股有限责任公司	94	南光(集团)有限公司[中国南光集团有限公司]
46	中国建筑集团有限公司	95	中国电气装备集团有限公司
47	中国储备粮管理集团有限公司	96	中国物流集团有限公司
48	国家开发投资集团有限公司	97	中国国新控股有限责任公司
49	招商局集团有限公司	98	中国检验认证(集团)有限公司

2. 金融类央企

金融类央企是指由国务院及其授权机构代表国家履行国有金融资本出资人职责的国有独资、国有控股以及国家实际控制的金融企业。截至2022年初，金融类央企包括27家，具体如表1-2所示。

表1-2　27家金融类央企名录

序号	企业(集团)名称	类型
1	中国农业发展银行	政策性银行
2	中国进出口银行	
3	国家开发银行	

(续表)

序号	企业(集团)名称	类型
4	中国工商银行股份有限公司	商业银行
5	中国农业银行股份有限公司	
6	中国银行股份有限公司	
7	中国建设银行股份有限公司	
8	交通银行股份有限公司	
9	中国出口信用保险公司	政策性保险公司
10	中国华融资产管理股份有限公司	资产管理公司
11	中国长城资产管理股份有限公司	
12	中国东方资产管理股份有限公司	
13	中国信达资产管理股份有限公司	
14	中国中信集团有限公司	综合性金融投资公司
15	中国光大集团股份公司	
16	中国投资有限责任公司	
17	中国人民保险集团股份有限公司	商业保险公司
18	中国人寿保险(集团)公司	
19	中国太平保险集团有限责任公司	
20	中央国债登记结算有限公司	其他金融公司
21	中国农业再保险股份有限公司	
22	中国政企合作投资基金股份有限公司	
23	国家融资担保基金有限责任公司	
24	国家农业信贷担保联盟有限责任公司	
25	中国银河金融控股有限责任公司	
26	中国建银投资有限责任公司	
27	中国再保险(集团)股份有限公司	

3. 文化类央企

文化类央企主要由财政部代表国务院履行出资人职责。截至2022年初，文化类央企有114家，具体如表1-3所示。

表1-3　114家文化类央企名录

序号	企业名称
1	中国方正出版有限公司
2	党建读物出版社有限公司
3	中国出版集团有限公司
4	中国新闻出版传媒集团有限公司
5	五洲传播出版传媒有限公司
6	学习出版社有限公司
7	线装书局有限公司
8	中国书籍出版社有限公司
9	宗教文化出版社有限公司

(续表)

序号	企业名称
10	当代世界出版社有限公司
11	中国长安出版传媒有限公司
12	九州出版社有限公司
13	世界知识出版社有限公司
14	中国计划出版社有限公司
15	中国市场出版社有限公司
16	中国教育出版传媒集团有限公司
17	教育科学出版社有限公司
18	科学技术文献出版有限公司
19	中国工信出版传媒集团有限公司
20	中国民族文化出版社有限公司
21	中国社会出版社有限公司
22	法律出版社有限公司
23	中国法制出版社有限公司
24	中国财经出版传媒集团有限责任公司
25	中国人力资源和社会保障出版集团有限公司
26	中国地图出版社有限公司
27	海洋出版社有限公司
28	地质出版社有限公司
29	中国大地出版社有限公司
30	成都地图出版社有限公司
31	西安地图出版社有限公司
32	哈尔滨地图出版有限公司
33	中国环境出版集团有限公司
34	中国环境报社有限公司
35	中国建筑出版传媒有限公司
36	中国城市出版社有限公司
37	建筑杂志社有限公司
38	人民交通出版传媒管理有限公司
39	中国交通报社有限公司
40	中国水运报社有限公司
41	中国水利水电出版传媒集团有限公司
42	中国农业出版社有限公司
43	中国农业科学技术出版社有限公司
44	中国商务出版社有限公司
45	中国文化传媒集团有限公司
46	中国东方演艺集团有限公司
47	国家图书馆出版社有限公司
48	中国动漫集团有限公司
49	中国数字文化集团有限公司

(续表)

序号	企业名称
50	故宫出版社有限公司
51	文化艺术出版社有限公司
52	中国旅游出版社有限公司
53	人民卫生出版社有限公司
54	健康报社有限公司
55	中国人口报社有限公司
56	中国人口出版社有限公司
57	《中国卫生》杂志社有限公司
58	应急管理出版社有限公司
59	中国金融出版社有限公司
60	中国时代经济出版社有限公司
61	化学工业出版社有限公司
62	中国轻工业出版社有限公司
63	中国纺织出版社有限公司
64	冶金工业出版社有限公司
65	中国财富出版社有限公司
66	中国商业出版社有限公司
67	企业管理出版社有限公司
68	中国海关出版社有限公司
69	中国税务出版社有限公司
70	中国质量标准出版传媒有限公司
71	中国工商出版社有限公司
72	中国广播影视出版社有限公司
73	中广传播集团有限公司
74	中国广播影视出版社有限公司
75	中国体育报业总社有限公司
76	中国统计出版社有限公司
77	中国言实出版社有限公司
78	中国国际广播出版社有限公司
79	中国电力传媒集团有限公司
80	中国林业出版社有限公司
81	中国民航报社
82	中国民航出版社有限公司
83	文物出版社有限公司
84	中国文物报社有限公司
85	中国中医药出版社有限公司
86	中国中医药报社有限公司
87	中医古籍出版社有限公司
88	中国健康传媒集团有限公司
89	知识产权出版社有限责任公司

(续表)

序号	企业名称
90	金城出版社有限公司
91	中国文史出版社有限公司
92	人民法院出版社有限公司
93	中国检察出版社有限公司
94	中国少年儿童新闻出版总社有限公司
95	中国青年出版总社有限公司
96	中国妇女出版社有限公司
97	中国电影出版社有限公司
98	中国文联出版社有限公司
99	中国摄影出版传媒有限公司
100	中国书法出版传媒有限责任公司
101	书法出版社有限公司
102	作家出版社有限公司
103	中国科学技术出版社有限公司
104	中国华侨出版社有限公司
105	华夏出版社有限公司
106	中华工商联合出版社有限责任公司
107	团结出版社有限公司
108	群言出版社有限公司
109	民主与建设出版社有限责任公司
110	开明出版社有限公司
111	中国致公出版社有限公司
112	学苑出版社有限公司
113	台海出版社有限公司
114	中国铁道出版社有限公司

4. 行政类央企

行政类央企由财政部履行出资人职责，截至2022年底，我国共有4家行政类央企，分别为中国国家铁路集团有限公司、中国烟草总公司、中国邮政集团有限公司、北大荒农垦集团有限公司。

实际上，所有的央企都是国企。我们平时所说的国企更多是指央企以外的，由各省市国资委管理或控股的企业。

三、省属企业

省属企业，也叫省属国有企业，它是指由省级国家机构所创立或负责管理的国有企业，具体是指经营规模、经营范围、注册资本、企业资质达到或超出地级区域的企业，且在省级工商行政部门登记。在对外公开的企业名称中，工商部门对行政级别是有规定的，现在很多名称前冠有省份名的企业就可以称为省属企业。每个省份都有省属企业，这些企业也是非常值得大家关注的。比如，北京的首钢集团，四川的华西集团，湖北的湖北联投集团，辽宁的本钢集团等。除了耳熟能详的央企外，省属企业对于普通大学生而言，具备离家近、在家乡知名度高且考试难度相对较低的特点，考生可以着重关注。

第二节 国企招聘特点

国企校园招聘这几年不断升温，其火爆程度不亚于公务员招聘。近年来，随着国家经济的发展，国企的发展也突飞猛进，需要大量人才的支持。国企招聘具有招聘体量大、专业限制少等特点，本节我们具体介绍国企招聘的特点。

1. 招聘规模大

随着就业压力逐年增大，国企招聘受到越来越多的关注，报考人数逐年增加，招考机制日趋成熟。现在各省基本每年都会举办一次大型招考，各地市国企也会不定期地招聘部分工作人员。可以看出，国企对于人才的需求量还是相当大的。国企招聘对于考生是不是应届毕业生的限制相对较低，因此符合报考条件的考生群体比较广泛，能够吸引各方面人才参与国企的发展建设。

2. 专业限制相对较少

大多数国企对应届生的专业限制相对较少，国企比较关注人才的综合素质及中高端人才的专业能力。由于国企很多业务的专业知识能够在从业后的工作实践中进一步学习，国企在招聘人才时会聚焦于员工的综合素质。除了对专业性要求较高的岗位，国企会根据岗位的能力要求放宽专业限制。在面试中，人力资源部门通常会重点考核应聘者的综合素质，尤其是沟通能力。专业性要求较高的岗位会对应聘者的专业能力有较高要求，应聘者需要具备国企内部专业职位所要求的基本知识和技能。可见，无论是综合素质还是专业能力，国企对应聘者的要求都不低。

通过统计，国企对考生的专业需求以电工类、电子与信息类、经济类、管理类、法律类、计算机类等专业为主，并根据实际工作需要适量招收其他专业的毕业生。其中，大多数理工类专业毕业生会进入国企的业务部门，而法律类、管理类或语言类专业毕业生会进入职能部门。

下面以考生比较关心的三家企业为例，说明国企招聘的专业类型有哪些。

(1) 国家电网有限公司。招聘需求包括以下专业：法学、公安学、公共管理、政治学、经济学、机械工程、电气工程、物流工程、物流管理、人力资源管理、劳动关系、劳动与社会保障、心理学、哲学、思想政治教育、作物栽培学与耕作学、作物遗传育种、土壤学、农业昆虫与害虫防治、烟草、种子科学与工程、植物保护、农林经济管理、分析化学(烟叶技术员)、音乐学、艺术设计学、舞蹈学(政工干事)等。

(2) 中国南方电网公司。招聘需求包括以下专业：电气、计算机、通信、环境化学、测控、市场营销、工程管理、土建水文、物流管理、工商管理、公共管理、经济、财会审计、法学、新闻、医学、语言文学等。

(3) 中国联通。招聘需求包括以下专业：通信工程、计算机科学与技术、计算机应用、软件工程、网络工程(安全)、信息工程、信息管理与信息系统、数据挖掘、电子工程、系统集成、互联网应用、大数据、云计算、多媒体技术、市场营销、财务、法律、人力资源管理、企业管理、工商管理、电子商务、新闻学、传播学等。

3. 薪资待遇较高

国企是政府投资并参与控制的企业，这使得其在人才竞争方面有着明显优势。国企能够享受国家政策的支持，发展较为快速。国企薪资待遇较为优厚，除了国家法定的五险一金(养老保险、医疗保险、失业保险、工伤保险、生育保险和住房公积金)之外，还会有带薪年假、补充公积金、补充医疗计划、企业年金、住房补贴等。总体来说，各地国企的效益都不错，员工的薪酬福利都较好。

4. 竞争更公平

国企招聘各环节相对来说是透明、公平的。从网申(在招聘网站上申请职位)、笔试、面试、体检到入职，各个环节相互衔接，考生之间的竞争是相对公平、公正的，考生可以根据自己的条件报考心仪的岗位。

5. 职业稳定性强

国企的职业稳定性强。很多应届毕业生可能会面临民营大公司竞争压力大、小公司失业风险高的困境。对于刚毕业的大学生来说，选择一份稳定的工作很重要。我国国企情况稳定，可以让考生的职业发展道路更加平稳。

第三节 国企招聘流程

国企招聘主要有三种形式，分别是校园招聘、社会招聘和高端人才引进。其中，社会招聘和校园招聘是比较常见的方式。2022年相关统计显示，校园招聘占比大致为80%，社会招聘占比大致为10%，高端人才引进占比大致为5%，其他来源为5%。由此可见，在国企招聘中，校园招聘是最受欢迎的方式，是吸引新人加入国企的主要途径。本节将详细介绍校园招聘的全过程。

国企的校园招聘根据招聘周期分为秋季招聘和春季招聘。2022年由于疫情影响就业，国企承担解决就业的社会职能，按照国家要求进行了扩招，于是多了一次招聘机会，也就是夏季招聘。秋季招聘一般在每年的9—12月，春季招聘一般在每年的3—6月，2022年夏季招聘在5—8月。相对于春季招聘而言，国企更加重视秋季招聘，秋季招聘持续时间长、岗位数量多，通常会提供更多高薪、高福利、高职级的岗位。如果考生错过秋季招聘，将会失去许多机会，后续的选择空间会变得更加狭窄。因此，对于求职者来说，把握秋季招聘的机会非常重要。

在各个招聘期间，国企会通过自己的官方渠道(如网站、微博、微信公众号等)发布校园招聘公告，公告包含企业简介、招聘条件、招聘岗位及要求、招聘具体流程、注意事项等重要信息，同时还会开放报名通道。考生需要注册并填写个人基本信息，对自己心仪的岗位进行网申。通常来说，校园招聘的第一个环节是网上申请，或者是线下宣讲会；第二个环节是笔试，第三个环节是面试。当然，也会有特别优秀的候选人，可以不用参加笔试，直接获得面试机会。为了让考生熟悉招聘流程，本节对每个环节分别进行说明。

1. 网上申请

在招聘公告发布之后，考生就可以通过官方的报名通道进行报名。网上申请指的是通过国企招聘网站申请职位。这些网站通常由政府或国有企业运营，提供国有企业的职位信息，明确招聘流程。国企招聘的网上申请流程因公司而异，通常需要一到两个星期，具体的流程包括填写在线申请表、上传个人简历和其他相关材料。

在进行网上申请时，考生需要提供客观信息和主观信息。其中，客观信息包括个人基本情况、教育背景、能力等方面；主观信息包括考生的校园经历、实习经验以及职业规划等内容。国企会对所有报名者进行严格筛选，每年约30%的人能通过网上申请并进入笔试环节。当然，不同企业的通过率有很大差异。例如，国家电网、中国烟草的网上申请通过率明显低于30%，某些省属企业的网上申请通过率通常会高于30%。因此，在进行网上申请时，考生需要仔细评估自己的条件，以综合判断是否适合报考某个企业。当然，如果考生通过了网上申请，企业将在笔试前7～10天以短信或邮件的形式通知考生进入笔试环节。

2. 宣讲会

国企宣讲会的主要目的是向公众和潜在应聘者传达企业的发展情况、招聘计划、工作环境等相关信息，并为求职者提供与企业代表交流的机会。国企通常会在大学校园或招聘网站上公布宣讲会的时间和地点，以吸引众多求职者前来参加。在此过程中，企业代表会通过演讲、问答等形式详细介绍企业的发展状况及其所需人才的条件和要求，同时也会回答参与者的提问。

3. 笔试

国企一般通过官方招聘网站发布招聘信息，并在网站上提供相关的考试报名指导和考试大纲。国企笔试有两种形式：第一种是线下统一考试，企业会要求学员前往特定场所参加考试，类似于公务员考试，考生需要承担交通、住宿等成本；另一种是线上统一考试，所有考生在同一时间收到企业的笔试链接，考生在链接中完成答题。相较于线下统考来说，线上考试更为常见。考生需要注意的是，如果采用线上考试，考生需要做一些考前准备，主要有三点。首先，考生需要准备好必要的考试工具，例如计算器等；其次，确保网络连接稳定，避免因为网络问题而影响考试结果；最后，考生需要在规定时间内完成考试并提交答案，避免出现超时或未提交答案的情况。

国企的笔试内容可能因招聘岗位而异，一般包括以下几个板块。第一个板块是行政能力测试，该板块主要测试考生的言语理解、资料分析、数字推理、数量关系等方面的能力。第二个板块是专业知识，涉及应聘者所学专业领域的基础知识和常见问题，考查应聘者对该领域的理解和掌握程度。第三个板块是综合素质，考查应聘者的综合素质，如道德品质、团队协作、沟通能力等方面。除此之外，考试内容可能会有心理测试、行为描述问答、行业知识、企业知识等题型。通常情况下，心理测试的成绩不会被纳入总分，但具有一票否决权。

4. 面试

国企面试主要考查考生的思维能力、语言表达能力、专业能力、工作(实习)经历、职业规划、文化适应性等综合素质。总体来说，国企的面试考查旨在全面了解应聘者的能力、素质及其适合企业的程度，帮助企业选择最合适的人才。目前，国有企业的面试通常采用半结构化、结构化和无领导小组讨论三种形式，这些面试形式具有不同的考试流程和考试要求，应聘者需要提前做好充分的准备。

5. 体检

在通过面试后，考生将进入体检环节。目前，体检采用两种不同的方式——等额体检和差额体检。等额体检意味着与企业需要招聘的岗位数量相同的人参加体检。而差额体检则意味着会邀请更多的人参加，以便在企业需要时填补空缺岗位。体检结束后，企业将公示录用的人员名单，而考生只需等待入职即可。

第二章
入职国企从网上申请开始

网上申请(以下简称网申)在现代求职过程中扮演着重要的角色。对于求职者来说,通过企业的官方网站或招聘平台提交个人信息和申请材料是进入国企的第一步。在竞争激烈的就业市场中,优秀的简历是展示个人能力、吸引用人单位的关键。

网申是求职者与用人单位建立联系的重要环节。网申表不仅能呈现个人资料,还能突出个人亮点,展示求职者和报考岗位的适应度和匹配度。在网申过程中,简历是最重要的附件。简历的要素包括目标与定位、个人信息和联系方式、教育背景和学术成果、工作经历和实习经验等。通过突出这些要素,求职者能够展示自己的实力、经验和潜力,从而吸引用人单位的注意。

综上所述,网申在求职过程中具有重要意义。求职者深入了解并妥善应用以上要素,可以增加成功的机会。本章将详细介绍国企网申,以帮助考生成功通过网申。

第一节
网上申请筛选的两个环节

网申筛选的两个环节包括机器筛选和人工筛选。这两个环节可以帮助用人单位高效地筛选出适合岗位需求的候选人,同时给求职者展示自己的机会。

一、机器筛选

在网申筛选过程中，机器筛选通过自动化的算法和程序对大量的网申简历进行快速审查，以找到适合企业的人选。机器筛选常见的方法有关键词法和赋分法。

1. 关键词法

关键词法根据用人单位设定的关键词和条件进行初步筛选。例如，如果职位要求应聘者具有本科学历，那么系统会自动排除所有没有本科学历的简历；如果职位需要特定的技能或经验，系统也会针对这些要求进行筛选。这种方法可以快速排除不符合基本要求的简历，提高筛选效率。

2. 赋分法

这种筛选方法通过预设的关键词和指标为每份简历打分，并根据综合得分确定候选人的优势和匹配度。例如，针对销售职位，简历中可能包含"销售经验""客户管理""业绩达成"等关键词。系统会根据这些关键词的出现频率、相关性和重要性给予简历相应的分数。同时，系统还可以考查其他因素，如学历、毕业院校、语言能力等。最终，系统会根据得分高低对简历进行排序，用人单位可以快速找到符合要求的候选人。

二、人工筛选

机器筛选结束后，进入人工筛选环节。在这一阶段，人力资源部门职员将仔细审查通过机器筛选的简历，并综合考虑各种主观因素。

1. 实习经历和项目经验

人力资源部门职员在人工筛选的环节中，会特别关注求职者在实习或项目工作中的表现和成就。这些实践经验可以展示求职者在真实工作场景中的能力和潜力。例如，一位求职者在大学期间参与了一个市场调研项目。在这个项目中，他负责收集、整理和分析市场数据，为团队提供有价值的信息和见解。同时，他积极与客户及合作伙伴沟通，针对项目目标制定了有效的推广策略。最终，他的工作为团队赢得了新客户并提高了销售额，取得了显著的成果。当人力资源部门职员审查这份简历时，会注意到该求职者在市场调研项目中的贡献和取得的成果。这种实践经验比单纯的学习成绩更能证明求职者的实际能力和适应性，进而增加求职者被选择的可能性。

2. 校园实践和社会活动

求职者在校园内外参加的各种实践活动以及在社会组织中的参与和领导经验也会受到重视。例如，一位求职者曾经担任学生会主席，并在任职期间组织了多场成功的校园活动。他负责协调团队成员、安排活动日程、与其他学生组织合作，并确保活动顺利进行。当人力资源部门职员审查这份简历时，会注意到该求职者担任学生会主席的经历。这样的领导角色表明他具有一定的组织能力、决策能力和解决问题能力。此外，如果求职者还参与过志愿者活动，例如为慈善机构或社区组织做义工，也可以显示出他的社会责任感和团队合作精神。

3. 专业技能匹配度

人力资源部门职员在筛选过程中，会比较候选人所具备的技能和专业背景与岗位要求之间的匹配度，他们会关注候选人是否拥有相关的技术、工具或软件知识，是否具备相关的学习背景和经验。例如，要胜任软件工程师岗位，需要掌握某种编程语言，那么具备相关语言经验和项目经验的候选人将更有竞争力。

除了上述因素外，人力资源部门在招聘中还可能考虑其他因素，如学历背景、语言能力、个人特质、行业知识和未来发展潜力等。这些因素可以在综合评估中起到补充的作用。

第二节 网上申请填报的五项准备

国企通常每年会举办两次大规模的招聘，即秋季招聘(秋招)和春季招聘(春招)。在这两个招聘季节，国企会提供大量岗位。相较于春招，秋招的规模更大，涉及的企业、招聘人数、地区和岗位数量都更多。对于有意向报考国企的应届毕业生而言，秋招是一个更好的时机。因此，做好网申是至关重要的，这有助于提高通过率。在进行网申之前，考生需要准备以下五项材料。

一、证件照

国企的网申几乎都要求上传证件照。证件照是招聘人员初步评估求职者形象的依据，因此必须重视并认真准备。

(1) 背景和服装。证件照的背景通常为浅色，比如浅蓝色，以凸显个人形象。在拍摄证件照时，应穿着正装，外观整洁干净，避免穿着过于花哨或夸张的服装。

(2) 面部表情和姿态。拍摄证件照时应面带微笑，从而给人留下友好、自信的印象。确保面部表情自然，眼睛直视镜头。保持端正的坐姿或站姿，不要有过度夸张的动作。

(3) 发型和妆容。发型应该整洁，避免遮挡面部。女性妆容应简洁得体，突出自然美，避免浓妆。

(4) 光线和照片质量。选择光线明亮且均匀的环境进行拍摄，以确保照片清晰度高。避免使用闪光灯，因为它可能产生阴影或反光。确保照片质量良好，没有模糊或失真的情况。

(5) 尺寸和格式。证件照通常需要符合特定的尺寸要求。在准备证件照时，应了解并遵守尺寸要求，以便照片能够顺利上传和使用。

二、实习经历

在网申简历中，拥有一段与所应聘岗位相关或者对口的实习经历将成为求职者的亮点。这样的实习经历是加分项，能彰显求职者在该领域所具备的实际经验和独特优势。通过具体而有针对性的实习经历，求职者能够向招聘人员展示其对所应聘岗位的了解和兴趣，并证明自己在相关领域内拥有丰富的实践经验和专业知识。这种差异化的背景能使求职者脱颖而出，增加进入面试环节的机会。举例来说，如果你正在申请一家能源公司的职位，拥有能源领域的实习经历将极具价值。你可能曾在一家能源公司做实习生，在该公司的能源项目中参与过数据分析、方案制定和可持续发展工作。该实习经历可以证明你具备该领域所需的技能、知识和实际操作能力。

除此之外，相关实习经历还能体现求职者有实践能力和项目经验。比如，求职者可以描述其在一家金融机构实习过程中，参与了一个市场调研项目，并成功收集关键数据，为公司的战略决策提供了有价值的建议。这样的实习经历能够说明你具有团队合作、解决问题、时间管理和组织方面的能力。

在实际求职过程中，如果求职者确实没有与目标岗位相关的实习经历，可以考虑在实习描述中强调与该企业核心价值观的联系，以增加求职者与应聘企业之间的相关性。举个例子，假设一个求职者到一家注重环境可持续发展的企业应聘，而他没有相关的实习经历。在实习描述中，求职者可以强调参与过的社会公益活动或环保项目，以及与目标企业的价值观相契合的行为和思维方式。求职者可以描述自己关注环保议题、积极推动可持续发展。通过这种书面表达方式，求职者能够展示自己的价值观，与企业的核心价值观形成共鸣。这样的表达将增加求职者与应聘公司之间的相关性，进一步提升求职者在网申过程中的竞争力和吸引力。

三、资格证书

在国企网申中，资格证书一般是大型国企招聘的硬性要求，这些证书可以展示求职者在某个领域的专业知识和能力。资格证书包括大学英语四级证书、大学英语六级证书、计算机二级证书等。航空类企业和国有四大银行等企业，对英语能力往往设置了四级水平的最低要求。除此之外，有些专业性岗位会有专业证书要求。例如，如果求职者申请财务职位，初级会计师资格证、中级会计师资格证、注册会计师证可增强竞争力。

取得资格证书需要一定的时间。例如，如果参加6月份的大学英语四、六级考试，通常要等到当年9月才能获得证书。因此，有意向报考国企的考生需要在招聘季之前取得相关资格证书，否则可能无法通过网申环节。若考生希望了解自己感兴趣的国企需要哪些资格证书，可以查阅该企业上一年的招聘公告，并提前做好准备。这样可以确保在招聘开始时就具备相关资格证书，增加成功的机会。

四、学生干部经历

学生干部经历可以有效展现求职者的领导才能。求职者在学校组织中担任职务，并参与管理、组织和领导，这种经历可以向企业展示自己在团队合作、组织、沟通和解决问题方面的能力。

在阐述学生干部经历时，求职者可以考虑以下几点。

1. 职务信息

求职者说明在学校组织中的具体职位和所负责的任务。例如，求职者可能担任班级干部、学生会干部、社团负责人等，需要强调职务级别和对应的职责范围。

2. 突出活动组织能力

求职者描述参与组织和策划的活动，包括学校节日庆典、志愿者服务、校园文化活动等，重点说明求职者如何协调资源、制订计划并成功执行活动。

3. 取得的成就与影响

求职者强调在学生干部岗位上发挥的领导作用，如带领团队完成任务、促进成员发展、解决困难和冲突等。同时，求职者还应分享在担任学生干部经历中所取得的具体成就以及对团队产生的积极影响，例如改善学生生活条件、活跃校园氛围、获得荣誉等。

4. 体现相关度

一方面，求职者应强调该经历对个人成长和发展的影响，说明自己通过这些经历培养了自律的习惯和时间管理能力等；另一方面，需要注意与目标岗位的关联度，强调相关技能和经验对求职的价值。

五、简历

在网申过程中，许多国企要求考生上传电子版简历。因此，准备一份优质、简洁的简历至关重要。这份简历既可用于网申，也可直接通过邮箱投递。此外，在面试环节，有些企业还会要求考生携带个人简历。因此，精心准备突出自身优势的简历能极大提升就业竞争力。简历应包括清晰的个人信息，如教育背景、工作经历、核心技能等，并使用简洁的版式呈现。同时务必仔细检查并修正拼写和语法错误。简历的制作方法将在下面两节中具体介绍，此处不再赘述。

第三节
客观信息的填写技巧

网申所需的客观信息包括个人基本信息、教育信息、能力信息和奖励/惩罚信息等。这些信息通常由机器进行审核，因此考生在填写时要确保准确无误，并要特别注意细节。

1. 个人基本信息

个人基本信息是简历的开头部分，具体包括姓名、联系方式和地址等。应确保个人基本信息清晰、准确，易于阅读，使企业能够方便地与求职者联系。在填写个人信息时，务必注意以下几点。

(1) 姓名。填写正式的全名，确保没有任何错误。

(2) 联系方式。填写有效的电话号码和电子邮件地址。确保电话号码正确，并且保持通信畅通；确保电子邮件地址容易辨认。

(3) 地址。填写居住地址或当前可接收邮件的地址。

(4) 其他。除了个人基本信息，求职者还可以添加一些其他有助于突出自己优势的信息，例如个人网站、个人简介链接或社交媒体账号(如果内容相关且与目标职位一致)。但请确保这些信息是专业且适当的，不会对求职产生负面影响。

最后，仔细检查并确保所有信息的准确性和一致性，以便顺利通过网申。

2. 教育信息

个人基本信息是简历中必须填写的内容，而教育信息则包括必填和选填两部分。在填写教育信息时，有一些项目可能是选填项，如毕业论文题目、毕业证书编号(学历证书编号)、学位证书编号等。对于应届毕业生来说，在参加国企校园招聘时可能还没有获得这些信息，因此在网申时无须填写这些项目。接下来，我们将重点介绍教育信息必填部分的注意事项。

(1) 学校名称。考生应写明就读学校的名称，必须是全称，不能用缩写，并以正确和一致的格式进行呈现。如果学校有良好的声誉或与目标职位相关，可以特别强调。

(2) 专业。考生应列出主修专业或学习领域，如果有多个专业的学习经历，可以根据重要性进行排序。

(3) 研究方向。对于具有硕士研究生及以上学历的考生来说，填写研究方向是必要的。这是因为研究生的研究方向通常与职业发展密切相关。但是，对于本科学历的考生来说，因为本科阶段的教育通常更加综合和广泛，不像研究生阶段那样聚焦于特定的研究领域，所以一般情况下不用填写研究方向。

(4) 学位或证书。考生应说明获得的学位或相关的证书，包括硕士学位、学士学位、学位荣誉等。同时，注明毕业日期或预计毕业日期。

(5) 绩点。绩点是教育信息中的重要指标，它直接展示了考生在学校期间的学习成绩和整体素质水平。一些国有企业在初步筛选阶段会设定绩点的最低要求，若绩点未达标，考生可能无法进入下一轮选拔。这突显了大学期间学业表现对于求职的直接影响。为了获得理想企业的青睐，考生在大学期间应该严格要求自己，不可懈怠。考生可以通过学校的教务系统查询当前的绩点，即使某些考试尚未结束，也可以使用当前的绩点作为参考。切勿伪造绩点信息，因为大多数企业在面试或入职阶段都会要求考生提交成绩单，一旦发现伪造行为，将取消考生的录用资格。

3. 能力信息

能力信息在简历中尤为重要，也是网申中机器筛选的重要内容。能力信息主要包含专业能力、语言能力、计算机技能、学术成绩等。

(1) 专业能力。考生应列举自己在相关领域的专业知识和学术背景。例如，在工程领域，可以提及专业知识、研究课题以及实习或项目经验，强调与目标职位紧密相关的技能；如果你申请市场营销岗位，可以突出你在市场调研、品牌推广和销售策略制定等方面的经验。

(2) 语言能力。考生应明确列出已掌握的语言技能，包括母语和其他外语；说明语言水平，例如流利、熟练或者具备专业翻译能力，并提供相关证书或考试成绩作为支持。描述在实际工作或跨文化交流中运用语言的能力，如曾经协助国外客户解决问题，或者在团队中担任翻译。

(3) 计算机技能。考生应列出能够熟练使用的软件、编程语言、数据库管理系统等，并描述如何应用这些技能完成具体任务；强调在数字化工作环境中的能力，例如具备数据分析、数据可视化、网络安全等方面的技能。

(4) 学术成绩。考生应使用具体的例子来说明学术成绩。

第四节
主观信息的填写技巧

一、校园实践经历

校园实践经历是指考生在大学期间参与的课外活动经历。在求职过程中，校园实践经历能够突出考生的技能和个人成就，同时证明其适应工作环境的能力。

考生在填写校园实践经历时，可以采取以下方法。

1. 突出重要信息

在描述校园实践经历时，考生应强调自己的角色、责任和成就，突出领导经验、团队合作能力以及专业发展方面的成就，使用具体的数据或指标凸显贡献和影响。

2. 内容结构清晰

按照时间顺序或相关性来组织经历，使用不同段落来描述不同的项目或活动，并在每个段落中进行详细介绍。要将经历关联到求职岗位，也就是将校园实践经历与目标岗位的要求和职责联系起来，解释自己在这些经历中所学到的技能和经验及如何运用于未来的工作中，强调校园实践经历的积极影响。

3. 量化个人成就

尽可能地量化成就和影响力，可以使用具体的数据、指标或反馈来衡量自己的成功，例如参与人数、活动规模、获得的奖项等，这样可以增加可信度和说服力。

【示例】

大学期间，我积极参加校园活动。我担任我校"环保协会"的会长，负责组织和推动各种环保项目。

(1) 策划和组织环保活动。我带领团队成功策划并实施了名为"绿色校园行动"的系列活动，包括校园清洁日、废品回收和可持续发展讲座等活动，旨在增强学生的环保意识。我与学校老师和其他学生组织合作，确保活动的顺利进行。我们通过社交媒体、海报、口头宣传等方式吸引了超过500名学生参与其中。

(2) 发起和推动环保项目。我发起了一个"纸张节约"的倡议，在整个学院范围内推广双面打印和使用电子文档。通过与教职员工合作，我们成功减少了纸张浪费，每个学期节约了近300张纸。与此同时，我们组织了一次校园植树活动，购买了100棵树苗，并与志愿者一起在校园内栽下这些树苗。这不仅增加了校园的绿色景观，还促进了学生对环境保护的关注。

(3) 培养环保意识。作为会长，我组织了一系列环保讲座和工作坊，邀请知名学者来校园与学生分享他们的经验和知识。这些活动涵盖气候变化、可持续能源和垃圾管理等议题，提高了学生对环境问题的认识和理解。我还与学校图书馆合作，建立了一个环保资源角，收集了有关环境保护的书籍和资料，供学生自由借阅。这为广大学生提供了深入了解环保知识的机会。

我在这些环保活动中发挥了领导作用，培养了团队合作、组织策划和沟通协调等能力。我深刻理解了环境保护的重要性，并意识到个人的努力可以对社会产生积极影响。这些经历也增加了我对环保的热情，为未来的职业道路奠定了坚实的基础。

二、实习经历

实习经历是指考生在学生阶段通过参与实际工作环境中的实习活动,获得与所学专业相关的实践经验。这些实习经历旨在帮助学生将从课堂学到的理论知识应用于实际工作中,并提供与行业专业人士进行交流和合作的机会。

在国企校园招聘中,大部分考生缺乏工作经验,只有实习经历。招聘企业希望考生具备相关的实习经历,特别是与考生所报考岗位相关的实习经历。通过实习,考生能够学习到工作中的基本技能,培养职场意识,并且认清自身的性格特点和优劣势,从而进行更符合个人实际情况的职业规划,提高未来的稳定性。

实习经历主要包括实习开始时间、实习结束时间、实习单位、实习部门、实习岗位、工作职责及业绩等信息。

1. 开始时间和结束时间

建议实习时长超过1个月,这样才具有说服力。如果参加较短时间的实习(如3~5天或一两周),无法真正了解实习岗位的工作内容,因此影响参考价值。一般而言,2~3个月为常见的实习工作时长。

2. 实习岗位

准确描述实习岗位,避免使用笼统或口语化的措辞。例如,如果考生曾在沃尔玛超市做推销员,岗位名称可写作"市场推广专员";如果考生曾在银行实习,应具体说明岗位,如"大堂经理助理""客户经理助理"等。

3. 工作职责及业绩

考生可采用"PAR"原则填写工作职责及业绩。P代表问题(problem),A代表行动(action),R代表结果(result)。首先描述工作目标和角色,然后详细描述具体的行动措施,最后强调工作成果。确保逻辑清晰、用语专业,并尽量量化业绩。

通过以上方法,考生可以差异化地展示自己的实习经历,展现自身的能力和成就,增强实习经历的参考度和影响力,从而吸引招聘方的注意力。

【示例】

在×××科技公司实习期间,我有幸参与了一个创新项目,并担任团队的市场调研专员。以下是我在这段实习经历中的主要工作和成绩。

(1) 市场调研方面。协助团队进行市场调研,通过电话访谈、网络问卷和焦点小组讨论等方式,深入了解目标市场和客户需求。负责设计并开展网络问卷调查,收集并分析400多份有效数据。组织并参与焦点小组讨论,与潜在客户面对面交流,获取直接反馈。

(2) 数据分析和报告撰写方面。对收集到的数据进行整理,运用统计方法和数据可视化工具进行分析。撰写详细的市场调研报告,包括市场规模、竞争情况和目标客户特征等信息,为制定市场策略提供依据。

(3) 竞争分析和推荐方案。对竞争对手进行SWOT分析，评估其产品特点和市场优势。根据市场调研结果，提出有针对性的市场推广策略和产品改进建议，为公司战略决策提供参考。

通过这个项目的实习经历，我深入了解了市场调研的重要性，熟练掌握了各种调研方法和数据分析工具，提升了自己的数据处理能力和市场洞察力，同时锻炼了团队合作和沟通能力。这段实习经历使我对市场行业有了更深入的了解，还让我意识到市场调研在产品开发和营销决策中的关键作用，为我的职业发展奠定了坚实的基础。

三、自我评价

自我评价是考生对个人在前述资料中所展现的与岗位相关的能力的综合性陈述。通常，自我评价需限定字数范围，具体的要求可能因不同国企而异，常见的要求是200字以内或1000字以内。在撰写自我评价时，考生应遵循简洁明了的原则，避免篇幅冗长，同时要确保内容与所报考岗位的能力要求高度匹配。

为了撰写一份优秀的自我评价，可以采用"关键词+论据"的方法。首先，提炼出三个关键词，这些关键词应来源于考生个人的核心能力。然后，使用实际经历中的相关事例作为论据来支持这些关键词。通过这种方式，能够突出考生的能力和成就，同时使自我评价更加有说服力。

总之，考生在撰写自我评价时，要注意语言简练、切中要点，并与岗位需求紧密结合。选择恰当的关键词并提供有力的论据，可以有效地展示考生的能力和潜力，给招聘方留下深刻印象。

【示例】

我将从以下三个方面评价自己。

首先，我拥有出色的学习能力。在学校期间，我始终保持优异的成绩，居全班前列。我不仅深入掌握了专业知识，还通过了相关领域的认证考试，如IT领域的Cisco认证和项目管理领域的PMP认证。我积极参与各类学术活动和项目，不断扩展自己的知识领域。

其次，我具备卓越的组织协调能力。作为学生会的组织部部长，我负责策划和组织多场校园活动，包括文化节、志愿者服务等。与此同时，我能够有效地分配资源，协调团队合作，并确保活动的顺利进行。这些经历让我培养了良好的沟通能力和团队合作精神。

最后，我具备灵活应变的能力。在实习期间，我面对各种挑战能够迅速做出反应并解决问题。我曾在客户服务岗位上处理复杂的投诉情况，通过耐心倾听和积极解决，成功维护了客户关系。我也参与了公司内部的变革项目，能在高压环境中适应并应对各种变化。

综上所述，我具备优秀的学习能力、出色的组织协调能力以及灵活应变的能力。我相信这些优势有助于我胜任未来的岗位，应对各种挑战，为团队和组织做出积极的贡献。

第五节 简历填写的三大技巧

国企招聘竞争激烈，提高简历的竞争力至关重要。考生在填写简历过程中可以采取以下方法。

一、突出关键信息法

突出关键信息法，即在简历中突出展示与目标职位相关的关键信息。在简历中突出关键信息是为了突出与目标职位相关的技能、专业背景和经验，具体可以从以下几个角度来突出简历中的关键信息。

(1) 使用目标职位关键词。仔细研究目标职位的要求，注意其中关键词和短语，确保将这些关键词融入简历中，尤其是技能和经验部分。这样可以使简历更符合招聘企业的筛选标准。如果目标职位要求掌握某种特定的软件或工具，应确保在技能部分明确列出该技能，并与岗位要求的命名方式保持一致。例如："熟练使用Adobe Photoshop进行图形设计和品牌推广。"

(2) 突出相关专业背景。如果考生的专业背景与目标职位密切相关，应强调这一点，说明考生所学专业的重点领域和相关课程，以及考生在学习过程中取得的成就和项目经验。比如，一个市场营销职位可能需要候选人具备市场调研和数据分析的能力，如果考生在大学期间修读了市场调研课程并参与了相关项目，可以在教育背景或项目经历部分进行描述。例如："在市场调研课程中，我掌握了多种调研方法和工具，能够收集和分析市场数据，能够得出有价值的见解。"

(3) 使用格式和样式强调关键信息。通过使用粗体字或斜体字、独立小标题等方式，突出简历中与目标职位相关的关键信息。例如："我的核心技能为项目管理、团队协作、数据分析。"

另外，如果你拥有与目标职位紧密相关的证书或专业资格，可以将其放在一个独立的小标题下，并使用粗体字进行强调。通过使用这些格式和样式，可使关键信息在简历中更加醒目，更容易被招聘者注意到。

二、量化成就法

量化成就法是指在简历中使用具体的数字和指标来描述自己的成就，以更加具体地展示自己的实际价值和能力。量化成就法可以数据化地体现考生在过去项目中的具体贡献以及工作所带来的效益和影响。例如："在项目中负责优化供应链流程，成功降低了20%的供应链成本，每年节约50万元。""带领团队开发并推出一款新产品，在首个季度内实现了100%的销售增长，并带来了200万元的额外收入。""负责市场营销活动，通过精确的目标定位和策划，提高了品牌知名度，使社交媒体关注量增加了300%。" 这些例子展示了具体的结果和贡献，并用数字和指标进行量化，能让招聘企业更清晰地了解考生的能力和成就。在简历中量化成绩可以吸引招聘人员的注意，增加考生在竞争激烈的求职市场中的竞争力。

三、自定义简历法

自定义简历是指针对每个不同的职位，根据其具体要求进行简历的调整和优化。求职者可以从以下几个方面自定义简历。

(1) 根据职位要求突出相关技能。如果目标职位要求具备项目管理技能，自己可以在简历中强调项目管理经验、曾使用的工具和方法，并从成果角度描述自己成功完成的项目。

(2) 强调与企业文化的匹配。仔细研究目标企业的价值观和文化特点，然后在简历中突出展示与之匹配的经历和成就。例如，如果目标企业注重创新和团队合作，自己可以在简历中提及自己在创新项目中的贡献以及与团队合作取得的成果。

(3) 针对不同职位定制专业摘要。根据不同职位的需求，在简历开头的职业摘要部分撰写一段简洁而有针对性的自我介绍。这段文字应该凸显自己的核心技能和与目标职位紧密相关的经验，以引起招聘人员的兴趣。

(4) 调整工作经历的重点。根据目标职位的关键要求，调整工作经历中的重点和详细描述，突出与之相关的项目、职责和成就。例如，如果目标职位需要卓越的客户关系管理能力，自己可以描述自己成功维护和拓展客户关系的经历，并提及与客户合作取得的业绩。

自定义简历的目的是增强与目标职位的相关性，让招聘人员能够快速看到考生与职位需求的匹配度。通过仔细研究职位描述、了解企业文化，并在简历中有针对性地调整内容，可以提高考生的简历与目标职位的相关性，增加被选中的机会。

第二篇
国企招聘笔试知识

笔试一般会考查三大板块，分别是公共科目、综合知识和职业测评。

在考试过程中，国企考查科目有可能是上述三个板块之一，比如只考公共科目，也有可能是多个板块的组合，比如公共科目与综合知识组合、公共科目与职业测评组合等。在这里，我们先介绍每个板块包含的内容以及考频，以便考生对笔试有基础的了解。

首先介绍公共科目。公共科目是指国企笔试中非岗位性质和非专业性质的科目，即无论考生报考什么行业、什么岗位，均有可能涉及的考试科目。公共科目主要包含三类，即行政能力测试、公共基础知识和申论。

公共科目板块侧重考查考生应知应会的基本知识和基本能力。其中，基本知识包括百科常识、时事政治等；基本能力包含数学运算、言语理解、文字写作等。对于基本知识的考查，命题广泛，需要考生采用恰当的记忆方法，以提高备考效率；对于基本能力的考查，命题形式灵活多变，需要考生掌握一定的解题技巧。对于大部分国企笔试而言，公共科目都是考频较高的板块，也是出题占比较大的板块，需要考生提前学习，做好备考工作。

其次介绍综合知识板块。综合知识板块侧重考查考生的专业素养和对整个行业或者某个企业的基本认知。在国企考试中，也会涉及三类内容，即专业知识、行业知识、企业知识。从考频来看，综合知识在国企笔试中属于选考内容。例如，一般只有专业性较强的岗位才会考查专业知识，通用类岗位笔试一般不涉及专业知识。专业知识一般与报考岗位的实际业务工作需要紧密相关。行业知识与企业知识涉及行业基础知识、行业法规、行业热点、企业文化、企业新闻等内容。

总体来说，综合知识板块命题范围非常广泛。专业知识类考题主要考查大学学习的专业内容，需要考生有一定的专业知识积累，根据考情及学科特点有针对性地备考。例如国家电网，大部分岗位考试的专业知识占比达80%。行业知识与企业知识类考题主要考查时效性较强的内容，考生可以在收到笔试通知的时候，去详细了解并记忆该行业和企业的相关知识。

最后介绍职业测评。职业测评其实就是心理测试，主要考查员工的个性特质、行为风格、兴趣动机等心理因素，考查目的是实现人岗匹配。由于心理因素具有内隐性、主观性的特点，这就决定了职业测评主要间接测量个体内在的、抽象的客观因素。职业测评比较特殊的一点在于，职业测评结果并不会计入笔试分数，但是对考生能否通过笔试有一票否决权。不过考生也不用过于紧张，大部分考生都是可以通过职业测评的。

接下来我们将会对这三个板块进行详细解读，采用知识精讲和真题精讲相结合的编写逻辑，帮助考生系统掌握国企招聘考试的笔试内容。

第三章
行政能力测试
——言语理解

在国企笔试中,公共科目包含行政能力测试、公共基础知识和申论。其中,行政能力测试简称行测,在不同的国企考试中,其名称可能会有所差异。比如在中石油招聘考试中,它被称为职业能力测试;在银行招聘考试中,它被称为通用就业素质测评。虽然名称不同,但考试题型和考查知识点基本一致,主要包括言语理解、判断推理、资料分析、数字推理、数量关系五类题型。

行测是各家国企笔试的重点,在不同的国企考试中,行测题量差距较大,少则十几题,多则上百题。就考试形式而言,行测考查形式比较单一,均以单选题的形式出现。

本章我们将详细解读行政能力测试中的言语理解题型。言语理解能力是一项综合性的实践能力,它要求考生正确理解字词、语句、段落、全文的含义,并准确地表达出来,所以考生必须有较强的言语综合能力,才能在测试中立于不败之地。本章采用知识精讲和真题精讲相结合的编写逻辑,以帮助考生系统掌握国企招聘考试中言语理解题型的考试内容。

第一节 中心理解题

中心理解题是指题干出现"这段文字主要/旨在/观点是……""这段文字表达了作者……""从这段文字中我们可以看出作者的意图/态度是……"等类似表述的题型。该类题目主要考查考生对长文段的理解与总结能力。解答该类题目，要求考生既能正确理解题干中的关联词，又能把握题干中的行文脉络。

关联词类型有很多，常见的有转折关系、因果关系、必要条件关系等。行文脉络即文章的总体结构，常见的有总—分、总—分—总、分—总等。

一、关联词理论要点

1. 关联词之转折关系

典型标志词：但是、然而、却、实际上、事实上。

做题思路：关注转折之后的语句内容，一般是重点内容。

【例3-1】全国统一的不动产登记信息管理基础平台已实现全国联网，我国不动产登记体系进入全面运行阶段。不动产统一登记是为了更好地落实《中华人民共和国物权法》，保障不动产交易安全，有效保护不动产权利人的合法财产权。虽然不动产统一登记不是以反腐为目标，但是司法机关、纪检监察机关等部门确实可以迅速查询到以人为单位的名下所有不动产，这会对贪腐官员起到震慑作用。

这段文字意在说明（　　）。

A. 不动产已实现全国统一登记

B. 不动产登记制度可抑制房价上涨

C. 不动产统一登记可帮助减少腐败

D. 财产互联可有效保护权利人的合法财产

【答案】C

【解析】文段先提出"全国统一的不动产登记信息管理基础平台已实现全国联网"，指出不动产登记制度是为了更好地落实《中华人民共和国物权法》，而后通过转折，强调不动产登记制度可以对贪腐官员起到震慑作用，对应C项。A项所述内容出现在转折前，非重点，排除。B项，文段中并未提及"抑制房价上涨"，属无中生有，排除。D项，文段中说的是不动产统一登记能对贪腐官员起到震慑作用而非财产互联，范围扩大，排除。

【例3-2】山西剪纸艺术历史悠久，为了传承这项"活着的艺术"，经当地政府申报，山西剪纸艺术于2009年成功入选联合国教科文组织的非物质文化遗产名录。然而，在此后的商业合作中，厂家采用机器模式化大量压制剪纸，导致手工剪纸难以生存和发展。又如，一些地方戏曲艺术被过度商业开发，为了迎合市场，有的演出单位在剧目中"添油加醋"。文化艺术原貌被人为改变，这种形式的保护实际上是变相破坏，对文化艺术的传承与发展来说是毁灭性的。

对这段文字概括最准确的是（　　）。

A. 商业化与艺术保护的矛盾是不可调和的

B. 文化艺术保护应转变"赛跑"心态

C. 重申报、轻保护，致使文化艺术难以延续发展

D. 过度的商业介入致使文化艺术难以延续发展

【答案】D

【解析】文段开篇引出剪纸艺术，论述其历史悠久，并入选非遗名录；接下来通过转折关联词"然而"提出问题，指出"商业合作"致使手工剪纸生存发展困难；之后通过"又如"再次举例，论述了过度商业开发对戏曲艺术的危害；尾句通过"这种形式"总结前文，得出结论，故文段为"分—总"结构，强调大量的商业合作并没有保护传统艺术，而是变相破坏艺术，对应D项。A项，文段未提及"不可调和"，无中生有，排除。B项，文段未提及文化艺术保护的"赛跑"心态，无中生有，排除。C项，文段强调商业开发对文化艺术的危害，而并非"重申报、轻保护"，选项表述错误，排除。

【例3-3】网络文学在改变文学传统传播方式的同时，也在不断创新文学传播的路径，具有信息量大、传播范围广、创作发挥空间大等诸多优势。然而，凡事都有两面性，网络文学创作的突出优势，也使得网络原创知识产权保护难上加难，对网络抄袭的治理难度更大。要知道，网络文学的"洗稿""融梗"与传统纸媒的抄袭在具体界定上尚存在一定的差异。由于网络文学具有更新速度快、语言生成性强以及口语化特征明显等特点，很难确认一部网络文学作品是否在文字表述或故事情节上存在抄袭问题。

这段文字意在说明(　　)。

A. 治理网络文学抄袭现象的难度很大
B. 网络文学的发展重塑了抄袭的界定范围
C. 出台网络文学行为规范和维权办法迫在眉睫
D. 界定网络文学作品的抄袭行为比界定传统纸媒的抄袭行为更难

【答案】A

【解析】文段开篇介绍网络文学改变了传统文学的传播方式，创新了传播路径，具有诸多优势；接下来通过转折关联词"然而"指出其存在的问题，即"网络原创知识产权保护难上加难，对网络抄袭的治理难度更大"；尾句解释原因，即网络文学抄袭与传统纸媒抄袭不一样，难以通过现有的抄袭界定方式确定网络文学是否抄袭，因此治理难度更大。文段意在说明治理网络文学抄袭现象的难度大，对应A项。B项，文段未提及"重塑了抄袭的界定范围"，无中生有，排除。C项，"出台网络文学行为规范和维权办法"为非针对性对策，文段中所述问题为"抄袭难以界定"，排除。D项，"界定网络文学作品的抄袭行为比界定传统纸媒的抄袭行为更难"对应文段观点的原因解释部分，非重点，排除。

2. 关联词之因果关系

典型标志词：因为……所以……；由于……；因此……

做题思路：结论是重点，在做题时，着重去找结论词，就能快速定位结论句。常见的结论词有所以、因此、因而、故而、于是、可见、看来、故、导致、致使、使得、造成。

【例3-4】健康的市场经济以公平竞争为基本前提，公平竞争要求有健全的社会主义民主与法治，民主与法治又以一定水平的道德为基础，而道德不一定以人文精神为引导。可见，人文精神的培植对于市场经济的发展并非只起消极作用；相反，社会主义市场经济不能脱离马克思主义内含的人文精神。

最能准确复述这段话主要意思的是( )。

A. 健康的市场经济以公平竞争为基本前提

B. 健康的市场经济需要人文精神的支持

C. 社会主义市场经济不能脱离马克思主义内含的人文精神

D. 社会主义市场经济应注重人文精神的培植

【答案】D

【解析】文段开篇引出"健康的市场经济"的话题，随后通过"可见"总结前文，指出人文精神对市场经济是有积极作用的；"相反"表转折，指出社会主义市场经济不能脱离马克思主义内含的人文精神，即社会主义市场经济要注重人文精神，对应D项。A项，"公平竞争"对应文段分述句内容，非重点，排除。B项，"健康的市场经济"对应"可见"之前的内容，非重点，排除。C项，对应主旨句内容，但表述片面，排除。

【例3-5】当前，还有不少健身者因缺乏科学指导而步入误区。歇了一个冬天，春天陡然增加运动量；天气越来越热，不热身就直接开练；盲目模仿健身小视频动作……这些健身误区看似不起眼，可能伤害不小。它潜移默化地影响着人们的健康，时间一长很容易引发运动疾病。因此，要想避免运动伤害，取得良好的锻炼效果，掌握健身知识必不可少。

这段文字的核心观点是( )。

A. 健身，要因人而异
B. 健身，不要用力过猛
C. 健身，科学指导少不了
D. 健身，运动疾病的起源

【答案】C

【解析】文段开篇指出问题，即"不少健身者因缺乏科学指导而步入误区"；接着具体阐述健身误区所在，并说明健身误区给人体造成的影响；最后通过结论词"因此"总结前文，提出对策，故文段重在强调健身需要科学指导，掌握健身知识，对应C项。A项，"因人而异"无中生有，排除。B项的"用力过猛"、D项的"疾病"均属于结论前内容，非重点，排除。

【例3-6】推动媒体融合发展，事关推进国家治理体系和治理能力现代化。在全媒体时代，媒体不仅是信息的提供者和传播者，在国家治理中也发挥着重要作用。因此，媒体融合不仅是一个传播命题，还是一个治理命题。

这段文字的主旨是( )。

A. 国家治理现代化需要促进媒体融合

B. 媒体融合发展有利于促进信息传播

C. 媒体融合发展是信息技术发展的需要

D. 媒体在国家治理中应承担主要责任

【答案】A

【解析】文段开篇引出媒体融合发展对于国家治理很重要这一话题；接下来进一步解释，通过递进标志词"不仅……也……"再次强调媒体对国家治理的重要性；最后通过"因此"进行总结，得出结论，即"媒体融合不仅是一个传播命题，还是一个治理命题"，这里的"不仅……还……"也表示递进，故文段旨在强调媒体融合对国家治理的作用，对应A项。B项，"促进信息传播"并非文段重点，文段旨在强调"媒体融合"对国家治理的作用，而不是传播，排除。C项，"信息技术发展"无中生有，文段未提及，排除。D项，"主要责任"无中生有，文段未提及，且文段的核心话题是"媒体融合"而非"媒体"，话题不一致，排除。

3. 关联词之必要条件关系

典型标志词：应该、应当、应、需要、要、必须+做法、通过/采取……手段/途径/措施/方式/方法/渠道，才能……、前提、基础、保障等。

典型格式：只有……才……

做题思路：必要条件是重点，必要条件即"只有"和"才"之间的部分。

【例3-7】改革开放以来，中国在受益于全球化发展的同时，也为开放型世界经济发展提供了重要动力，特别是2001年中国加入WTO后，开始参与多边贸易体制，与其他国家建立起更紧密的合作关系。同时，中国实际GDP对全球贡献率由2001年的0.53%上升到2016年的超过30%。这些事实告诉我们，只有坚定不移地发展全球自由贸易和投资，在开放中推动贸易和投资自由化及便利化，才是多方受益的合作共赢之路。那些试图无视和规避世贸规则，搞保护主义的做法，如同把自己关进黑屋子里，看似躲过了风吹雨打，但也隔绝了阳光和空气。

这段文字意在强调( )。

A. 中国为WTO带来的积极变化　　B. 中国为世界经济发展做出的贡献
C. 发展全球自由贸易和投资的重要性　　D. 贸易保护主义的弊端与消极影响

【答案】C

【解析】文段开篇引出"改革开放""世界经济发展"的话题；接下来通过程度词"特别是"指出中国与其他国家建立密切合作，通过"只有……才"指出"坚定不移地发展全球自由贸易和投资，在开放中推动贸易和投资自由化及便利化，才是多方受益的合作共赢之路"；最后采用类比手法证明这一观点，故文段对策是重点，旨在强调发展自由贸易和投资才是共赢之路，即自由贸易和投资的重要性，对应C项。A项，对应对策之前的内容，非重点，排除。B项，对应对策之前的内容，非重点，文段重点在于强调发展自由贸易和投资才是共赢之路，排除。D项，文段并未提及"贸易保护主义的弊端与消极影响"，无中生有，排除。

二、行文脉络理论要点

理论要点：把握中心句及分述句的特征。

中心句特征：一般情况下，会有重点词提示。

分述句特征：举例子，常见"比如""例如""……就是例证"等字样，此外还有数据资料、正反论证、原因解释、并列分述等。

考试过程中，常见的文章脉络形式有两种：第一种是"总—分"(观点+解释说明)，中心句后为不同类型的解释说明；第二种是"分—总"，做题思路是看文段的结论或对策，除此之外，代词("这""此")引导的尾句也需关注。

【例3-8】期权是一种选择权。以上证50ETF期权为例，就是买方向卖方支付一定数量的权利金后拥有在未来一段时间内或未来某一特定日期以事先商定的价格向卖方购买或出售一定数量上证50ETF的权利，但不负有必须买进或卖出的义务。作为期权买入方，最大损失也只有权利金。

这段文字主要介绍了(   )。

A. 期权的性质　　　　　　　　B. 期权的基本功能
C. 50ETF期权的特征　　　　　D. 期权的运行方式

【答案】A

【解析】文段开头指出"期权是一种选择权"，接着以上证50ETF期权为例，具体说明买方是如何使用权利的，最后说明在整个交易过程中，买方最大的损失只是权利金。整个文段的主旨是第一句话，指出了期权的本质属性，对应A项。B项，"功能"是指事物发挥的作用，文段未提及，排除。C项，50ETF是例子，非重点，排除。D项，"期权的运行方式"文段未提及，排除。

【例3-9】染色食品曝光后，许多人表示无法理解，食品色素仅能改变食物颜色，只有"悦目"的作用，为什么一定要染色呢？事实并非如此，食物的颜色会改变人们对食物的味觉体验，进而影响人们对食物的选择。现代食品技术中有一个领域，就是专门研究食物的各种性质如何影响人们对食物的感受。成分和加工过程完全相同的食物，仅仅是所采用的颜色不同，就会导致人们对它们的评价显著不同，从而影响人们对食物的选择。

最适合做这段文字标题的是(   )。

A. 你不知道的食品添加剂　　　B. 食品色素背后的心理学
C. 哪些因素影响食物味道　　　D. 现代食品制作中的染色技术

【答案】B

【解析】文段开篇提出问题——为什么要用食品色素给食物染色，随后通过"事实并非如此……"对问题进行回答，指出"食物的颜色会改变人们对食物的味觉体验，进而影响人们对食物的选择"。下文论述现代食品技术研究表明，食物的颜色不同，会影响人们对食物的评价和选择，这是对前文进行解释说明，故文段重在强调"食物的颜色会改变人们对食物的味觉体验，进而影响人们对食物的选择"，"体验"和"选择"都表明食物色素会对人的心理层面产生影响，对应B项。A项，文段论述的核心话题是"食品色素"，选项中"食品添加剂"概念扩大且表述不明确，排除。C项，"哪些因素"指多种因素，而文段中只提到一种因素，即"食品色素"，且文段并非论述"影响食物的味道"，而是"改变人们对食物的味觉体验"，即影响的是人们的主观感受，而非食物的客观味道，排除。D项，文段未提及染色技术是如何操作和实施的，故"染色技术"无中生有，排除。

【例3-10】现在的电影行业处于一个全媒介时代，电影从开始拍摄到投入市场都处于与众多新媒体争夺受众的状态，必须考虑如何通过互联网众筹、宣传、营销等。可以说，全媒介语境使得电影的传播和评价方式变得多元化，电影批评的形态、生态、写作方式、功能价值、传播方式等也都发生着巨大变化。

根据上述文字，作者想要表达的意思最有可能是(　　)。

A. 现在的电影行业处于一个与众多新媒体争夺受众的全媒介时代

B. 全媒介语境导致电影批评的形态、生态、写作方式、功能价值、传播方式等发生巨大变化

C. 电影处于一个面临互联网语境的"互联网+"时代，必须考虑如何通过互联网宣传、众筹、营销

D. 全媒介语境导致电影传播和评价方式的多元化

【答案】B

【解析】文段开篇论述背景，即现在的电影行业处于全媒介时代；紧接着用"可以说"对前文进行总结，强调全媒介语境使得电影各方面都发生着巨大的变化，故文段为"分—总"结构，尾句为文段的重点，对应B项。A、C两项，均为结论之前的内容，非重点，排除。D项，"电影传播和评价方式的多元化"仅为电影各方面变化中的一部分，表述片面，排除。

第二节 细节判断题

细节判断题是指题干出现"以下对文段理解正确/不正确的是……""符合/不符合这段话意思的是……"等类似表述的题型。细节判断题常见的错误选项类型有无中生有、偷换概念(替换、混搭)、偷换逻辑(强加因果、因果倒置)等。当选项出现常见的错误选项时，要利用排除思维，把不符合题干的选项及时排除。

【例3-11】内容与形式——当漫长的理论游历重返这一对古老范畴的时候，两者之间旷日持久的主从之争似乎丧失了意义。历史、主体、意识形态、语言与文学的多边关系表明，历史不仅是文学关注的对象，等待文学的描述；同时，文学也是历史的关注对象，历史一刻也没有停止改造和重塑文学。这种改造和重塑的幅度甚至动摇了传统的内容与形式之间的分界。换言之，何谓内容，或何谓形式，不存在本质的规定。如果说，不同视角形成的视差可能导致结论的重写，那么，历史制造的各种视角带来常见的转换即是，外部的历史不仅可能进驻文学形成"内容"，还可能进一步酿成未来的"文学形式"。

根据这段文字，下列论述错误的是(　　)。

A. 随着历史及其他因素的参与，内容与形式之间传统的主从关系逐渐被消解

B. 历史对于文学形式的改造和重塑必须与文学形式体系隐含的惯性进行博弈

C. 历史对文学的改造，在一定程度上消解了内容与形式主从对立的传统逻辑范畴

D. 历史不仅可以进驻文学成为内容，在一定程度上还可改造和重塑文学形式

【答案】B

【解析】A项，根据"内容与形式——当漫长的理论游历重返这一对古老范畴的时候，两者之间旷日持久的主从之争似乎丧失了意义"可知，该项表述正确，排除。B项，"必须与文学形式体系隐含的惯性进行博弈"文段未提及，无中生有，当选。C项，根据"文学也是历史的关注对象，历史一刻也没有停止改造和重塑文学。这种改造和重塑的幅度甚至动摇了传统的内容与形式之间的分界"可知，该项表述正确，排除。D项，根据"外部的历史不仅可能进驻文学形成'内容'"和前文可知，该项表述正确，排除。

【例3-12】熟悉中国绘画史的人都知道，水墨画是一个十分特殊的画种，它虽看似纯用宣纸和墨来作画，但却是中国本土所特有的、具有渊源历史传承与深厚文化积淀的一门精深的东方艺术。在创作上，它有其自身的艺术法则和规律。但在现实中，却经常出现"无知者无畏，无畏者胡来"的现象，经常会有人把水墨看轻、看浅、看薄，仅仅将其当作创作的材料、工具或媒介，而全然不顾对其更深层次的挖掘、理解和体会。

下列说法与原文不相符的是（　　）。

A. 水墨画具有深厚的文化历史积淀

B. 水墨画有其自身发展创作的规律

C. 从某种程度来说，水墨仅是一种材料

D. 应对水墨画进行深层次的挖掘和理解

【答案】C

【解析】A项，根据水墨画"是中国本土所特有的、具有渊源历史传承与深厚文化积淀的一门精深的东方艺术"可知，水墨画具有深厚的文化历史积淀，与原文相符，排除。B项，根据水墨画"有其自身的艺术法则和规律"可知，水墨画有其自身发展创作的规律，与原文相符，排除。C项，根据"经常会有人把水墨看轻、看浅、看薄，仅仅将其当作创作的材料"可知，作者对"水墨仅是一种材料"这一看法是持批判态度的，选项与原文不符，当选。D项，根据"仅仅将其当作创作的材料、工具或媒介，而全然不顾对其更深层次的挖掘、理解和体会"可知，作者认为应当对"水墨画进行深层次的挖掘和理解"，与原文相符，排除。

【例3-13】半坡型彩陶文化是仰韶文化中历史较早、特点突出、影响较大的一个类型，其器形丰富，多见圆底或平底钵、平底盆、鼓腹罐、细颈瓶。彩陶器的装饰纹样采用散点式构图，"鱼纹"和"人面鱼纹"以及由鱼头、鱼身演化而来的几何纹是最具特色的半坡型彩陶纹样。半坡型彩陶器造型规整，纹饰简洁生动，富有浓郁的原始气息，是当时经济、社会生活的艺术记录，同时反映了原始先民质朴的审美意识。

这段文字没有提及"半坡型彩陶"的（　　）。

A. 历史由来　　B. 艺术美感　　C. 文化类型　　D. 器形图案

【答案】A

【解析】A项,"历史由来"并未在原文中提及,当选。B项,根据文段"造型规整,纹饰简洁生动,富有浓郁的原始气息"可知,"艺术美感"在原文中有所提及,排除。C项,根据文段"是仰韶文化中历史较早、特点突出、影响较大的一个类型"可知,"文化类型"在原文中有所提及,排除。D项,根据文段"其器形丰富,多见圆底或平底钵、平底盆、鼓腹罐、细颈瓶""'鱼纹'和'人面鱼纹'以及由鱼头、鱼身演化而来的几何纹"可知,"器形图案"在原文中有所提及,排除。

第三节
词句理解题

词句理解题是指题干中出现"这段文字中'……'指的/含义/意思是……"等类似表述的题型。词句理解题的做题思路大致可以分为三类。

1. 词句部分为代词

这一类题目需重点关注代词前的内容,如仍难以回答再看其后的内容。

2. 词句出现在文段首尾

这一类题目需要整体把握文段内容,进行归纳总结。

3. 词句出现在文段中间

这一类题目需要联系前后文语境,把握词句含义。

【例3-14】我蹲在小径旁看蚂蚁过着怎样的生活。一只蚂蚁急匆匆地在高大的菊花丛间奔跑,我用一块石头拦住它的去路,它惊呆了。我以为它会绕开走甚至退回去,实际上,它很快就开始攀登这块石头。因为石头表面有一块比较光滑,它花费了很长时间,都没登上去。它哪里知道,这不过是小径旁边有个无聊的巨人跟它开的一个没有恶意的玩笑。它只记得有急事儿要办,比如在小径的那边发现了一块大大的面包,足够五十个家人吃上一天;或者小伙伴被落下的果子砸伤,要找帮手将伙伴抬回家养伤……现在,这个随意的玩笑却给它带来相当大的麻烦。

文中"无聊的巨人"指的是(   )。

A. 石头 B. 主宰蚂蚁命运的人
C. 小径 D. 放石头的"我"

【答案】D

【解析】文中"无聊的巨人"出现在第五句话，重点观察前后文寻找指代对象。前文讲述"我"用一块石头挡住了蚂蚁的去路，故对于蚂蚁来说，"无聊的巨人"就是指代放石头的"我"，对应D项。A项，"石头"无法主动和蚂蚁开玩笑，排除。B项，"主宰蚂蚁命运的人"不明确，在语段中，主宰蚂蚁命运的人就是"我"，排除。C项，由"这不过是小径旁边有个无聊的巨人跟它开的一个没有恶意的玩笑"可知，"小径"和"无聊的巨人"是两回事，排除。

【例3-15】有时我甚至还看到蝈蝈非常勇敢地纵身追捕蝉，而蝉则惊慌失措地飞起逃窜，就像鹰在天空中追捕云雀一样。但是这种以劫掠为生的鸟比昆虫低劣，它只进攻比它弱的东西；而蝈蝈则相反，它进攻比自己大得多、强壮有力得多的庞然大物。这种身材大小相差悬殊的肉搏，其结果是毫无疑问的。蝈蝈有着有力的大颚、锐利的钳子，不能把它的俘虏开膛破肚的情况极少出现。因为蝉没有武器，只能哀鸣踢蹬。

上文"其结果是毫无疑问的"一句中的"结果"，具体是指（　　）。

A.蝈蝈战胜了比它强壮的蝉　　B.强壮的蝈蝈战胜了弱小的蝉
C.鹰追捕到了柔弱的云雀　　D.身材大的战胜身材小的

【答案】A

【解析】定位原文，"结果"一词前面有指代词"其"，故需结合上文理解。根据前文可知，"蝈蝈则相反，它进攻比自己大得多、强壮有力得多的庞然大物"，意在强调蝈蝈虽身材小，却可以进攻比它身材大的昆虫，再结合后文的"蝈蝈有着有力的大颚、锐利的钳子，不能把它的俘虏开膛破肚的情况极少出现"可知，最终的结果是蝈蝈胜利了，即蝈蝈战胜了比它强大的蝉，对应A项。B项，"弱小的蝉"与文意相悖，排除。C项，"鹰""云雀"为主体错误，文段的论述主体是"蝈蝈"和"蝉"，排除。D项，表述与文段相悖，排除。

【例3-16】所谓审美意识，当然不是指琴棋书画、风花雪月这些小美小诗、小情小调的东西，它犹如江南的小桥流水、杏花烟雨，它应该是一种超越性、诗意化、哲思性的精神状态，其核心在于为有限的人生赋予无限的意义。

文中的"它"是指（　　）。

A.不同于小美小诗、小情小调的大格局

B.一种学问的境界

C.一种人生的境界

D.审美意识

【答案】D

【解析】首先定位"它"所在的分句，而后在前文中寻找指代对象。文段开篇介绍"审美意识"不是琴棋书画、风花雪月这些小美小诗、小情小调的东西，而犹如江南的小桥流水、杏花烟雨，故"它"指"审美意识"，对应D项。A、B、C项均指代错误，排除。

第四节
语句排序题

　　语句排序题是指题干中出现"将以上/以下几个句子重新排列,语序正确的是……"等类似表述的题型。语句排序题常见的解题要点有三个:第一,根据选项提示,对比后确定首句;第二,确定捆绑集团/确定顺序/确定尾句;第三,验证,注意只验证基本锁定的答案,而非全部验证。
　　注:"确定捆绑集团"是指某两句话的衔接很紧密,前后逻辑性很强,那就"捆在"一起,通过句子的捆绑来判断正确答案。

【例3-17】
① 这些关于算盘计算功能之外的引申,把算盘深深地植入了中国历史文化之中
② 在北京东岳庙的瞻岱门内两侧各挂着一副大算盘,左右批有"毫厘不爽,乘除分明",以示赏善罚恶、公正严明
③ 在民间,常会听到"金算盘""铁算盘"之类的比喻,形容的也多是"算进不算出"的精明
④ 自古以来,算盘都是用来算账的,因此它也被赋予了很多象征意义,在某种程度上,它已经成为一种文化符号
⑤ 比如,它被当作象征富贵的吉祥物,为人们所推崇
⑥ 除了与钱财相关的象征意义以外,算盘也常被用来象征出入平衡,分毫不差
将以上句子排序,语序正确的是(　　)。
A.④⑤③⑥②①　　　　　　　B.④①⑤③⑥②
C.③②①⑥④⑤　　　　　　　D.③⑥④②⑤①

【答案】A
【解析】第一步:确定逻辑关系最为明显的语句顺序。观察题干,六个事件主要围绕的是"算盘被赋予了很多象征意义"。逻辑关系的先后顺序比较明显的是事件③和事件④,应先是"它也被赋予了很多象征意义",然后才有"在民间,常会听到'金算盘''铁算盘'之类的比喻",故事件④应在事件③的前面,排除C、D项。第二步:逐一对照选项并判断正确答案。根据第一步的结果可以判断只有A、B项符合,而①"这些关于算盘计算功能之外的引申,把算盘深深地植入了中国历史文化之中"为总结句,应在尾句,排除B项。

【例3-18】
① 为了不让耐药癌细胞不可控,科学家选择低剂量给药,留下一些对药物敏感的癌细胞,让癌细胞互相竞争、互相压制
② 现在,一种抗癌新思路正在兴起

③ 它的核心思想来自达尔文的演化论
④ 为了消灭癌细胞，现代医学策略都是向患者体内输送大量的化疗药物
⑤ 从而将肿瘤维持在可控的大小，患者预期寿命也会显著延长
⑥ 但是，就像用杀虫剂消灭害虫，一旦耐药种群出现，肿瘤将变得无药可治

将以上六个句子重新排列，语序正确的是( )。

A. ②①⑥④⑤③　　　　　　　　B. ②④③⑥①⑤
C. ④⑥②③①⑤　　　　　　　　D. ④⑤③⑥②①

【答案】C

【解析】对比选项，确定首句。②中"一种抗癌新思路"强调一种新的抗癌思路，④中"都是……"讨论的是传统抗癌方法，根据日常逻辑顺序，应该先强调过去抗癌怎么做，再引出新的抗癌思路。④与②相比，④更适合作为首句，故排除A、B两项。接下来找其他解题线索，③中出现指代词"它"，②引出一种新的抗癌思路，②③形成指代词捆绑，锁定C项。⑤中没有出现"它"的指代对象，⑤③无法捆绑，排除D项。

【例3-19】
① 在现代，汞被用来冷却核反应堆，用作牙膏成分
② 在中世纪的炼金师看来，汞是把残金属转变成金所必需的一种元素
③ 在汞的毒性还未被完全认识之前，汞在历史上被用来治疗各种疾病
④ 据说，中国古代第一位皇帝——秦始皇，服用汞丸以图长生不老
⑤ 19世纪，汞被用来治疗梅毒(有时候患者反而被毒死)、便秘、抑郁和牙痛；20世纪初，一些国家用汞来为儿童驱虫和通便
⑥ 古希腊人用水银制作药膏，古罗马人用水银制作化妆品

将以上六个句子重新排列，语序正确的是( )。

A. ④⑥③②⑤①　　　　　　　　B. ①③④②⑥⑤
C. ③④⑥②⑤①　　　　　　　　D. ①④⑥②⑤③

【答案】C

【解析】首先观察选项确定首句，③中提到"汞在历史上被用来治疗各种疾病"，④是关于将汞作为药用的论述，④句恰好是③句的一个例子，因此③位于④之前，排除A、D项。①、②、⑤出现明显的时间引导词"在现代""在中世纪""19世纪""20世纪"，通过时间顺序可判断出②⑤①的顺序，排除B项。

第五节
语句填空题

语句填空题是指题干中出现"填入画横线部分最恰当的一句/项是……"等类似表述

的题型。语句填空题的解题要点有三个：第一，横线在结尾，解答这类题目需要两步。第一步，总结前文；第二步，提出对策。第二，横线在开头，这种情况需对后文进行概括。第三，横线在中间，解答这类题目需要两步。第一步，注意上下文的联系；第二步，把握好主题词，保证其与文段话题一致。

【例3-20】国外某些教育专家认为，数学和物理学科举办竞赛最合适，试题不要求学生具备教材范围以外的知识，只要求学生机智和具备独立思考的能力。可是化学竞赛要拟出这样的试题实际上是不可能的，因为要做到这一点，学生就要具备超过教材范围的知识。至于生物、历史、地理学科，如果举办竞赛，将主要考核学生的知识渊博程度，不能测量学生的能力和才智。国外某些教育专家认为，_____。

下列选项中，填入横线最恰当的一句是( )。

A. 生物、历史、地理学科不适合举办竞赛
B. 数学和物理学科最适合举办竞赛
C. 竞赛并不适合所有学科
D. 化学学科不适合举办竞赛

【答案】C

【解析】横线放在结尾，总结前文。文段开篇指出竞赛"只要求学生机智和具备独立思考的能力"，数学和物理学科最合适；接着说化学不具备出题的条件，生物、历史、地理学科不能测量学生的能力和才智，故横线处所填内容应体现竞赛并不适合所有学科，对应C项。A、B、D三项均仅是前文论证的部分内容，表述片面，不能作为总结，排除。

【例3-21】好的散文不会让读者感到与作者生疏。作者在描摹眼中世界的同时，也在清晰地勾画着自身的影像。实际上，_____，无论作品本身是优是劣。"作者形象"并不等同于作家的自画像，它是作家灵魂的投影，是展现在文字中的一种人生境界，是写作视角和阅读视角综合的结果。

填入横线处最恰当的一句是( )。

A. 写作是一种意味深长的印记
B. 作品传达的是作者独有的情感体验
C. 没有一部作品不在描绘着"作者形象"
D. 每一篇散文都是人文情怀与精神价值的融合

【答案】C

【解析】横线在中间，应关注前后文内容。横线前指出作者在写作时会勾画自身的影像，横线后对"作者形象"做具体解读，故横线处应与前后文话题保持一致，围绕"作者形象"这一话题展开，对应C项。A、D两项，分别强调"写作"和"散文"，都侧重于文章本身，没有体现"作者形象"这一话题，排除。B项，"情感体验"无法与后文衔接，无中生有，排除。

【例3-22】某机构发布的数据显示，大学毕业生就业时的月薪已连续两年下滑，仅有4014元。面对理想与现实之间的巨大落差，一种焦虑情绪在年轻人中蔓延：劳动强度大了，收入水平为何增长慢？同样都是8小时，为何在其他行业工作的同学比自己挣得多？

如何增加收入、让腰包鼓起来？一分耕耘，一分收获，＿＿＿＿＿＿＿＿＿＿。无论是华为、联想，还是阿里、京东，哪一家企业不是逢山开路、遇水架桥，以敢为人先的信念，攻克一个又一个难关？哪一位业界精英不是夜以继日、埋头苦干，以只争朝夕的干劲，创造出一份又一份骄人业绩？一个不求上进、好逸恶劳的人，怎能使自己的腰包鼓起来？

填入横线处最恰当的一句是(　　)。

A. 通过别人的"予"来增加自己的"得"，无法改变命运

B. 全社会确实还存在劳动付出与收入不匹配的情况

C. 不能让打拼者无助吃亏，真正实现"干得多、挣得多"

D. 大凡成功者，都是用辛勤的劳动书写自己的精彩人生

【答案】D

【解析】横线在文段中间，起承上启下的作用。文段开篇提出年轻人关于劳动强度与收入水平的焦虑，横线后通过举例说明大企业和业界精英都是先辛勤付出劳动才有收获，是对"一分耕耘，一分收获"及横线处的具体说明，故横线处意在强调要付出劳动才会有收获，D项符合文意，当选。A项，文段并未提及别人的"予"，无中生有，排除。B项，"全社会确实还存在劳动付出与收入不匹配的情况"为问题的表述，无法衔接下文，排除。C项，"真正实现'干得多、挣得多'"无法体现努力奋斗的意思，无法衔接下文，排除。

第六节 接语选择题

接语选择题是指题干中出现"作者接下来最有可能讲述/谈论的是……"等类似表述的题型。

接语选择题的做题要点：重点关注文段最后一句话，但是题干中也经常出现干扰选项，常见的干扰选项是出现文段中已经论述过的内容，需要稍加注意。

【例3-23】目前，不少大型线上交易平台不断出现代健身、代叫醒、代扔垃圾、代写、代跑腿等各类花式"代"服务，"代经济"火了起来，同时引发诸多问题。有观点指出，"代"服务会批量制造懒人。其实大可不必担忧。

文段接下来最可能讲述的是(　　)。

A. "代"服务反映的社会问题　　B. "代"服务的市场前景

C. "代"服务存在的价值　　　　D. "代"服务的合法性

【答案】C

【解析】文段主要讲的是"代经济"的火热及其引发的问题，尾句"其实"后面是重点，作者认为，不必担忧"'代'服务会批量制造懒人"，那么接下来作者应该会进行说

明,解释为什么不必担忧。C项,"代"服务有其存在的价值,可以进一步解释作者的观点,当选。A项,"代"服务反映的社会问题在文段中已经提到,不属于接下来要讲述的内容,排除。B项,整个文段没有提到"市场前景",也没有引出该话题的语句,排除。D项,文段最后一句,作者的主要观点是反驳"'代'服务会批量制造懒人",与"合法性"无关,排除。

【例3-24】西汉治国理念正如汉宣帝所言,"汉家自有制度,本以霸王道杂之"。尽管汉武帝"罢黜百家,独尊儒术"后,儒家注重教化、以民为本的理念逐渐成为主流,但法家特别是秦代以来严刑重法的影响仍然存在,从而出现了循吏与酷吏并存的独特现象。

接下来最有可能说的是(　　)。
A. 儒、法两家各自的治国理念
B. 西汉的主流治国理念是如何形成的
C. 循吏与酷吏截然不同的施政风格
D. 汉宣帝如何发展汉武帝的治国方针
【答案】C
【解析】文段开头提到以往西汉的治国理念是以民为本,接下来通过转折词"但"指出秦代以来严刑重法仍然存在,重点看文段尾句,指出出现了循吏与酷吏并存的现象,因此文段接下来应对循吏与酷吏两种现象进行阐述,即循吏与酷吏截然不同的施政风格,对应C项。A项,"儒、法两家各自的治国理念"并非尾句强调的两种现象,排除。B项,"西汉的主流治国理念是如何形成的"为两种现象出现之前的内容,前文已论述过,排除。D项,"汉宣帝如何发展汉武帝的治国方针"对应转折之前的内容,前文已论述过,排除。

第七节
选词填空题

　　选词填空题是指题干给出一段留有空白的文字,要求考生从选项中选择最符合文意、适合填入空白处的一组语句的题型。这种题型主要考查考生对词义的辨别分析能力。选词主要是一些同义词或近义词,考生应从所给的几个词中找出一个和所给句子句意相符的词。首先,解答这类题的关键点在于考生必须拥有大量的词汇储备,熟知常用词的词义。其次,考生应将每个词和句意环境联系起来,即在句子中分析、理解词义,这样才能对词义把握得更准确一些。最后,考生应加强语感练习,平时应多读、多写。选词填空题分为词义侧重、关联关系等题型。

一、词义侧重

语义侧重是指分清词义的区别点。出题者在设置选项的时候，一般会选择一些有相同字眼的词汇，考生重点关注不同的那个字眼，可以有效运用拆文解字的方法理解词义并做出选择。

【例3-25】将下列选项中的词语依次填入句子横线处，最恰当的一组是(　　)。

苏武执节出域，面对威逼_____不屈，身处绝境_____面对，青丝熬成白发，十九年后终归故国，是因为他回家的信念始终未曾动摇。当我们面临生活困境时，往往不是看到希望再坚持，而是坚持了才能看到希望。山穷水尽、柳暗花明，两种景色的_____转换是因为你多走了几步。

A. 浑然　怡然　迥然　　　　　B. 凛然　坦然　迥然
C. 浑然　坦然　恍然　　　　　D. 凛然　怡然　恍然

【答案】B

【解析】第一空，根据文段可知横线处所填词语需要体现苏武面对威逼不屈服，"凛然"指严肃、可敬畏的样子，可以形容他严肃不可侵犯的态度，并且这种精神是值得敬畏的，符合文意，保留B、D两项。A、C项，"浑然"表示完整不可分割，与文意不符，排除。第二空，填入横线的词语应能表达苏武身处绝境时的态度，B项，"坦然"强调心里平静，表达苏武虽然身处绝境，但却镇定自若、平静坦然，符合文意。D项，"怡然"形容喜悦、安适自在的样子，根据后文"青丝熬成白发"可知，文段并没有突出喜悦、安适之意，而是体现苏武的艰难处境，故感情色彩不符，排除。第三空，代入验证，B项"迥然"表示差别很大，与"山穷水尽、柳暗花明"形容的绝境和转机形成对应，符合文意。

【例3-26】国家将发展机器人作为重点支持的方向，_____了不少利好的政策保障。但与高速增长的机器人产业相比，相关教育培训机构仍处在摸索阶段，对口专业的_____也刚刚起步，亟待深化产教融合，化解人才瓶颈。

填入横线处最恰当的一项是(　　)。

A. 提供　开设　　B. 释放　建设　　C. 扩大　开办　　D. 形成　成立

【答案】A

【解析】第一空，搭配"政策保障"，A项"提供"、D项"形成"均可与"保障"搭配，保留。B项，"释放"指把所含能量释放出来，常与"政策红利"搭配，与"保障"搭配不当，排除。C项，"扩大"指扩张范围，常与"规模""范围"搭配，与"保障"搭配不当，排除。第二空，搭配"专业"。A项，"开设专业"为常用搭配，符合文意，当选。D项，"成立"一般搭配"组织、机构"，与"专业"搭配不当，排除。

【例3-27】中国在全球奢侈品市场已拥有_____的地位，各大奢侈品牌纷纷增资加码中国市场都是_____的举措。

填入横线处最恰当的一项是(　　)。

A. 惊天动地　顺理成章　　　　B. 举足轻重　理所当然
C. 无与伦比　天经地义　　　　D. 无与伦比　昙花一现

【答案】B

【解析】第一空，横线处所填成语应形容中国在奢侈品市场的地位。B项，"举足轻重"用来比喻所处地位重要，一举一动都会影响全局，可以体现中国在奢侈品市场的重要地位，符合文意。A项，"惊天动地"形容声音特别响亮，也可形容声势浩大或事业伟大，与"地位"搭配不当，排除。C、D两项，"无与伦比"指没有能跟它相比的，文段并未体现中国市场地位最高，置于此处程度过重，排除。第二空，代入验证。B项，"理所当然"是指从道理上说应当这样，可以形容各奢侈品牌在中国增加投资是合理的行为，符合文意，当选。

二、关联关系

关联关系题主要考查三个方面，即转折关系、因果关系和并列关系。在这三类题型中，转折关系的考频是最高的，需要考生着重备考。

1. 转折关系

转折关系题在题干中的表述标志词为但是、然而、却等。这类题的做题思路是前后语义相反，故感情色彩也是相反的。

2. 因果关系

因果关系题在题干中的表述标志词为因为……所以、由于、因此、导致、使得等。这类题的做题思路是横线前后需要构成因果关系。

3. 并列关系

并列关系题的做题思路有两种。第一种为同义并列，在材料中表现为"顿号（、）""逗号（，）""和""及""与""同"等。做题思路是同义并列，前后语义相近。第二种为反义并列，在材料中表现为"不是……而是……""是……不是……""相反""反之""多一些……少一些……""要……不能……"等。做题思路是反义并列，前后语义相反或相对。

【例3-28】受众信息缺失、市场定位模糊导致创作盲目，不少制作团队一味_____那些已被市场验证的几类特定题材，企图复制成功，其结果却往往_____，反而把网络大电影市场做窄了。

填入横线处最恰当的一项是（　　）。

A. 模仿　水到渠成　　　　B. 仿效　作茧自缚
C. 创新　不尽如人意　　　D. 翻拍　玩火自焚

【答案】B

【解析】第一空，对应后文"企图复制成功"，可知应该填与"复制"相近的词汇。A项"模仿"与B项"仿效"都有复制之意，保留。C项"创新"和D项"翻拍"都含有"新"之意，与语境不符，排除。第二空，"却"表转折，前后语义相反，转折前说成功，对应转折之后结果是不好的、失败的。B项"作茧自缚"比喻自己使自己陷入困境，符合语境，当选。A项"水到渠成"比喻条件成熟，事情自然会成功，与文段语境不符，排除。

【例3-29】这个世界有太多的_____，因此有太多的欲望，有太多欲望满足不了的痛苦。一个人要以清醒的心智和从容的步履走过岁月，他的精神中不能缺少淡泊。

填入横线处最恰当的一项是(　　)。

A. 困惑　　　　B. 诱惑　　　　C. 缤纷　　　　D. 繁华

【答案】B

【解析】横线后的"因此"表示因果关系，故横线处所填词语语义对应"过多的欲望"，即产生想要满足某种感觉、想法的愿望。B项"诱惑"符合文意，因为有了诱惑才会产生对事物的"欲望"，当选。A项"困惑"、C项"缤纷"、D项"繁华"与"欲望"无逻辑上的因果关系，排除。

【例3-30】在互联网上，制造围观就能赚钱，因而_____的人很多，骗子也不少，不负责任的起哄者更是_____。

填入横线处最恰当的一项是(　　)。

A. 夸夸其谈　司空见惯　　　　B. 大言不惭　无独有偶
C. 哗众取宠　屡见不鲜　　　　D. 口若悬河　不足为奇

【答案】C

【解析】第一空，根据"制造围观就能赚钱""因而"可知，横线处所填的词语要表达一种结果，即"制造围观"，也就是做出某些醒目的行为以引起大家的注意。C项"哗众取宠"是指用言论、行动迎合众人，以博得好感或拥护，与文意相符。A项"夸夸其谈"是指说话或写文章浮夸，不切实际。B项"大言不惭"是指说大话而毫不感到难为情。D项"口若悬河"形容说话像瀑布流泻一样滔滔不绝，形容能言善辩。以上各项均无法体现"引起他人注意"之意，排除。第二空，代入验证，C项"屡见不鲜"形容经常看见就不觉得新奇，C项符合文意，当选。

【例3-31】树匠心既要弘扬优良传统，又要紧跟时代步伐，勇于开拓创新，应从中华优秀传统文化中汲取营养，不断赋予其新的时代内涵，让尊重劳动、尊重知识、尊重人才、尊重创造成为社会共识，让工匠精神_____、发扬光大。

填入横线处最恰当的一项是(　　)。

A. 重见天日　　B. 薪火相传　　C. 明日黄花　　D. 凤凰涅槃

【答案】B

【解析】横线处与"发扬光大"构成并列关系，应表示精神的传承弘扬之意。B项"薪火相传"表示文化精神等的传承绵延不尽，符合文意，当选。A项"重见天日"比喻受压迫者得以解放或被冤屈者得以申冤，排除。C项"明日黄花"比喻过时的或失去意义的事物。D项"凤凰涅槃"比喻人不屈不挠、向死而生的顽强精神。以上各项均无法与"发扬光大"构成语义上的并列关系，排除。

第四章
行政能力测试
——判断推理

本章我们将会对行政能力测试中的判断推理题进行详细解读。判断推理题主要考查考生对各种事物关系的分析推理能力，涉及对图形、语词概念、事物关系和文字材料的理解、比较、组合、演绎和归纳等。常见的判断推理题有图形推理、定义判断、类比推理、逻辑判断。本章采用知识精讲和真题精讲相结合的编写逻辑，帮助考生系统掌握国企招聘考试中判断推理题的答题技巧。

第一节 图形推理题

图形推理题考查考生的抽象推理能力。每道题一般给出一套或两套图形，要求考生认真观察并找出图形排列的规律，选出符合规律的一项。很多考生在看到图形推理题目时，总有无从下手之感，这是因为大家不知道如何利用规律，找到题目的切入点。图形推理题目形式复杂多变，但万变不离其宗，它总是按照元素、位置、形状和数量的规律变化着。按图形的变化规律，我们把图形推理题分为元素变化型、位置变化型、形状变化型三类。

一、元素变化型

元素变化型题目一般会通过元素数量变化、寻求等量元素、元素出现频率、元素交替变化等方式来考查考生。考生在做题时应当以题目中元素数量的增减、同异为切入点，不要拘泥于形式，不要强硬地把题目归入哪一类，而是综合考虑题目的变化形式。

从一般意义上讲，任何图形都是由元素组成的，这里的元素指的是具有某种特征的图形的组成元素，即呈现某种变化规律的图形的基本组成。在图形推理题目中，元素不会固定地表现为一种性质，而是要呈现规律性变化，这种变化大多数表现为数量的增减、多种元素的交替等。元素变化型题目主要包括以下几类。

(一) 单一元素

1. 元素数

(1) 元素增加型。

【例4-1】在以下四个选项中，将(　　)填入问号处，可使之呈现一定的规律性。

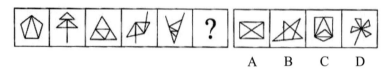

【答案】A

【解析】图形中三角形的个数依次为3、4、5、6、7、8，所以下幅图中应有8个三角形，符合条件的只有A项。

(2) 元素减少。

【例4-2】在以下四个选项中，将(　　)填入问号处，可使之呈现一定的规律性。

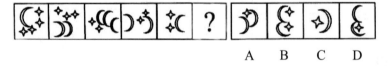

【答案】A

【解析】由第一组图知，月牙的朝向是左右依次变化的，故下一幅图月牙应朝向左，排除B、D项。根据1个星星等于2个月亮，可将题干图形完全换算成月亮数，那么月亮数为9、8、7、6、5，下一项月亮数应为4，故排除C项。

(3) 元素等量。

【例4-3】在以下四个选项中，将(　　)填入问号处，可使之呈现一定的规律性。

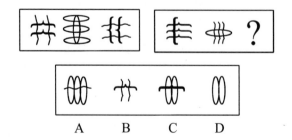

【答案】A

【解析】每个图形都是由4个元素组成的。

2. 笔画数

【例4-4】在以下四个选项中，将( )填入问号处，可使之呈现一定的规律性。

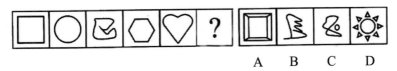

【答案】B

【解析】第一组图均可以一笔画成，B项符合此规律。

3. 交点

【例4-5】在以下四个选项中，将( )填入问号处，可使之呈现一定的规律性。

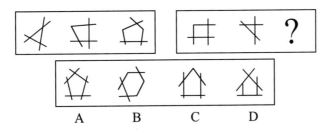

【答案】B

【解析】规律为交点个数相同，均为3个。

(二) 多种元素

1. 多种元素的替换

【例4-6】在以下四个选项中，将( )填入问号处，可使之呈现一定的规律性。

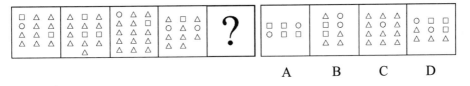

【答案】B

【解析】题中所给图形元素小而多，考虑数个数。通过研究我们发现1个圆相当于5个三角形，1个方块相当于4个三角形。按照这一规律可知，只有B项符合题意。

2. 多种元素的交替变换

【例4-7】在以下四个选项中,将( )填入问号处,可使之呈现一定的规律性。

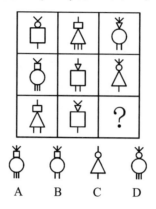

【答案】A

【解析】前两组图形的规律是小图的头和身分别由不同的图形构成,而其脚的数量分别为1或2或3,均不相同,只有A项符合。D项的错误在于头是小圆,与身的图形重复,B、C项的脚数量不符合规律。

(三) 位置关系

1. 对称型

(1) 轴对称。

【例4-8】在以下四个选项中,将( )填入问号处,可使之呈现一定的规律性。

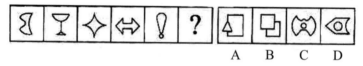

【答案】C

【解析】此题的规律为第一张图有一条水平的对称轴,第二张图有一条竖直的对称轴,第三张图有一条竖直的对称轴和一条水平的对称轴,第四张图有一条水平的对称轴,第五张图有一条竖直的对称轴,所以下张图应有一条水平的对称轴和一条竖直的对称轴,符合条件的只有C项。

(2) 中心对称。

【例4-9】在以下四个选项中,将( )填入问号处,可使之呈现一定的规律性。

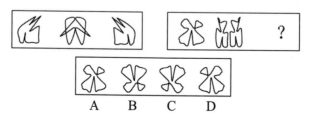

【答案】D

【解析】题目所给的图形中，第一个和第三个形似。通过比较我们发现这是考查图形整体对称性的题目，第一个图形和第三个图形以第二个图形为中心，左右对称，依此规律，答案为D。

2. 依次变化型

(1) 内外变化型。

【例4-10】在以下四个选项中，将( )填入问号处，可使之呈现一定的规律性。

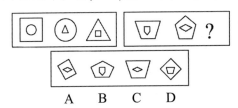

【答案】D

【解析】此题比较简单，题目所给的图形变化规律比较明显。此题左边三个图形的整体元素是相同的，包括圆、三角形和正方形，三个图形位置的变化呈现一定的规律。第一个图形，圆在正方形内；第二个图形，圆在三角形外；第三个图形，三角形在正方形外。依此规律，答案为D。

(2) 前后变化型。

【例4-11】在以下四个选项中，将( )填入问号处，可使之呈现一定的规律性。

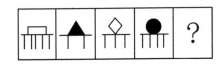 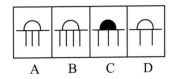

【答案】A

【解析】将第一组图排序，奇数项上面部分为白色，下面的竖线条数为奇数；偶数项上面部分为黑色，下面的竖线条数为偶数。依此规律，正确答案为A。

(四) 位置变化

1. 旋转类

【例4-12】在以下四个选项中，将( )填入问号处，可使之呈现一定的规律性。

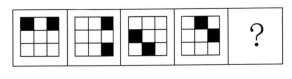 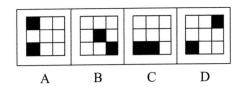

【答案】A

【解析】此题比较简单。通过观察发现，题目所给的图形，元素完全相同，只是位置不同，即黑色方块按顺时针方向依次移动2、3、4格，因此，正确选项应该是第四个图形中的黑色方块按顺时针方向移动5个方格，故答案为A。

2. 翻转类

【例4-13】在以下四个选项中，将(　　)填入问号处，可使之呈现一定的规律性。

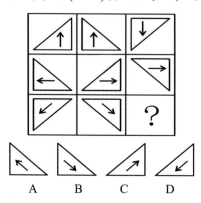

【答案】C

【解析】此题的图形元素完全相同，都是由一个三角形和一个箭头线组成。第一行第二个图形由第一个图形向右翻转而成，第三个图形由第二个图形向下翻转而成，第二行规律也是如此，故第三行也应该如此。

二、位置变化型

(一) 平面位置变化

【例4-14】在以下四个选项中，将(　　)填入问号处，可使之呈现一定的规律性。

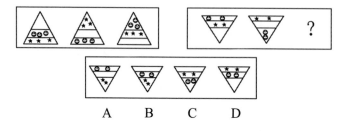

【答案】B

【解析】通过观察第一组图形可以发现，星星、小球和空白是在三个图形中按照上下移动的规律分布的，依次向下移动1格。第二组图形中，星星、小球和空白是依次向下移动2格，依此规律可知，答案为B。

(二) 空间位置变化

空间位置变化类题目一般包括折叠和拆分两种，主要考查考生的空间想象能力。

1.折叠

【例4-15】下列选项中，正确的是(　　)。

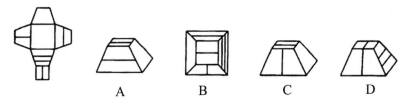

【答案】C

【解析】首先排除D项，顶面的横线和有两条横线的侧面的横线不可能平行。把B项图形掉转过来看，它和A项图形相同，所以都排除，剩下的只有C项。

2.拆分

【例4-16】左侧这个图形是由右侧四个图形中的(　　)折叠而成。

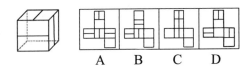

【答案】B

【解析】本题考查六面体结构，主要考查拆分。选项所示图形平面展开图外轮廓一致，首先考虑平面展开图中相对面的识别。平面展开图中1面与4面为相对面，2面与6面为相对面，3面与5面为相对面。逐一分析选项，A、C、D项中均存在相对面，立体图中的三个横线面无法在平面展开图中体现，排除A、C、D项。B项展开图中的三个面中的横线互相垂直，能够折成题干所示的立体图，故正确答案为B。

参考图：

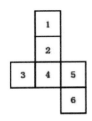

三、形状变化型

形状变化型题目包括形状特征类和图形变化类题目，侧重考查考生的图形搭配组合能力。做形状变化型题目时应抓主要矛盾，从宏观上把握图形的变化规律，灵活运用所学知识，找准切入点，不要生搬硬套、紧盯细枝末节，以免因无关紧要的细节影响答题。

(一) 形状特征类

1. 求同型

【例4-17】在以下四个选项中，将( )填入问号处，可使之呈现一定的规律性。

【答案】D

【解析】第一组图的每个图形中都有一个圆，且其他元素与圆都不相交，每个图形只有一个封闭空间，所以选D。

2. 求异型

【例4-18】在以下图形中，与众不同的是( )。

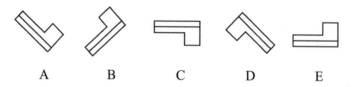

【答案】C

【解析】每个图形只有一个元素，主要通过旋转或翻转体现变化。仔细观察，发现A、B、D、E项的四个图形都可以由同一个图形旋转得到，而C项图形需要通过翻转得到。

(二) 图形变化类

1. 图形相加型

【例4-19】在以下四个选项中，将( )填入问号处，可使之呈现一定的规律性。

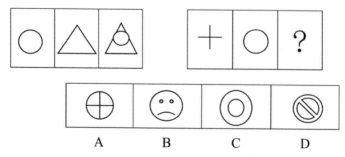

【答案】A

【解析】通过第一组图可知，第一个图形和第二个图形相加得到第三个图形。

2. 图形相减型

【例4-20】在以下四个选项中，将(　　)填入问号处，可使之呈现一定的规律性。

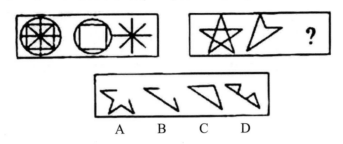

【答案】C

【解析】通过第一组图可知，第一个图形减去第二个图形得到第三个图形。

3. 去同存异型

【例4-21】在以下四个选项中，将(　　)填入问号处，可使之呈现一定的规律性。

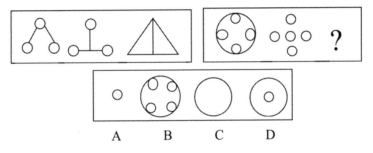

【答案】D

【解析】通过第一组图可知，第一个图形和第二个图形相加，去除相同部分，保留相异部分，得到第三个图形。

4. 去异存同型

【例4-22】在以下四个选项中，将(　　)填入问号处，可使之呈现一定的规律性。

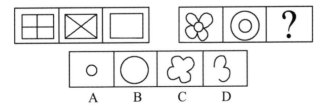

【答案】A

【解析】首先观察第一组图形，图形部分相同，考虑去异存同型。此题规律为每组第一个图形加上第二个图形，去除不同部分，保留相同部分，得到第三个图形。依此规律，正确答案为C。

5. 留同存异型

【例4-23】在以下四个选项中，将(　　)填入问号处，可使之呈现一定的规律性。

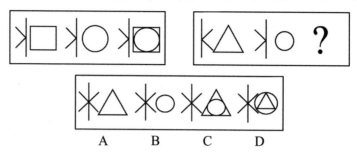

【答案】C

【解析】第一组图形部分相同，通过仔细观察发现，此题规律是每组前两个图形相加得到第三个图形，相同部分和不同部分全部保留。依此规律，正确答案为C。

第二节
定义判断题

定义判断题主要考查考生运用既定标准进行判断的能力。每道题给出一个或两个定义，然后给出一组事件或行为方面的例子，要求考生根据给出的定义，从选项中选出一个最符合或最不符合该定义的典型事件或行为。

定义判断题难度不大，根据定义判断题的要求，我们可以把定义判断题目分为三类，即肯定型、否定型、相关型。

肯定型题目要求考生根据题目给出的条件，选出一个最符合定义的答案；否定型题目要求考生根据题目给出的条件，选出一个最不符合定义的答案。肯定型和否定型题目最大的区别是题目难度。肯定型题目难度要大于否定型题目难度。因为在肯定型题目中，四个选项中只有一个符合定义，其余三个选项不符合定义；而否定型题目中有三个选项符合定义，一个选项不符合定义。相关型题目一般是给出两个定义，综合考查考生对这两个定义的理解，需要考生更为仔细地对比选项。

解答定义判断题的关键之处在于紧紧抓住题目所给的定义，具体遵循以下方法：第一，尊重题干，坚信题中给出的每一条信息；第二，遵守题干给出的定义范围，不要无限制引申；第三，运用对比法，找出最优解。

我们仔细研究历年国企真题，总结出一种实用的解题方法——关键特点对照法。这种方法就是找出题目给出的定义关键特点，再把选项和关键特点进行对照，只要有一点不相符，即排除；完全相符的，即为正确选项。

一、肯定型

肯定型题目比较复杂，题目给出一个或几个定义，要求考生选出和题目定义最相符的选项，难度相对较大。

【例4-24】立体农业是指农作物复合群体在时空上的充分利用，即根据不同作物的不同特性，如高秆与矮秆、富光与耐阴、早熟与晚熟、深根与浅根、豆科与禾本科等，利用它们在生长过程中的时空差，合理地实行科学的间种、套种、混种、轮种等配套种植，形成多种作物、多层次、多时序的立体交叉种植结构。

根据上述定义，下列属于立体农业的是(　　)。

A. 甲在自己的玉米地里种植大豆
B. 乙在自己承包的鱼塘里养鱼，同时种植了很多莲藕
C. 丙在南方某地区承包了十亩稻田，特意引进了高产的水稻新品种
D. 丁前年承包了一座山，他在山上种植了大量苹果树，并在山上养殖了大量蜜蜂

【答案】A

【解析】根据题干中"立体农业"的定义，我们知道立体农业的特点是根据植物特性、充分利用时空特点进行混种。A项，玉米和大豆在高矮上有区别，充分利用时空，两者进行混种，符合题目定义，正确。B项，鱼和莲藕属于不同的物种，而且鱼不属于农作物或植物，所以B项不选。D项所犯错误和B项相同，故也不选。C项中只有单一的水稻品种，没有涉及混种，所以也不选。

二、否定型

否定型题目相对肯定型题目而言，难度较低，题目往往给出一个或多个定义，要求考生选取和题目给定定义不符的答案。这就要求考生充分发挥逻辑思维能力，通过认真比较，选出正确的答案。

【例4-25】偶然防卫是指在客观上被害人正在或者即将对被告人或他人的人身进行不法侵害，但被告人主观上没有认识到这一点，出于非法侵害的目的而对被害人使用了武力，客观上起到了人身防卫的效果。根据上述定义，下列行为中，不属于偶然防卫的是(　　)。

A. 甲与乙积怨很深，某日两人发生冲突后，甲回家拿手枪打算去杀乙，两人在路上正好碰上，甲先开枪杀死了乙，但开枪时不知乙的右手已抓住口袋中的手枪正准备对其射击
B. 甲正准备枪杀乙时，丙在后面对甲先开了一枪，将甲打死，而丙在开枪时并不知道甲正准备杀乙，纯粹是出于报复泄恨的目的杀甲，结果保护了乙的生命
C. 甲与乙醉酒后发生激烈冲突，两人厮打至马路上，正当甲要捡起路边的砖头击打乙时，围观群众中有人喊"警察来啦"，甲受惊吓不慎跌落路边河沟溺水身亡，乙安全无事

D. 甲身穿警服配备电警棍，冒充警察去"抓赌"。甲抓住乙搜身时，乙将甲打伤后逃离，甲未能得手

【答案】C

【解析】通过阅读题目发现偶然防卫的关键点有三个：一是被害人正在或即将侵害被告人或他人的人身安全；二是被告人主观上没有认识到这点；三是被告人出于非法目的侵害被害人。A、D项比较明显是错误的，我们可以把这两个选项排除，比较复杂的是B项和C项。B项属于偶然防卫，因为甲虽然没有侵害丙的利益，但正在侵害乙的利益，属于非法侵害他人，所以不选。C项中的众人不是出于非法目的，故不是偶然防卫。

三、相关型

相关型题目难度较大，题目一般给出两个定义，综合考查考生对这两个定义的理解，题目选项一般会涉及两个定义，对此考生要特别重视。

【例4-26】城市化是人类生产与生活方式由农村型向城市型转化的历史过程，表现为乡村人口向城市人口转化以及城市不断发展和完善的过程。中国共产党第十七届中央委员会第三次全体会议的会议公报指出，到2020年，城乡经济社会发展一体化机制基本建立。

根据以上定义，下列对城市化的理解正确的是（　　）。

A. 大批的农民迁移到城市，由农民变为市民

B. 农民进城的数量越来越多，就说明城市化率越高

C. 农民进城越多，这个地方的社会发展越先进

D. 农民生产方式的工业化程度越高，这个地方的社会发展越先进

【答案】D

【解析】通过仔细阅读题目发现城市化的特点有两个：第一是乡村人口向城市人口转化；第二是城市不断发展和完善。我们来看选项，A项没有体现特点一，农民进城不代表其生活方式已经城市化；B项和C项说法过于绝对，而且也没有体现定义的特点。D项符合定义的特点，其实城市化的过程就是技术和社会进步的过程。

【例4-27】行政相对人是行政管理法律关系中与行政主体相对应的另一方当事人，即行政主体行政行为影响其权益的个人、组织。它具有以下特征：第一，行政相对人是处在行政管理法律关系中的个人、组织。第二，行政相对人指行政管理法律关系中作为与行政主体相对应的另一方当事人的个人、组织。第三，行政相对人是在行政管理法律中，其权益受到行政主体行政行为影响的个人、组织。

下列说法正确的是（　　）。

A. 行政相对人是受行政行为直接影响的个人、组织

B. 非法人组织不能作为行政相对人

C. 行政机关、非法人组织也可能作为行政相对人

D. 国家公务员不可能作为行政相对人

【答案】C

【解析】题干已经将行政相对人的三个特征给出，考生可以直接根据三个特征进行判断。A项中的"直接影响"与特征三表述不符。B项中的"非法人组织"为组织的一类，故可以作为行政相对人。D项中的"公务员"在非执行公务时为自然人，也可以成为行政相对人。C项表述符合定义，故选C。此题容易错选A，选错原因是忽略了A项中的"直接"两字。

【例4-28】蓄积器官是毒物在体内的蓄积部位，毒物在蓄积器官内的浓度高于其他器官，但对蓄积器官不一定显示毒作用。这种毒作用也可以通过某种病理生理机制，由另一个器官表现出来，这种器官称为效应器官。

根据上述定义，下列判断正确的是（   ）。

A. 大气污染物中的铅经肺吸收后可转移并积存于人的骨骼中，损害骨骼造血系统，所以铅的蓄积器官是肺

B. 大气污染物中的二氧化硫经人体的上呼吸道和气管被吸入人体，并直接刺激人体的上呼吸道和气管，所以上呼吸道和气管是蓄积器官

C. 有机磷酸酯农药作用于神经系统，会造成神经突触处乙酰胆碱蓄积，使人产生流涎、瞳孔缩小等症状，所以神经系统是有机磷酸酯的效应器官

D. 沉积于网状内皮系统的放射性核素对肝、脾损伤较重，会引起中毒性肝炎，所以网状内皮系统是蓄积器官

【答案】D

【解析】此题中蓄积器官的特征包括：毒物浓度高于其他器官；对蓄积器官不一定显示毒作用；毒作用由其他器官显现。A项，铅存在于骨骼而不是肺部，不符合。B项，二氧化硫刺激上呼吸道和气管，也不符合。C项，神经系统应该是蓄积器官。D项符合蓄积性器官的特征，为正确答案。

第三节
类比推理题

类比推理题主要考查考生的推理能力和比较分析能力。它在题干中给出一组相关的词，要求考生从四个备选项中找出一组与之在逻辑关系上最为贴近或相似的词，整体难度不大。类比推理类题目涉及的范围非常广泛，题目类型众多，按照逻辑关系，我们一般将其归为以下几类。

一、原因与结果

这种题型主要考查考生对词语间逻辑关系的分析和应用能力。因果关系是指由某行为而引发某种结果,前事实与后事实之间互有关联。因果关系的形式基本上分为"一因一果""一果多因""一因多果"这几种,考生在答题时要认真区分。

【例4-29】下列选项中,与"生病:吃药"在逻辑关系上相似的是(   )。
A. 上课:请假　　　B. 经商:结婚　　　C. 桌子:风扇　　　D. 游泳:更衣

【答案】D

【解析】只有生病是吃药的原因,经商和结婚、上课和请假、桌子和风扇之间并没有直接、必然的联系,而游泳以后必然要更衣,所以只有D符合题意。

二、属种关系和种属关系

属和种的关系在马克思主义哲学中可以看作整体与部分的关系,属相当于整体,种相当于部分,两者的内涵、地位和功能并不相同。属种关系是指外延较大的属概念对于外延较小的种概念的关系,例如"动物"与"熊猫"就是一个典型的属种关系。种属关系是指外延较小的种概念对于外延较大的属概念的关系,例如"熊猫"和"动物"就是一个典型的种属关系。考生在解题时要特别注意区分这两种关系。

【例4-30】下列选项中,与"乐器:钢琴"在逻辑关系上相似的是(   )。
A. 京剧:芭蕾　　　B. 历史:借鉴　　　C. 植物:木棉　　　D. 鱼类:鲸鱼

【答案】C

【解析】钢琴是乐器的一种,两者是属种关系。A、B项之间并不是属种关系。C项中的木棉是植物的一种,两者是属种关系,故应当选。存在失误的是D项,D项主要考查专业知识,鲸鱼并不是鱼类,对此考生要特别注意。

【例4-31】下列选项中,与"仿宋:字体"在逻辑关系上相似的是(   )。
A. 知识:书籍　　　B. 黑体:字号　　　C. 葡萄:水果　　　D. 钢笔:墨水

【答案】C

【解析】字体包括仿宋,题干中的词组之间是种属关系。A项中的词组之间没有明显的逻辑关系。B项中的黑体和字号之间也没有直接的关系。C项中的葡萄是一种水果,两者是种属关系。D项中的钢笔和墨水之间存在某种依存的逻辑关系,也不是种属关系。

【例4-32】下列选项中,与"格陵兰岛:岛屿"在逻辑关系上相似的是(   )。
A. 里海:湖　　　　　　　　B. 瀑布:黄果树瀑布
C. 海洋:尼罗河　　　　　　D. 阿尔卑斯山:山脉

【答案】A

【解析】此题比较复杂。格陵兰岛是一座岛屿,而且是世界上最大的岛屿,题干中两者是种属关系。A项中的里海是世界上最大的湖,符合题干要求,是正确选项。B项中的瀑布包括黄果树瀑布,两者是属种关系,所以不选。C项中的尼罗河不是海洋而是河流,故不选。D项中的山脉包括阿尔卑斯山，但阿尔卑斯山并不是世界最高的山脉，世界最高的山脉是喜马拉雅山，故D项也不选。

三、并列与对立

并列与对立题型考查考生的逻辑关系分析能力，题干通常给出同一属下相互并列或对立的两个概念，同时包括对比关系、相邻关系等。

【例4-33】下列选项中，与"散文：说明文"在逻辑关系上相似的是(　　)。
A.葡萄：荔枝　　　B.植物：云杉　　　C.华夏：中国　　　D.汽车：车辆
【答案】A
【解析】题干中的散文和说明文均属于文体，两者是并列关系。A项中的葡萄和荔枝都属于水果，是正确答案。B项和D项都是属种关系。C项是同一事物的不同称谓。

【例4-34】下列选项中，与"法院：检察院"在逻辑关系上相似的是(　　)。
A.农业部：商务部　　　　　　B.职工：员工
C.法官：检察官　　　　　　　D.工厂：工人
【答案】C
【解析】正确答案为C。这个题目比较复杂，法院和检察院都属于我国的司法系统，两者是并列关系。B项中的职工和员工属于同一事物的不同称谓，不选。D项中的工厂是工人的活动场所，不选。比较容易出错的是A项，A项中的农业部和商务部属于并列关系，两者都属于行政部门。C项中两者是并列关系且同属于司法系统，因此C项更贴近题干中的"法院：检察院"。

【例4-35】下列选项中，与"廉颇：蔺相如"在逻辑关系上相似的是(　　)。
A.尉迟恭：秦琼　　B.杨继业：寇准　　C.秦桧：岳飞　　D.孙膑：庞涓
【答案】B
【解析】题干中的廉颇和蔺相如是同朝的忠臣，且是一文一武，两人在职业上是相对的。我们看选项，A项中的尉迟恭和秦琼都是武将，所以不选。B项中的杨继业和寇准均为忠臣，且是一文一武，是我们要找的选项。C项中的秦桧和岳飞虽为一文一武，但秦桧是奸臣，也不选。D项中的孙膑和庞涓是同学，在战国时期分属齐国和魏国，并不构成一文一武，也不选。

四、同一事物的不同称谓

在日常生活中，我们经常可以发现同一事物会有不同的称谓，如河北的简称是冀。这种关系也是逻辑关系的一种，例如口语与书面语、全称与简称等。

【例4-36】下列选项中，与"芙蕖：荷花"在逻辑关系上相似的是(　　)。
A.兔子：月亮　　B.住宅：府邸　　C.伽蓝：寺庙　　D.映山红：杜鹃
【答案】C

【解析】芙蕖是荷花的书面名称。D项中的杜蘅是山姜的书面语。C项中的伽蓝是寺庙的另一种说法。

【例4-37】下列选项中，与"公孙树：银杏"在逻辑关系上相似的是(　　)。
A.白杨树：香蕉　　B.天敌：敌人　　C.红苕：甘薯　　D.汉奸：叛徒
【答案】C
【解析】公孙树是银杏树的别称。A项中的白杨和香蕉不是同一事物，不选。B项中的敌人中包括天敌，是种属关系，不选。C项中的红苕和甘薯是同一事物，是我们要找的答案。D项中的汉奸和叛徒并不是同一类人，汉奸指民族的背叛者，叛徒指组织内部的背叛者。

五、人物与作品的关系

在中外历史上，留下了许多文化瑰宝，具体包括文学、绘画、音乐等作品，这些文化是人类文明的结晶。作者与其作品、作品与作品人物之间的关系，也是类比推理题型会涉及的知识。

1. 作者与作品

【例4-38】下列选项中，与"范晔：《后汉书》"在逻辑关系上相似的是(　　)。
A.陈寿：《三国志》　　　　　　B.魏徵：《通典》
C.孔子：《论语》　　　　　　　D.归有光：《农政全书》
【答案】A
【解析】范晔是《后汉书》的作者，两者是作者与作品的逻辑关系。A项中的《三国志》的作者是陈寿，故为正确答案。B项中的《通典》的作者是唐代杜佑，不选。C项中的《论语》虽是记录孔子言行的，但它是由孔子的弟子和再传弟子所著的。D项中的《农政全书》的作者是徐光启，不选。

2. 作品中的人物与作品

【例4-39】下列选项中，与"猪八戒：西游记"在逻辑关系上相似的是(　　)。
A.水浒传：林冲　　　　　　B.蒲松龄：聊斋志异
C.黄飞虎：封神演义　　　　D.红楼梦：林黛玉
【答案】C
【解析】猪八戒是西游记中的人物，先排除B项，因为蒲松龄是《聊斋志异》的作者。A、D项的次序颠倒，不选。

六、事物与作用对象

事物在存在过程中必然要与其他事物发生各种各样的关系，事物之间往往会产生作用与反作用的关系。一个事物作用于另一个事物，被作用的事物就称为作用对象。例如粉笔与黑板。此外，还有一种情形是事物及其作用的关系，即某一事物与其发生的作用或产生的目的行为之间的关系，如手枪与射击。

1. 事物与对象

【例4-40】 下列选项中，与"粉笔：黑板"在逻辑关系上相似的是(　　)。
A. 斧子：木柴　　B. 时装：设计师　　C. 渔夫：木船　　D. 老师：学生
【答案】 A
【解析】 粉笔可以作用于黑板，斧子可以作用于木柴，A项是我们要找的选项。B项和D项都是人与人之间的关系，不选。C项中的渔夫和木船之间并不存在直接的作用关系，不选。

2. 工具与用途

【例4-41】 下列选项中，与"汽车：运输"在逻辑关系上相似的是(　　)。
A. 渔网：编织　　B. 编织：渔网　　C. 捕鱼：渔网　　D. 渔网：捕鱼
【答案】 D
【解析】 题干中的汽车是工具名，首先排除B、C项，运输是汽车的用途，所以选D。

七、物体与运动空间

世界上的事物和工具都有自己特定的活动对象和活动关系，类比推理题型也会涉及这方面的逻辑关系。

【例4-42】 下列选项中，与"火车：铁轨"在逻辑关系上相似的是(　　)。
A. 飞机：天空　　B. 汽车：公路　　C. 老鹰：山峰　　D. 学生：课堂
【答案】 A
【解析】 C项和D项明显错误，老鹰对应的是天空，学生的活动和运动场所并不固定，排除C、D项。容易出错的是B项。火车只能在铁轨上行驶，飞机只能在天空中飞行，两者具有唯一性；而汽车不仅可以在公路上行驶，还可以在乡间小路上行驶，不具有唯一性，不选。

八、特定环境与专门人员

【例4-43】 下列选项中，与"出版社：编辑"在逻辑关系上相似的是(　　)。
A. 车间：工人　　B. 老师：学生　　C. 森林：小鸟　　D. 旷野：小草
【答案】 A
【解析】 编辑活动于出版社，工人活动于车间，所以选择A项。B项中的老师应该对应活动场所，而不是活动对象，不选。C、D项不具有唯一性和特定性，不选。

九、物品与制作材料

【例4-44】下列选项中，与"房屋：砖瓦"在逻辑关系上相似的是（　　）。
A. 桌椅：木材　　　B. 机器：零件　　　C. 电脑：主板　　　D. 食品：材料
【答案】A
【解析】房屋是由砖瓦组成的，两者关系直接，A项中的桌椅是由木材制成的，两者关系也直接，所以选A。B项中的零件并不是机器的原材料，不选。C项中的主板只是电脑的一部分，不选。D项中的材料过于宽泛，不选。

十、专业人员与对象

【例4-45】下列选项中，与"演员：观众"在逻辑关系上相似的是（　　）。
A. 老师：学生　　　B. 渔夫：金鱼　　　C. 老板：员工　　　D. 经理：部门
【答案】A
【解析】演员和观众、老师和学生之间都是专业人员与对象之间的关系，而渔夫和金鱼、老板和员工、经理和部门之间虽有对应，但并不是专业人员与对象之间的关系。

十一、事物与事物的出处

【例4-46】下列选项中，与"稻谷：大米"在逻辑关系上相似的是（　　）。
A. 核桃：果仁　　　B. 棉花：棉籽　　　C. 西瓜：瓜子　　　D. 枪：子弹
【答案】B
【解析】大米是由稻谷产出的，且只能由稻谷产出，具有唯一性。A项中的核桃能产生果仁，杏也能产生果仁，两者之间没有唯一性，所以不选。B项中的棉花是棉籽的唯一来源，所以应选。C项中的西瓜不是瓜子的唯一来源，D项中的枪和子弹之间的来源关系并不直接，所以排除C、D项。

十二、三词关系型

三词关系型题目与传统的类比推理题目的不同之处在于题干给出三个词，考查两两之间的关系，实际上是传统类比推理题目的改进。虽然题目难度加大了，但是答题技巧与传统类比推理题目没有太大的差别，考生完全可以将传统类比推理题目的解题方法运用到此类题型中。

【例4-47】下列选项中，与"国家：政府：行政"在逻辑关系上相似的是（　　）。
A. 公司：经理部：经理　　　　　　B. 野战军：作战部：参谋
C. 董事会：经理部：职员　　　　　D. 总司令：军官：命令
【答案】B

【解析】政府是国家的重要组成部分，而行政又是政府部门的职责，这是三个词语之间的逻辑关系。B项中的作战部是野战军的重要组成部分，参谋是作战部的职责，所以正确答案为B。A项中的经理部的职责不是经理，不选。C项中的经理部的职责不是职员，不选。D项中的军官的职责不是命令，不选。

【例4-48】下列选项中，与"茶壶∶紫砂∶雕刻"在逻辑关系上相似的是(　　)。

A．电线∶金属∶生产　　　　　　B．马路∶柏油∶铺设
C．房门∶木材∶油漆　　　　　　D．夹克∶布料∶制作

【答案】C

【解析】紫砂是制作茶壶的一种材料，雕刻是对茶壶的装饰和修饰。A项中，生产针对的是电线自身，B、D项所犯错误一样，铺设直接针对马路，制作直接针对夹克，不选。C项中的房门是由木材制作的，油漆是对房门的一种装饰和修饰，和题干的逻辑关系相似，应选。

第四节 逻辑判断题

逻辑判断题主要考查考生对各种信息的理解、分析、综合、判断、推理等思维能力，强调对逻辑关系的把握。每道题给出一段陈述，要求考生根据这段陈述选择最恰当的答案，或者是在不需要任何附加证明的前提下从陈述中直接推出逻辑关系。逻辑判断是判断推理部分的难点，也是整个行政能力测验的难点。

逻辑判断题大致可以分为两类。

第一，判断推导类。此种类型的题目，一般是在题干中给出一些明确的条件，让考生根据这些条件判定真假或者推导某些情况。这种类型的题目难度很大，考生要重视。

第二，论证理解类。此种类型的题目，一般是给出一段阅读材料，让考生根据材料解决相关问题。论证理解类题目和言语理解与表达类题目中的片段阅读既有联系也有区别，两者形似而神不似，片段阅读主要考查考生对字面文义的理解；而论证理解类题目是通过题目中包含的逻辑内涵，考查考生的演绎、归纳、判断等逻辑思维能力。两者相比较，论证理解类题目难度更大。

一、判断推导类

(一) 逻辑命题型

1. 直言命题

(1) 概况。直言命题包括主项(S)、谓项(P)和量项三部分。量项表示主项和谓项之间的关系,可以用"所有""有的"或单个名称来表示。

例如:所有的同学都迟到了。

有的三角形不是等边三角形。

王丽是北京大学的学生。

(2) 直言命题类型,具体包括如下几种。

① 全称肯定命题,例如:所有的同学都迟到了。(所有的S都是P)

② 全称否定命题,例如:所有的同学都没有迟到。(所有的S都不是P)

③ 特称肯定命题,例如:有的三角形是等边三角形。(有的S是P)

④ 特称否定命题,例如:有的三角形不是等边三角形。(有的S不是P)

⑤ 单称肯定命题,例如:王丽是北京大学的学生。(这个S是P)

⑥ 单称否定命题,例如:王丽不是北京大学的学生。(这个S不是P)

(3) 直言命题之间的关系种类较多,如表4-1所示。

表4-1 直言命题之间的关系

对当关系	命题		特点
矛盾关系	所有的S都是P	有的S不是P	必有一真一假
	所有的S都不是P	有的S是P	
	这个S是P	这个S不是P	
反对关系	所有的S都是P	所有的S都不是P	不能同真(必有一假),但可以同假
	所有的S都是P	这个S不是P	
	所有的S都不是P	这个S是P	
下反对关系	有的S是P	有的S不是P	不能同假(必有一真),但可以同真
	这个S不是P	有的S是P	
	这个S是P	有的S不是P	
从属关系	全称肯定命题→单称肯定命题→特称肯定命题		全称真则特称真 特称假则全称假
	全称否定命题→单称否定命题→特称否定命题		

【例4-49】所有的天气预报不可能都是准确无误的。

下列选项中,与上述判断最为相近的是( )。

A. 有的天气预报不必然不是准确无误的

B. 有的天气预报必然不是准确无误的

C. 有的天气预报不可能不是准确无误的

D. 所有的天气预报必然是准确无误的

【答案】B

【解析】题干的推理形式：所有的S不可能都是P，即有的S不是P，只有B项符合。

2. 复言命题

(1) 联言命题。联言命题的形式：P并且q。

例如：小雨是人并且是女人。

(2) 选言命题，包括以下两种。

① 相容选言命题。命题形式：P或者q。

例如：今天王老师来或者李老师来。

② 不相容选言命题。命题形式：要么P，要么q。

例如：小雨要么是男人，要么是女人。

(3) 假言命题，包括以下三种。

① 充分条件假言命题。命题形式：如果P，那么q。

例如：如果明天刮风，我就放风筝。

② 必要条件假言命题。命题形式：只有P，才q。

例如：只有认识错误，才能进步。

③ 充分必要条件假言命题。命题形式：P当且仅当q。

例如：当且仅当三角形的三条边相等时，该三角形是等边三角形。

(4) 负命题。命题形式：并非P。

原命题和负命题之间为矛盾关系。

复言命题之间的关系类型有七种，具体如表4-2所示。

表4-2 复言命题之间的关系

命题类型	真假关系	负命题
联言命题	一假即假，全真才真	非P或非q
相容选言命题	一真即真，全假才假	非P并且非q
不相容选言命题	有且只有一真才真	P并且q 非P并且非q
充分条件假言命题	只有前项真、后项假时才假	P并且非q
必要条件假言命题	只有前项假、后项真时才假	非P并且q
充分必要条件假言命题	前项与后项同真假时为真 前项与后项不同真假时为假	非P并且q P并且非q
负命题	原命题为真则为假 原命题为假则为真	P

【例4-50】有人对"不到长城非好汉"这句名言的理解是"如果不到长城，就不是好汉"。假定这种理解为真，则下列选项中判断必然为真的是( )。

A. 到了长城的人就一定是好汉   B. 如果是好汉，他一定到过长城

C. 只有好汉，才到过长城   D. 不到长城，也会是好汉

【答案】B

【解析】这是一道必要条件复言命题,对应的命题形式是:只有P,才q;如果不P,那么不q。

经过换算,到长城是成为好汉的一个必要条件,但却不是一个充分条件,即到过长城的不一定是好汉,但好汉一定都到过长城。

【例4-51】在由发展中国家向经济发达国家前进的过程中,大量资本支持是必不可少的条件,而高储蓄率是获得大量资本的必要条件。就目前来说,中国正处于经济起飞时期,因此,储蓄率高是当前经济发展中一种正常而合理的现象。

由以上陈述可以推出(　　)。

A. 有了大量的资本支持,就可以实现由发展中国家向发达国家的跨越

B. 有了高储蓄率,就可以获得大量的资本支持

C. 如果没有获得大量的资本支持,说明储蓄率不高

D. 如果没有高储蓄率,就不能实现由发展中国家向发达国家的转变

【答案】D

【解析】根据充分必要条件的"由前项推出后项,而后项不能推出前项"的特征排除A、B项。否定前项不能推出否定后项,排除C项。依据否定后项可以否定前项,得到D项是正确的。

(二) 情况推定型

情况推定型题目是逻辑判断中的难点,在极短的时间内完成如此复杂的题目是国企对考生的考验。做情况推定型题目,最好是逻辑学专业知识解题法和核心信息捕捉法并用。

【例4-52】甲、乙和丙,一位是山东人,一位是河南人,一位是湖北人。现在只知道丙比湖北人的年龄大,甲和河南人不同岁,河南人比乙年龄小,由此可以推知(　　)。

A. 甲不是湖北人　　　　　　　　B. 河南人比甲年龄小

C. 河南人比山东人年龄大　　　　D. 湖北人年龄最小

【答案】D

【解析】情况推定型题目信息量很大,但总是有两个信息自相矛盾或者有紧密联系。这就是做这类题目的突破点。具体到本题,我们先把题目给定的信息全部汇总出来,得到以下结论:丙的年龄>湖北人的年龄;甲的年龄≠河南人的年龄;河南人的年龄<乙的年龄。

由题目信息可以推出:丙是河南人。

由丙是河南人可以推出:乙的年龄>河南人的年龄>湖北人的年龄。

由上述条件可以推出:乙是山东人且年龄最大,甲是湖北人且年龄最小。

所以正确答案为D。

(三) 情况判定型

这种类型的题目一般是给出几条信息,让考生根据题目要求进行判定。

【例4-53】为适应城市规划调整及自身发展的需要，某商业银行计划对全市营业网点进行调整，拟减员3%，并撤销三个位于老城区的营业网点，这三个营业网点的人数正好占该商业银行总人数的3%。计划实施后，上述三个营业网点被撤销，整个商业银行实际减员1.5%。在此过程中，该银行内部人员有所调整，但整个银行只有减员，没有增员。

据此可知，下列陈述正确的有(　　)。

Ⅰ．有的营业网点调入了新成员。

Ⅱ．没有一个营业网点调入新成员的总数超出该银行原来总人数的1.5%。

Ⅲ．被撤销营业网点的留任人员不超过该银行原来总人数的1.5%。

A. 只有Ⅰ　　　　B. 只有Ⅰ和Ⅱ　　　　C. 只有Ⅱ和Ⅲ　　　　D. Ⅰ、Ⅱ和Ⅲ

【答案】A

【解析】汇总并综合分析题目给定的信息，找准突破点。题干给定的信息包括：撤销的三个营业网点的员工人数占总人数的3%；实际减员1.5%；人员有所调整，但只有减员，没有增员。根据题目给定的信息，可以推出以下信息：该商业银行裁退的1.5%的员工，可能来自被裁撤的老营业网点，也可能来自其他营业网点。

二、论证理解类

(一) 观点推出型

【例4-54】我国酸雨主要出现于长江以南地区，北方只有零星分布，这是因为北方常有沙尘天气，来自沙漠的沙尘和当地土壤都偏碱性。

由此可以推出(　　)。

A. 长江以北地区的酸性污染物排放较少

B. 长江以南地区的土壤偏碱性的较少

C. 沙尘天气可有效降低酸雨出现的概率

D. 有酸雨的地区出现沙尘天气的概率较小

【答案】C

【解析】题干给定的信息包括：因为北方有沙尘天气，沙土和当地土壤呈碱性，所以酸雨出现较少。C项正是对主旨的抽象概括，说明沙尘天气可以降低酸雨出现的概率。A项提及污染物排放，原文中无法推出。B项提及南方偏碱性土壤较少，因为酸雨少的原因有两方面：沙尘和土壤偏碱性，因此不能因为南方多酸雨就认为偏碱性土壤较少，有可能沙尘天气少是主要原因。D项提及多酸雨地区沙尘天气也少，正好颠倒了论证的因果关系。

【例4-55】有专家认为，家庭装修中使用符合环保标准的建材只能保证有害物质的含量符合相关行业要求，并不代表完全不含有害物质，因此在装修中大量甚至过度使用建材，仍会导致有害物质累积超标。

由此可以推出(　　)。

A. 建材行业应该进一步严格环保标准

B. 建材行业应努力降低产品的有害物质含量

C. 挑选好的建材可以有效避免室内空气质量不合格

D. 适量使用建材才能减少室内空气中的有害物质

【答案】D

【解析】题干给定的信息包括：符合环保标准的建材并不是完全不含有害物质，如过量使用，仍会导致有害物质超标。

D项正是对题干主旨的逻辑延伸，因为大量使用合格建材仍会有害，所以下一步应该是尽量减少建材使用。A、B、C项都不能从原文中推出。

(二) 解释说明型

【例4-56】研究发现，人类将婴儿和成人之间的体态典型差异作为重要的行为线索，幼年的特征可以唤起成年人的慈爱和养育之心。许多动物的外形和行为具有人类婴儿的特征，人们被这样的动物吸引，把它们培养成宠物。这一结论最适宜解释的现象是（　　）。

A. 某些对童年时代过分留恋的人会在穿衣打扮方面表现出明显的幼稚化倾向

B. 子女长大成人离开家庭后，老人们喜欢养宠物，寄托抚爱之情，打发寂寞时光

C. 长期以来，迪士尼的艺术家赋予卡通形象米老鼠越来越年轻化的外形

D. 在生活方面被过度照顾的孩子，心理成长会受到一定影响，往往表现得比较脆弱

【答案】B

【解析】本题的关键是抓住需要解释的对象和结论之间的关系。A、C、D项都没有谈到婴儿和成人之间的体态差异是重要的行为线索，幼年的特征可以唤起成年人慈爱的养育之心。B项则涉及这一主旨，是我们要找的正确答案。

(三) 加强型

【例4-57】有的人即便长时间处于高强度的压力下，也不会感到疲劳，而有的人哪怕干一点儿活也会觉得累。这种差异的产生，除了与体质或习惯不同有关，也可能与基因不同有关。英国格拉斯哥大学研究小组通过观察50名慢性疲劳综合征患者的基因组，发现这些患者的某些基因与同年龄、同性别健康人的基因是有差别的。

最能支持该研究成果应用于慢性疲劳综合征的诊断和治疗的是（　　）。

A. 基因鉴别已在一些疾病的诊断中得到应用

B. 科学家鉴别出导致慢性疲劳综合征的基因

C. 目前尚无诊断和治疗慢性疲劳综合征的方法

D. 慢性疲劳综合征患者身上有一种独特的基因

【答案】B

【解析】A、D项中涉及基因，但是和题干主旨联系不大。C项是对题干观点的怀疑。B项和题干观点具有直接的联系。

(四) 削弱型

【例4-58】海洋中珊瑚的美丽颜色来自其体内与之共存的藻类生物,其中虫黄藻是最重要的一类单细胞海藻。珊瑚与虫黄藻各取所需,相互提供食物。全球气候变暖造成的海水升温导致虫黄藻等藻类生物大量死亡,进而造成珊瑚本身死亡,引发珊瑚礁白化现象。相关人员研究发现,珊瑚能通过选择其他耐热藻类生物等途径,来应对气候变暖带来的挑战。

下列选项中,能够削弱这一研究发现的是( )。

A. 一些虫黄藻能够比其他耐热藻类耐受更高的海水温度
B. 有些藻类耐热性的形成需要一个长期的过程
C. 有些虫黄藻逐渐适应了海水温度的升高并存活下来
D. 有些已白化的珊瑚礁中也发现了死去的耐热藻类生物

【答案】 D

【解析】 题目信息包括:虫黄藻和珊瑚各取所需;气候变暖,虫黄藻大量死亡;珊瑚礁死亡、发白。

题目的重点结论是:珊瑚可以通过其他耐热藻类继续生存(即虫黄藻的死亡对珊瑚的影响不大)。A项讲的是虫黄藻比其他耐热藻类更耐高温,和题干意思不符,不选。考生在这里一定要记住,不要怀疑题干给出的确定性结论。B项讲的是有些藻类而不是耐热藻类,和结论联系不大。C项讲的是虫黄藻在进化后会逐渐适应高温,这和题目的结论没有太大的联系。D项讲的是即使有耐热藻类,珊瑚还是死亡了,正好可以反驳题干的结论。

第五章

行政能力测试
——资料分析

  资料分析题主要考查考生对文字、数字、图表等统计性资料的综合理解与分析加工能力。背景材料一般出自国家统计局或者相关专业网站，材料涉及领域较多，但考生在备考中无须了解每个行业背景，只需要了解资料分析中的常见概念、专业术语以及相关公式即可做题。

  在近几年的国企招聘考试中，资料分析题的题量为5~25道。资料分析题主要考查增长、比重、平均数、倍数等知识点。由于考试时间有限，考生需要掌握一些基本的速算技巧与比较方法，如截位直除法、分数比较法等。

  从近几年的资料分析题来看，这个题型的综合性越来越强，难度也在逐渐增加。作为行测的最后一个部分，考生很容易因为时间紧张放弃作答。但其实资料分析题的整体难度相较于其他科目来说并不算高，只要考生能够快速找到题干所需要的相关数据，熟练运用公式列出算式，就可以将题目做对。也就是说，考生只要掌握了知识点、公式、快速阅读方法及速算方法，是非常容易得分的。可以说资料分析题是整套行测试卷中考生得分最稳定的题型，所以希望各位考生能够加强训练，争取把准确率保证在75%以上。

第一节 常见概念

一、时间描述

1. 世纪与年代

21世纪20年代，是指2020—2029年。

2. 五年计划

五年计划是指中华人民共和国国民经济和社会发展五年计划纲要。中国从1953年开始实施第一个"五年计划"。

二、产业相关描述

国内生产总值(gross domestic product，GDP)：第一产业增加值、第二产业增加值和第三产业增加值的总和。

增加值：常住单位生产过程创造的新增价值和固定资产的转移价值。

第一产业：提供基本生产物资材料的产业，主要指农业。

第二产业：加工基本生产物资材料的产业，主要指工业和建筑业。

第三产业：除了第一、第二产业以外的所有产业，主要指商业和服务业。

三、贸易顺差、逆差

顺差(净出口额、出超)：一个时期内，一个国家或地区的出口商品额大于进口额，实现贸易顺差，即出口-进口>0。

逆差(净进口额、入超)：一个时期内，一个国家或地区的出口商品额小于进口额，实现贸易逆差，即出口-进口<0。

四、恩格尔系数

恩格尔系数是表示生活水平高低的一个指标。它是指平均收入中(或平均支出中)用于购买食物的支出所占的比例。一个家庭收入越少，家庭收入中(或总支出中)用来购买食物的支出所占的比例就越大，恩格尔系数也越大；随着家庭收入的增加，家庭收入中(或总支出中)用来购买食物的支出会下降，则恩格尔系数也会变小。

五、基尼系数

基尼系数是判断收入分配公平程度的指标。它是指在全部居民收入中，用于进行不平均分配的那部分收入所占的比例。基尼系数介于0与1之间，基尼系数越大，表示不平等程度越高。

第二节
统计术语

一、基期量、现期量

基期量：作为比较对象的标杆量，可以比作"参照物"。

例如：2021年小刘体重为100斤，2022年小刘体重为120斤，则2021年小刘的体重即为对比参照的量，也就是基期量。

现期量：与基期量作比较的量就是现期量。

例如：在上例中，基期量为100斤，现期量为120斤。

二、增长量和增长率

增长率：相对于上一年的增长率，也称"增速""增幅""增长速度""增长幅度"，相关计算公式为

$$增长率 = \frac{现期量 - 基期量}{基期量}$$

$$增长量 = 现期量 - 基期量$$

增长率变形公式为

$$增长率 = 增长量 \div 基期量$$

增长量变形公式为

$$增长量 = 基期量 \times 增长率$$

$$增长量 = 现期量 \times \frac{增长率}{1 + 增长率}$$

三、间隔增长率

间隔增长率(R)：中间隔一年，求增长率。比如，2022年相对于2020年的增长率就是

间隔增长率，计算公式为

$$R=r_1+r_2+r_1r_2$$

式中：r_1、r_2分别表示后两年对应的增长率，即2022年和2021年的增长率。

四、年均增长率

$$末期值=初期值\times(1+年均增长率)^n$$

式中：n表示时间间隔。

五、同比、环比

同比：与历史同期比较。

例如：2022年与2021年比较；2022年第一季度与2021年第一季度比较；2022上半年与2021上半年比较。

环比：与相邻的上一个统计周期比较。

例如：2022年7月与2022年6月比较。

六、成数、翻番、倍数

成数：一个数是另一个数的百分之几十的数，相当于百分数。

例如：三成就是30%，即十分之三。

翻番：数量成倍增长，翻n番即变为原来的2^n倍。

例如：翻一番变为原来的2倍，翻两番变为原来的4倍，翻三番变为原来的8倍。

倍数：$\dfrac{A}{B}=3$，则A是B的3倍。

七、百分数、百分点

百分数：一个数是另一个数的百分之几，也叫百分率或百分比。百分数通常不会写成分数的形式，而采用符号"%"(百分号)来表示，例如5%。

百分点：不同时期以百分数的形式表示的相对指标(如速度、指数、构成等)的变动幅度，用以表达不同百分数之间的"算术差距"(即差)的正确单位。

八、比重

比重：一种事物在整体中所占的分量，相关的计算公式为

$$比重=\dfrac{部分值}{整体值} \quad 整体值=\dfrac{部分值}{比重} \quad 比重=\dfrac{部分值}{整体值}$$

第三节 速算技巧

资料分析材料中数据一般较多,导致资料分析计算困难,考生若想又快又稳地选出正确答案,势必要掌握一些快速计算方法。资料分析常用的计算方法有截位直除法、分数比较法。

一、截位直除法

资料分析题目中会涉及大量数据的加、减、乘、除运算,截位直除法就是通过简化除法的方式来快速选择答案的一种方法。

截位直除法常用于基期量计算、增长率计算、比重计算、平均数计算、倍数计算等,具体应用时,应遵循以下步骤。

(1) 观察选项,若选项数量级相同,在计算式中仅有乘、除法的情况下,可忽略式中的百分号、小数点、末位的0。

(2) 分子不变,分母四舍五入保留两位或三位有效数字后进行除法计算。

(3) 边计算边观察选项,发现近似答案即停止计算。

【例5-1】$\frac{53.28}{192.98}$=( )。

A. 23   B. 28   C. 33   D. 38

【解析】选项均为两位数,在同一数量级,则在计算过程中可以不考虑小数点。根据上述知识点可知对分母截两位,变为53.28/19,同样可以直接看成5328/19,首位商为2,第二位接近8,选B。

二、分数比较法

1. 直接比较法

直接比较法适用于两分数差别较大,且分子比分母大好几倍的情况。

【例5-2】试比较$\frac{1747}{766}$和$\frac{8928}{843}$的大小。

【答案】前者小于后者。

【解析】$\frac{1747}{766}$首位商为2,$\frac{8928}{843}$首位商为10,必然后者大。

【例5-3】试比较 $\dfrac{5747}{766}$ 和 $\dfrac{8928}{843}$ 的大小。

【答案】前者小于后者。

【解析】$\dfrac{5747}{766}$ 首位商小于8，$\dfrac{8928}{843}$ 首位商为10，必然后者大。

2. 分子分母增速比较法

分子增速高于分母增速，比值增大；分子增速低于分母增速，比值减小。这种方法适用于分子与分母均较为接近的分数比较。

【例5-4】试比较 $\dfrac{1147}{766}$ 和 $\dfrac{1208}{843}$ 的大小。

【答案】前者大于后者。

【解析】两者首位商均大于1，无法直接比较大小。横向看分子和分母的增速，分子由1147变为1208，大约增加60，相对增加约5%；分母由766变为843，大约增加80，相对增加约10%。很明显，分子增速低于分母增速，比值下降，即 $\dfrac{1208}{843}<\dfrac{1147}{766}$。

第四节 高频考点之基础增长率

一、增长率的计算

1. 基本概念

基期量：参照物，作为比较对象的标杆量。

现期量：与基期相对应的量。

例如：与2021年相比，2022年我国GDP增长近20%。其中，2021年作为对比参照时间，为基期，2021年我国的GDP为基期量；2022年为现期，2022年我国的GDP为现期量。

2. 基础公式

$$增长量=现期量-基期量$$

$$增长率=\dfrac{现期量-基期量}{基期量}=\dfrac{现期量}{基期量}-1$$

$$增长率=\dfrac{增长量}{基期量}=\dfrac{增长量}{现期量-基期量}$$

根据上式可推导出

$$基期量 = \frac{现期量}{1+增长率}$$

$$现期量 = 基期量 \times (1+增长率)$$

【例5-5】

某市1990—1999年外贸进出口商品总额

亿美元

年份	外贸进出口商品总额	进口商品总额	出口商品总额
1990	74.31	21.1	53.21
1991	82.44	23.04	37.4
1992	97.7	32.02	65.55
1993	128.32	54.5	73.82
1994	158.67	67.90	90.77
1995	199.25	74.48	115.77
1996	222.63	90.25	132.38
1997	247.64	100.4	147.24
1998	260.46	97.18	163.28
1999	386.04	198.19	187.85

1997年外贸进出口商品总额年增长率为( )。

A. 10.10%　　　B. 11.26%　　　C. 12.09%　　　D. 13.32%

【答案】B

【解析】本题为增长率求解问题。

1997年的数据为247.64，1996年的数据为222.63，根据增长率 $= \frac{现期量-基期量}{基期量}$ 可知，1997年外贸进出口商品总额年增长率=(247.64-222.63)/222.63≈25/222≈11.26%，直除得两位11，因此本题选B。

【例5-6】

2013年、2014年全国社工考试报名人数涨幅前五省份

省、自治区、直辖市	2013年/人	2014年/人
西藏	10	51
海南	234	865
青海	231	613
天津	3105	6523
山西	1922	3630

2014年与2013年相比，西藏自治区社工考试报名人数提高了( )。

A. 410%　　　B. 140%　　　C. 40%　　　D. 510%

【答案】A

【解析】本题为基础增长率计算问题。

"提高了"即"增长了",选项带%,则为增长率计算问题。定位数据,2014年和2013年对应的西藏自治区社工考试报名人数分别为51人和10人,根据增长率=$\frac{现期量-基期量}{基期量}$可知,西藏自治区社工考试报名人数增长率=(51-10)/10=410%,因此本题选A。

【例5-7】2010年江苏农业生产形势较好,粮食连续7年丰收,全年总产量达3235.1万吨。其中,夏粮1105.3万吨,增长0.2%;秋粮2129.8万吨,增长0.1%。农作物种植结构有所调整,全年粮食种植面积为528.2万公顷,比上年增加1.0万公顷;棉花种植面积为23.6万公顷,比上年减少1.7万公顷;油料种植面积为57.4万公顷,比上年减少1.9万公顷;蔬菜种植面积为121.3万公顷,比上年增加6.5万公顷。

2010年江苏棉花、油料和蔬菜种植面积比2009年增长了(   )。

A. 1.41%　　　　B. 1.43%　　　　C. 1.45%　　　　D. 1.47%

【答案】C

【解析】本题为基础增长率计算问题。

定位文字"2010年……棉花种植面积为23.6万公顷,比上年减少1.7万公顷;油料种植面积为57.4万公顷,比上年减少1.9万公顷;蔬菜种植面积为121.3万公顷,比上年增加6.5万公顷",则2010年江苏棉花、油料和蔬菜种植面积为23.6+57.4+121.3=202.3,比上年增加了6.5-1.9-1.7=2.9,增长率=2.9/(202.3-2.9)≈1.45%,因此本题选C。

【例5-8】

部分上市银行年报数据表

百万元

项目	中国银行		华夏银行		民生银行		招商银行	
	2006年	2005年	2006年	2005年	2006年	2005年	2006年	2005年
净利润收入	120 707	100 405	7386	5595	16 167	12 379	21 509	16 642
营业收入	137 628	116 028	10 070	7631	17 303	12 819	25 084	19 179
利润总额	67 009	55 140	2411	1989	5237	4285	10 397	6500
净利润	41 892	27 492	1457	1279	3831	2673	7107	3787
资产总计	5 325 273	4 742 806	445 053	355 921	700 449	557 505	934 102	734 613
不良贷款	98 220	103 226	7087	7113	5502	5240	12 006	11 845

与2005年相比,2006年招商银行的净利润约增长了(   )。

A. 81.37%　　　　B. 83.28%　　　　C. 85.16%　　　　D. 87.67%

【答案】D

【解析】本题为基础增长率计算问题。

求招商银行2006年净利润增长幅度即为求增长率。定位数据,根据=$\frac{现期量-基期量}{基期量}$可知,招商银行净利润增长率=(7107-3787)÷3787=3320÷3787≈333÷380≈0.87,因此本题选D。

二、增长率的比较

1. 常用公式

$$增长率 = \frac{现期量 - 基期量}{基期量} = \frac{现期量}{基期量} - 1$$

$$增长率 = \frac{增长量}{基期量} = \frac{增长量}{现期量 - 增长量}$$

2. 基本技巧

(1) 如果现期量和基期量差别大,用 $\dfrac{现期量}{基期量}$ 的大小判定增长率的大小。

(2) 如果现期量和基期量差别不大,用 $\dfrac{现期量 - 基期量}{基期量}$ 的大小判定增长率的大小。

【例5-9】

2013年全国1—5月保险业经营状况

项目	经营状况/亿元					同比增速/%
	1月	2月	3月	4月	5月	5月
保险保费收入	2012	1382	1756	1316	1277	10
1. 财产险	612	339	562	530	500	12
2. 人身险	1400	1043	1195	786	777	9
(1) 寿险	1255	944	1025	669	655	8
(2) 健康险	106	76	113	76	83	14
(3) 人身意外伤害险	40	23	56	40	39	22

2013年3月,人身险的三个险种保费收入环比增速排序正确的是( )。

A. 人身意外伤害险>寿险>健康险   B. 健康险>寿险>人身意外伤害险

C. 健康险>人身意外伤害险>寿险   D. 人身意外伤害险>健康险>寿险

【答案】D

【解析】现期值(3月)和基期值(2月)相差较大,可以直接通过比较 $\dfrac{现期量}{基期量}$ 的大小判定增长率大小。很明显1025/944、113/76、56/23的首位商分别为1、1、2,且第一个极其接近1,人身意外伤害险的增长率最大,寿险最小,因此本题选D。

【例5-10】

我国2010—2011年R&D经费投入统计表

亿元

年份	R&D经费投入额	按活动类型分			按执行部门分			
		基础研究	应用研究	试验发展	企业	研究机构	高等院校	其他
2010	7062.6	324.5	893.8	5844.3	5185.5	1186.4	597.3	93.4
2011	8687	411.8	1028.4	7246.8	6577.3	1306.7	688.9	114.1

从活动类型来看，2011年研究经费比上年增长额最多和增长率最高的活动类型分别是（　　）。

A.试验发展，试验发展　　　　　　B.应用研究，试验发展

C.应用研究，基础研究　　　　　　D.试验发展，基础研究

【答案】D

【解析】根据选项，要选增长额最多的活动只需要比较试验发展和应用研究，增长额=现期额-基期额，很明显试验发展增长额超过1000，而应用研究增长额在100左右，因此排除B、C项。要选增长率最高的活动只需要比较基础研究和试验发展，基础研究增长率$=\frac{411.8-324.5}{324.5}\approx\frac{87}{324.5}$，试验发展增长率$=\frac{7246.8-5844.4}{5844.3}\approx\frac{1400}{5844.3}=\frac{140}{584.43}$，利用差分法，差分数为$\frac{53}{260}$，很明显$\frac{87}{324.5}$高于差分数$\frac{53}{260}$，则基础研究增长率高于试验发展增长率，因此本题选D。

【例5-11】

江西省各设区市城镇居民人均可支配收入和人均消费性支出情况

单位：元

地区	2009年		2010年	
	人均可支配收入	人均消费性支出	人均可支配收入	人均消费性支出
南昌市	16 472	12 406	18 276	13 899
景德镇市	14 996	10 560	16 657	11 475
萍乡市	14 825	10 576	16 381	11 775
九江市	14 203	9368	15 764	10 823
新余市	15 610	12 351	17 358	12 709
鹰潭市	14 140	9839	15 618	10 929
赣州市	12 901	9882	14 203	10 662
吉安市	14 095	8306	15 547	8893
宜春市	13 006	9923	14 333	10 098
抚州市	13 119	6697	14 445	7474
上饶市	13 989	9953	15 535	10 099
全省	14 022	9740	15 481	10 619

2010年与2009年相比，人均消费性支出增长大于可支配收入增长的是（　　）。

A.新余　　　　B.赣州　　　　C.上饶　　　　D.南昌

【答案】D

【解析】仔细观察数据，新余、赣州、上饶的人均消费性支出增长量均比较小，而人均可支配收入增长量比较大，数据差别较大，因此排除。计算D项，2010年南昌人均消费性支出的增长率为(13 899-12 406)/12 406≈12%，人均可支配收入增长率为(18 276-16 472)/16 472≈11%，所以南昌的人均消费性支出增长大于可支配收入增长，本题选D。

【例5-12】

基层医疗机构服务费用情况

年份	社区卫生服务中心				乡镇卫生院			
	次均门诊费/元	药费占比/%	人均住院费/元	药费占比/%	次均门诊费/元	药费占比/%	人均住院费/元	药费占比/%
2008	87.2	72.2	2514.2	47.9	42.5	60.7	790.8	51.1
2009	84.0	71.4	2317.4	49.0	46.2	62.3	897.2	53.5
2010	82.8	70.9	2357.6	49.3	47.5	60.4	1004.6	52.3
2011	81.5	67.4	2315.1	45.8	47.5	53.3	1051.3	40.8
2012	84.6	69.1	2417.9	46.5	49.2	54.8	1140.7	46.0

2009—2012年，乡镇卫生院人均住院费同比增长超过9%的有(　　)。

A. 1个　　　　　B. 2个　　　　　C. 3个　　　　　D. 4个

【答案】B

【解析】定位表格倒数第二列，因为题干涉及2009年的增长率，需要包含2008年的数据，2008—2012年乡镇卫生院的人均住院费依次为790.8、897.2、1004.6、1051.3、1140.7，增长量大约分别为107、107、46、89，比较相应的增长率，结果分别为107/790.8高于10%，107/897.2高于10%，46/1004.6高于4%，89/1051.3高于8%，不到9%，可见高于9%的有两年，因此本题选B。

第五节　高频考点之特殊增长率

一、间隔增长率

1. 基本概念

间隔增长率：相隔一年或多年的增长率，以相隔一年考题居多。一般用R表示。

2. 题干常见话术

(1) 与2015年相比，2017年的××增长(　　)%。

(2) 2016年的××比2014年增加(　　)%。

3. 基础公式

$$R = r_1 + r_2 + r_1 r_2$$

【例5-13】2016年1—4月，全国全社会用电量累计18 093亿千瓦时，同比增长2.9%。分产业看，第一产业用电量为270亿千瓦时，同比增长9.1%；第二产业用电量为12 595亿千瓦时，同比增长0.2%；第三产业用电量为2516亿千瓦时，同比增长10.0%，增速比上年同期提高2.1个百分点。

与2014年同期相比，2016年1—4月第三产业用电量增加了约(　　)。

A. 15%　　　　　B. 19%　　　　　C. 23%　　　　　D. 27%

【答案】B

【解析】2014年与2016年间隔2015年，因此本题为求两年间隔增长率。原文提及"2016年1—4月……第三产业用电量2516亿千瓦时，增长10.0%，增速比上年同期提高2.1个百分点"，可知增长率r_2=10%，去年增长率r_1=10%-2.1%=7.9%≈8%，则间隔增长率R=10%+8%+10%×8%=18.8%，与B接近，因此本题选B。

【例5-14】2015年全国共建立社会捐助工作站、点和慈善超市3.0万个，比上一年减少0.2万个。其中，慈善超市9654个，同比下降5.1%。全年共接收社会捐款654.5亿元，其中，民政部门接收社会各界捐款44.2亿元，各类社会组织接收捐款610.3亿元。全年民政部门接收捐赠衣被4537.0万件，捐赠物资价值折合人民币5.2亿元。全年有1838.4万人次困难群众受益，同比增长8.5%，增长率较上一年下降27.5个百分点。

2015年受益的困难群众较2013年增长约(　　)。

A. 27.6%　　　　B. 34.5%　　　　C. 40.4%　　　　D. 47.6%

【答案】D

【解析】题干中提及"2015年……较2013年增长……"即为求间隔增长率。定位文字"2015年……全年有1838.4万人次困难群众受益，同比增长8.5%，增长率较上一年下降27.5个百分点"，可知2015年的增长率为8.5%，2014年的增长率为8.5%+27.5%=36%，于是2015年对于2013年的增长率=8.5%+36%+8.5%×36%=47.6%，因此本题选D。

二、年均增长率

1. 基本概念

年均增长率：反映某种信息在一个较长时期中逐期递增的平均速度，通常以百分数形式表示。

2. 题干常见话术

(1) 2006—2010年，××平均增长了(　　)%。

(2) "十二五"期间，××的年均增长率是(　　)%。

3. 基础公式

$$末期值=初期值\times(1+年均增长率)^n$$

式中：n表示年份差。

【例5-15】

2007—2010年全国寿险和非寿险保费收入构成

险种		2007年		2008年		2009年		2010年	
		保费收入/亿元	占比/%	保费收入/亿元	占比/%	保费收入/亿元	占比/%	保费收入/亿元	占比/%
非寿险收入构成	车险	1484.28	71.14	1702.52	69.60	2155.61	72.02	3004.15	74.60
	企财险	186.83	8.95	209.63	8.57	221.43	7.40	271.61	6.74
	货运险	63.11	3.02	70.97	2.90	61.27	2.05	78.74	1.96
	意外险	74.31	3.56	72.71	2.97	73.92	?	85.53	2.12
	责任险	66.60	3.19	81.75	3.34	92.91	3.08	115.88	2.88
	其他	211.35	10.13	308.67	12.62	388.46	12.98	470.98	11.70
	小计	2086.48	100.00	2446.25	100.00	2992.90	100.00	4026.89	100.00

2008—2010年，非寿险中车险收入的平均增长率为( )。

A. 11%　　　　B. 23%　　　　C. 33%　　　　D. 45%

【答案】C

【解析】该题求2008—2010年的年均增长率，2008年车险保费收入为1702.52亿元，2010年车险保费收入为3004.15亿元，根据末期值=初期值$\times(1+r)^n$，可知 $3004.15=1702.52\times(1+r)^2$，即 $(1+r)^2=3004.15/1702.52=1.76$，联想到 $13^2=169$，因此本题选C。

三、混合增长率

1. 基本概念

混合增长率：某项目整体的增长速度与各个组成部分的增长速度之间的关系。

2. 基本定理

(1) 整体的增长率居中，一定介于各个部分的增长率之间。

(2) 总体的增长率偏向于基数更大的那个部分的增长率。

【例5-16】2009年第四季度，某地区实现工业增加值828亿元，同比增加12.5%。在第四季度的带动下，全年实现的工业增加值达到3107亿元，增长8.7%。请问该地区前三季度工业增加值同比增长率为( )。

A. 7.4%　　　　B. 8.8%　　　　C. 9.6%　　　　D. 10.7%

【答案】A

【解析】前三季度+第四季度=全年，则第四季度增速12.5%＞全年增速8.7%，前三季度增速＜全年增速8.7%，只有A项符合，因此本题选A。

【例5-17】2013年3月末，主要金融机构及小型农村金融机构、外资银行人民币房地产贷款余额12.98万亿元，同比增长16.4%；地产开发贷款余额1.04万亿元，同比增长21.4%；房产开发贷款余额3.2万亿元，同比增长12.3%；个人购房贷款余额8.57万亿元，同比增长17.4%；保障性住房开发贷款6140亿元，同比增长42.4%。

2013年3月末，房地产开发贷款余额同比增速为(　　)。

A. 12.3%　　　　B. 14.4%　　　　C. 19.3%　　　　D. 21.4%

【答案】B

【解析】因为房地产=房产+地产，根据题意，房产增速为12.3%，地产增速为21.4%，因此房地产增速介于两者之间，即取值范围为12.3%～21.4%，排除A、D项；又因为房产和地产的开发贷款余额分别为3.2万亿元和1.04亿元，很明显房产值较高，则房地产增速接近房产的增速，即接近12.3%，很明显B项符合，因此本题选B。

第六节

高频考点之基期量

1. 基本概念

作为对比参照的量一般为基期量，根据现期量推导过去的相应数值即为基期量的求解。

2. 题干常见话术

资料：2016年，×××……

题干：2015年，×××为(　　)。

3. 常考公式

$$基期量 = \frac{现期量}{1+增长率}$$

4. 速算方法

截位直除。

【例5-18】2011年底，全国拥有水上运输船舶17.92万艘，比上年末增长0.5%；净载重量21 264.32万吨，增长17.9%；平均净载重量增长17.3%；集装箱箱位147.52万TEU，增长11.4%；船舶功率5949.66万千瓦，增长11.6%。

截至2010年，全国拥有水上运输船舶(　　)万艘。

A. 17.07　　　　B. 17.83　　　　C. 12.05　　　　D. 11.95

【答案】D

【解析】本题为基期量计算。2010年底,全国水上运输船舶数量=17.92/(1+0.5%)≈17.92-18×0.5%=17.83,因此本题选D。

【例5-19】2013年,全国共有工业企业法人单位241万个,从业人员14 025.8万人,分别比2008年增长26.6%和19.5%。2013年,在工业企业法人单位中,采矿业的单位有8.9万个,比2008年下降1.4%;制造业的单位有225.2万个;电力、热力、燃气及水生产和供应业的单位有6.9万个,比2008年下降0.1%。

2008年,全国制造业企业法人单位约有( )万个。
A. 160　　　　B. 174　　　　C. 186　　　　D. 200

【答案】B

【解析】本题为基期量计算题。定位文字"2013年,全国共有工业企业法人单位241万个,从业人员14 025.8万人,分别比2008年增长26.6%……采矿业的单位有8.9万个,比2008年下降1.4%;制造业的单位有225.2万个;电力、热力、燃气及水生产和供应业的单位有6.9万个,比2008年下降0.1%",则2008年全国制造业企业法人单位=2008年全国企业法人单位-2008年采矿业法人单位-2008年电力、热力、燃气及水生产和供应业法人单位。增长率较小,利用除化乘,全国制造业企业法人单位数量=241/(1+26.6%)-8.9/(1-1.4%)-6.9/(1-0.1%)≈240/1.266-8.9×(1+1.4%)-6.9×(1+0.1%)≈240/1.25-8.9×(1+1.4%)-6.9×(1+0.1%)9-7≈24×8-9-7=176,因此本题选B。

【例5-20】

2017年5月我国银行业金融机构资产负债情况(境内)

金融机构	总资产		总负债	
	金额/亿元	同比增速/%	金额/亿元	同比增速/%
银行业金融机构	2 328 934	12.5	2 147 187	12.6
其中:大型商业银行	839 329	9.7	770 521	9.8
股份制商业银行	431 150	11.5	402 922	11.5
农村金融机构	293 063	19.7	273 812	12.1
其他类金融机构	450 873	14.8	408 166	14.8

2016年5月,银行业金融机构总资产金额为( )万亿元。
A. 167　　　　B. 207　　　　C. 247　　　　D. 287

【答案】B

【解析】本题为基期量计算题。

根据表格数据可知,2017年5月银行业金融机构总资产为2 328 934亿元,同比增长12.5%,则2016年5月总资产=$\frac{现期量}{1+增长率}=\frac{2\,328\,934}{1+12.5\%}=2\,328\,934\times\frac{8}{9}$≈207万亿元,因此本题选B。

【例5-21】 2016年，我国年降水量范围为3.5毫米(新疆托克逊)～2494.4毫米(安徽黄山)，全国平均降水量为730.0毫米，较常年(629.9毫米)偏多16%，比2015年偏多13%，自1951年以来降水量最多。2月和8月降水偏少，3月降水接近常年同期水平，其余各月降水均偏多，其中1月降水偏多94%、10月降水偏多55%，均为历史同期最多。

2015年全国平均降水量为(　　)。

A. 730.0毫米　　　B. 646.0毫米　　　C. 629.9毫米　　　D. 612.6毫米

【答案】 B

【解析】 本题为基期量计算题。定位文字材料可知"2016年……全国平均降水量为730.0毫米……比2015年偏多13%"，因此基期量$=\dfrac{现期量}{1+增长率}=\dfrac{730.0}{1+13\%}=\dfrac{730.0}{1.13}$，首位商为6，第二位为4，因此本题选B。

第七节　高频考点之增长量

一、增长量的计算

1. 基本概念

增长量是指社会经济现象在一定时期内增长(或减少)的绝对量。

2. 题干常见话术

与××年相比，××同比增加了"(　　)+具体单位(如吨、元、斤)"。

3. 基本公式

$$增长量=现期量-基期量$$

$$增长量=基期量\times 增长率$$

$$增长量=现期量\times \dfrac{增长率}{1+增长率}$$

4. 速算方法

常用的速算方法为百化分。

【例5-22】2015年，全国共建立社会捐助工作站、点和慈善超市3.0万个，比上一年减少0.2万个。其中，慈善超市9654个，同比下降5.1%。

2015年，全国建立的慈善超市较2014年约(　　)。
A. 减少519个　　　　B. 增加519个　　　　C. 减少686个　　　　D. 增加686个

【答案】A

【解析】2015年慈善超市9654个，同比下降5.1%。根据增长量=现期量×$\dfrac{增长率}{1+增长率}$可知，2015年，全国建立的慈善超市较2014年增加$9654 \times \dfrac{-5.1\%}{1-5.1\%} \approx -\dfrac{9654}{19}$(-5.1%≈-5%=-1/20)，首位商为5，因此本题选A。

【例5-23】2016年S市全年用于研究与试验发展(R&D)经费支出总额为1030.00亿元，占S市生产总值的比重为3.80%。全年受理专利申请119 937件，比上年增长19.9%。其中，受理发明专利申请54 339件，增长15.7%。

2016年S市全年受理专利申请比2015年约增加(　　)万件。
A. 2.0　　　　B. 1.8　　　　C. 1.6　　　　D. 1.4

【答案】A

【解析】本题为增长量计算题。定位文字"全年受理专利申请119 937件，比上年增长19.9%"，所求增长量=119 937×19.9%/(1+19.9%)≈119 937/6≈2万件(19.9%≈20%=1/5)，因此本题选A。

【例5-24】

某市2013年1—3月规模以上文化创意产业情况

项目	当前收入/亿元	同比增长/%	从业人员平均人数/万人	同比增长/%
合计	1927.3	8	102.8	3.8
文化艺术	41.1	9.5	3.6	2.1
新闻出版	141.6	6.8	10.5	-0.7

与2012年同期相比，该市2013年第一季度规模以上文化创意产业收入约增加(　　)亿元。
A. 154　　　　B. 165　　　　C. 176　　　　D. 143

【答案】D

【解析】本题为增长量计算题。2013年第一季度规模以上文化创意产业收入为1927.3亿元，增长率为8%，即1/12.5，可知增长量为1927.3÷13.5，直除前两位为14，因此本题选D。

【例5-25】2010年，我国黄金产量为340.88吨，同比增长8.57%。其中，矿产金280.04吨，同比增长7.27%；有色副产金60.84吨，同比增长14.95%。2010年，我国黄金企业实现工业总产值2292.88亿元，同比增长66.72%；实现利润248.74亿元，同比增长

78.19%。

2010年，我国黄金企业工业总产值同比增长约(　　)亿元。
A. 918　　　　　B. 920　　　　　C. 922　　　　　D. 924

【答案】A

【解析】根据材料"2010年，我国黄金企业实现工业总产值2292.88亿元，同比增长66.72%"可知，本题为已知现期量和增长率求增长量问题，根据增长量=现期量×$\frac{增长率}{1+增长率}$，可知所求增长量=2292.88×66.72%/(1+66.72%)≈2293×2/5=229.3×4≈917.2(66.72%≈2/3)，因此本题选A。

二、增长量的比较

1. 基本概念

增长量的比较一般指通过增长量计算公式比较某些信息增长量的大小。

2. 常用公式

$$增长量=现期值-基期值$$

$$增长量=基期值×增长率$$

$$增长量=现期量×\frac{增长率}{1+增长率}$$

3. 基本技巧

现期量大且增长率大，增长量就大；如果现期量和增长量一大一小，则需列式比较，通常情况下，如果现期量×增长率大，增长量就大。

【例5-26】2016年1—7月，风力发电量为1209.5亿千瓦时，同比增长14.8%；核能发电量为1115.2亿千瓦时，增长24.5%；太阳能发电量为206.9亿千瓦时，增长27.5%；生物质发电量为190.7亿千瓦时，增长10.3%；垃圾焚烧发电量为122.8亿千瓦时，增长17.8%。

2016年1—7月，新能源发电增长量同比最多的是(　　)。
A. 核能发电　　　B. 风力发电　　　C. 太阳能发电　　　D. 生物质发电

【答案】A

【解析】本题为增长量比较类问题。利用增长量=现期量×$\frac{增长率}{1+增长率}$，风力发电和核能发电的现期值远远高于太阳能发电和生物质发电，因此排除C、D项，比较A、B项即可。风力发电=1209.5×$\frac{14.8\%}{1+14.8\%}$≈$\frac{1209.5}{8}$；核能发电=1115.2×$\frac{24.5\%}{1+24.5\%}$≈$\frac{1115.2}{5}$，很明显后者更高，因此本题选A。

【例5-27】2016年中国货物进出口总额243 386亿元，比2015年下降0.9%。其中，出口138 455亿元，下降1.9%；进口104 932亿元，增长0.6%。货物进出口差额(出口减进口)33 523亿元，比上年减少3308亿元。

2016年我国对主要国家/地区货物进出口额及其增长速度

国家/地区	出口额/亿元	比上年增长/%	占我国全部出口比重/%	进口额/亿元	比上年增长/%	占我国全部进口比重/%
欧盟	22 369	1.3	16.2	13 747	5.9	13.1
美国	25 415	0.0	18.4	8887	-3.2	8.5
东盟	16 894	-1.9	12.2	12 978	7.4	12.4
中国香港	19 009	-7.6	13.7	1107	39.2	1.1
日本	8529	1.3	6.2	9626	8.4	9.2
俄罗斯	2466	14.2	1.8	2128	3.1	2.0

2016年,对进口拉动最为明显的是(　　)的进口。

A. 中国香港　　　B. 日本　　　C. 俄罗斯　　　D. 东盟

【答案】D

【解析】四个选项的现期量和增长率分别是1107亿元,39.2%;9626亿元,8.4%;2128亿元,3.1%;12 978亿元;7.4%。第一个现期值和增长率均高于第二个,排除B项;第三个现期值和增长率均小于第四个,排除C项;只需要比较A、D项即可。

增长量分别为 $1107 \times \dfrac{39.2\%}{1+39.2\%} \approx \dfrac{1107 \times 2}{7}$(注:39.2%≈40%=2/5);$12\,978 \times \dfrac{7.4\%}{1+7.4\%} \approx \dfrac{12\,978}{7}$(注:7.4%≈1/14),很明显后者高,因此本题选D。

【例5-28】全年金融市场(包括外汇市场)交易总额达到786.66万亿元,比上年增长23.2%。上海证券交易所各类有价证券总成交金额为128.15万亿元,增长48.1%。其中,股票成交金额为37.72万亿元,增长63.8%。上海期货交易所总成交金额为126.47万亿元,增长4.7%。中国金融期货交易所总成交金额为164.02万亿元,增长16.3%。银行间市场总成交金额为361.51万亿元,增长27.0%。上海黄金交易所总成交金额为6.51万亿元,增长24.7%。

以下金融市场中,2014年成交金额同比增量最高的是(　　)。

A. 上海证券交易所　　　　　B. 中国金融期货交易所
C. 上海黄金交易所　　　　　D. 上海期货交易所

【答案】A

【解析】本题为增长量比较题,四个选项对应的现期值和增长率分别为:128.15、48.1%;164.02、16.3%;6.51、24.7%;126.47、4.7%。很明显第一个现期值和增长率均高于第三个和第四个,排除C、D项。针对前两个数据,增长率基本为3倍关系,上海证券交易所的增长量更高,因此本题选A。

【例5-29】

2017年5月我国银行业金融机构资产负债情况(境内)

金融机构	总资产		总负债	
	金额/亿元	同比增速/%	金额/亿元	同比增速/%
银行业金融机构	2 328 934	12.5	2 147 187	12.6
其中：大型商业银行	839 329	9.7	770 521	9.8
股份制商业银行	431 150	11.5	402 922	11.5
城市商业银行	293 063	19.7	273 812	20.0
农村金融机构	314 519	12.3	291 766	12.1
其他类金融机构	450 873	14.8	408 166	14.8

在2017年5月我国银行业金融机构资产负债表中，(　　)的总资产同比增长额最高。

A. 大型商业银行　　　　　　B. 股份制商业银行
C. 城市商业银行　　　　　　D. 农村金融机构

【答案】A

【解析】本题为增长量比较题。根据表格数据可知增长量=现期量×$\frac{增长率}{1+增长率}$，在比较类题目中，比较大小即可。在大型商业银行(839 329×9.7%)、股份制商业银行(431 150×11.5%)、城市商业银行(293 063×19.7%)、农村金融机构(314 519×12.3%)中，大型商业银行的现期值明显高于其他机构，即其增长量最高，因此本题选A。

第八节 高频考点之比重

一、比重的计算

1. 基本概念

比重是指某部分在总体中所占的百分比，一般都以百分数来表示。

2. 题干常见话术

××年，××占(在)××中所占比重为(　　)。

需要注意的是，题干表述年份与材料年份一致为求现期比重，题干表述年份在材料年份之前则为求基期比重。

3. 基本公式

$$现期比重=\frac{部分量}{总体量}=\frac{A}{B}$$

$$基期比重=\frac{A}{B}\times\frac{1+b}{1+a}$$

式中：a表示部分量的增长率；b表示总体量的增长率。

【例5-30】 2016年，中小企业实现利润总额4.3万亿元，同比增长6.2%，增速比2015年提高2.0个百分点。其中，中型企业利润总额为1.8万亿元，同比增长6.4%；小型企业利润总额为2.5万亿元，同比增长6.1%。

2015年中小企业利润总额中，中型企业利润所占比重约为(　　)。

A. 41.7%　　　　B. 41.9%　　　　C. 58.1%　　　　D. 58.3%

【答案】 A

【解析】 材料给的是2016年的数据，题干求"2015年……所占比重"即求基期比重，$\frac{A}{B}\times\frac{1+b\%}{1+a\%}=\frac{1.8}{4.3}\times\frac{1+6.2\%}{1+6.4\%}\approx 0.418\times\frac{1+6.2\%}{1+6.4\%}<0.418$，只有A项符合，因此本题选A。

【例5-31】

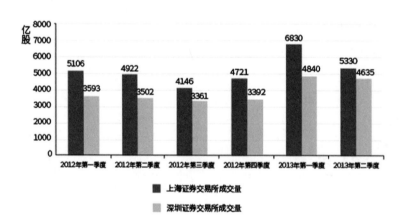

2013年第二季度，上海证券交易所成交量占上半年沪、深证券交易所总成交量的比重为(　　)。

A. 21.4%　　　　B. 24.6%　　　　C. 43.8%　　　　D. 56.2%

【答案】 B

【解析】 题干所求时间段2013年与材料所给时间段一致，本题求现期比重。上半年=第一季度+第二季度，上海证券交易所成交量为5330，定位柱状图最后两列数据，所求比重=5330/(6830+4840+5330+4635)=5330/21635≈5300/21500≈24%，因此本题选B。

【例5-32】 2016年末，全国电话用户总数为152 856万户(电话包括固定电话和移动电话两种)。其中，移动电话用户132 193万户，移动电话普及率上升至96.2部/百人。固定互联网宽带接入用户29 721万户，比上年增加3774万户。其中，固定互联网光纤宽带接入用户22 766万户，比上年增加7941万户；移动宽带用户94 075万户，增加23 464万户。

2016年末，全国固定电话用户占电话用户总数的比重为(　　)。

A. 43.52%　　　　B. 33.52%　　　　C. 23.52%　　　　D. 13.52%

【答案】D

【解析】本题求现期比重。定位文字材料"2016年末，全国电话用户总数152 856万户(电话包括固定电话和移动电话两种)。其中，移动电话用户132 193万户"可知，移动电话用户数占总数的比重=132 193/152 856，比重大于80%，则固定电话用户占比=1-移动电话用户占比，即大于10%，因此本题选D。

【例5-33】2016年，我国全年完成邮电业务收入总量为43 344亿元，比上年增长52.7%。其中，邮政业务收入为7397亿元，增长45.7%；电信业务总量为35 948亿元，增长54.2%。邮政业全年完成邮政函件业务量为36.2亿件，包裹业务量为0.3亿件，快递业务量为312.8亿件，快递业务收入为3974亿元。

2016年我国快递业务收入总量占邮电业务收入总量的比重为(　　)。

A. 8.17%　　　　B. 9.17%　　　　C. 10.17%　　　　D. 11.17%

【答案】B

【解析】本题求现期比重。根据文字材料"2016年，我国全年完成邮电业务收入总量43 344亿元……快递业务收入3974亿元"可知，快递业务收入占比=3974/43 344，首位商为9，因此本题选B。

【例5-34】2016年，全年全国艺术表演团体共演出230.6万场，比上年增长9.4%。其中，赴农村演出151.6万场，增长9.0%。国内观众11.81亿人次，增长23.3%。其中，农村观众6.21亿人次，比上年增长6.2%。总收入311.23亿元，比上年增长20.8%。其中，演出收入130.86亿元，比上年增长39.3%。

在2015年全国艺术表演团体演出场次中，赴农村演出占比约为(　　)。

A. 64.77%　　　　B. 65.74%　　　　C. 65.97%　　　　D. 66.91%

【答案】C

【解析】本题求基期比重。

定位材料"全年全国艺术表演团体共演出230.60万场，比上年增长9.4%。其中，赴农村演出151.60万场，增长9%"，根据公式，基期比重=$A/B \times (1+a)/(1+b)$，代入数据为$151.6/230.6 \times (1+9.4\%)/(1+9\%) \approx 65.74\% \times (1+9.4\%)/(1+9\%)$，$(1+9.4\%)/(1+9\%)$略大于1，则最终结果略大于65.74%，与C项最接近，因此本题选C。

二、比重的比较

1. 基本概念

两期比重比较：涉及两个时间点，比如今年的比重和去年的比重进行比较。

2. 基本公式

两期比重差=现期比重-基期比重

3. 基本结论

若比例关系式中，分子部分所对应的增长速度(a)>分母部分所对应的增长速度(b)，则现期比重>基期比重，即比重值上升；

若比例关系式中，分子部分所对应的增长速度(a)=分母部分所对应的增长速度(b)，则现期比重=基期比重，即比重值不变；

若比例关系式中，分子部分所对应的增长速度(a)<分母部分所对应的增长速度(b)，则现期比重<基期比重，即比重值下降。

【例5-35】

2013年全国1—5月保险业经营状况

项目	经营状况/亿元					同比增速/%
	1月	2月	3月	4月	5月	5月
保险保费收入	2012	1382	1756	1316	1277	10
1.财产险	612	339	562	530	500	12
2.人身险	1400	1043	1195	786	777	9
(1) 寿险	1255	944	1025	669	655	8
(2) 健康险	106	76	113	76	83	14
(3) 人身意外伤害险	40	23	56	40	39	22
保险赔付支出	501	447	540	505	487	32
1.财产险	281	194	255	254	266	16
2.人身险	220	252	285	252	220	58
(1) 寿险	175	224	245	212	180	68
(2) 健康险	36	22	32	31	32	29
(3) 人身意外伤害险	9	7	9	8	8	11
业务及管理费	185	166	195	189	190	21

在寿险、健康险和人身意外伤害险中，有(　　)类险种在2013年5月的保险赔付支出额占全行业保险赔付支出总额的比重高于上年同期水平。

A. 0　　　　B. 1　　　　C. 2　　　　D. 3

【答案】B

【解析】从"……占……的比重高于上年同期水平"判断该题求两期比重，只需要分子(3类险种的保险赔付支出额)增速高于分母(全行业保险赔付支出总额)增速即可，分母增速为32%，寿险、健康险和人身意外伤害险增速分别为68%、29%、11%，很明显只有寿险的68%超过总体的32%，因此本题选B。

【例5-36】

2010年人民法院审理婚姻家庭、继承一审案件收结案情况

项目	收案		结案/件			
	数量/件	增长率/%	合计	调解	判决	其他
合计	1 423 180	3.15	1 428 340	698 900	387 185	342 255
婚姻家庭	1 374 136	2.47	1 379 463	673 749	373 883	331 831
离婚	1 164 521	1.92	1 168 810	567 374	321 316	280 120
赡养纠纷	26 648	-7.74	26 704	11 237	6838	8629
抚养、扶养关系纠纷	50 499	2.65	50 547	31 082	9584	9881
抚育费纠纷	24 020	-6.27	24 269	11 502	6902	5865
其他	108 448	14.47	109 133	52 554	29 243	27 336
继承	49 044	26.85	48 877	25 151	13 302	10 424
法定继承	28 439	25.45	28 285	15 935	6861	5489
遗嘱继承	4054	21.38	4076	1790	1439	847
其他	16 551	30.81	16 516	7426	5002	4088

以下案件类型中,2010年收案数占当年婚姻家庭类案件总收案数比重比上年有所提升的是( )。

A.离婚类案件　　　　　　　　B.赡养纠纷类案件
C.抚养、扶养关系纠纷类案件　　D.抚育费纠纷类案件

【答案】C

【解析】依据"……占……比重比上年有所提升"判断该题求两期比重,只需要分子(选项)增速高于分母(当年婚姻家庭类案件总收案数)增速即可。根据上表可知,分母增长率为2.47%,高于该增速的只有抚养、扶养关系纠纷类案件(2.65%),因此本题选C。

【例5-37】2011年上半年,我国软件产业实现软件业务收入8065亿元,同比增长29.3%,增速比去年同期高0.2个百分点;实现利润103亿元,同比增长34.9%。其中,6月份完成软件业务收入1828亿元,同比增长32.9%,增速比5月份回升3.6个百分点。

上半年,信息技术咨询服务、数据处理和运营服务分别实现收入761亿元和1073亿元,同比增长36.5%和34.5%,分别高出全行业7.2和5.2个百分点;嵌入式系统软件实现收入1443亿元,同比增长33.8%,增速比去年同期高14.2个百分点。软件产品和信息系统集成服务发展较为稳定,分别实现收入2867亿元和1673亿元,同比增长28.2%和23.9%。IC设计增长放缓,上半年实现收入248亿元,同比增长13.7%,低于去年同期20个百分点以上。

2011年上半年,收入占整个软件产业的比重高于上年同期水平的是( )。

A.信息系统集成　　　　　　B.嵌入式系统软件
C.IC设计　　　　　　　　　D.软件产品

【答案】B

【解析】分母增速即整个软件产业增速为29.3%，只有B项(增速为33.8%)分子增速高于分母增速，比重升高，因此本题选B。

【例5-38】2014年全国社会物流总额213.5万亿元，同比增长7.9%，比上年回落1.6个百分点。

2014年全国社会物流总额构成情况

项目	总额/亿元	当年同比增速/%	2013年同比增速/%
工业品物流	1 969 000	8.3	9.7
进口货物物流	120 000	2.1	6.4
再生资源物流	8455	14.1	20.3
农产品物流	33 000	4.1	4.0
单位与居民物品物流	3696	32.9	30.4

2013、2014年占全国社会物流总额比重均高于上一年水平的分类包括( )。
A. 再生资源物流、单位与居民物品物流、农产品物流
B. 工业品物流、再生资源物流、单位与居民物品物流
C. 进口货物物流、农产品物流、单位与居民物品物流
D. 工业品物流、进口货物物流、农产品物流

【答案】B

【解析】比重高于上一年水平，即2014年的比重高于2013年比重，根据结论可知，只要满足分子增速大于分母增速即可。分母为全国社会物流总额，增速为7.9%，工业品物流增速为8.3%，再生资源物流增速为14.1%，单位与居民物品物流增速为32.9%，均高于分母增速，故有3个，因此本题选B。

【例5-39】2009年北京市完成全社会固定资产投资4858.4亿元，比上年增长26.2%。分登记注册类型看，国有内资单位完成投资2316.8亿元，比上年增长66.8%。

与2008年相比，2009年国有内资单位完成的投资在北京市全社会固定资产投资总额中的比重( )。

A. 上升了12个百分点 B. 基本不变
C. 下降了17个百分点 D. 上升了41个百分点

【答案】A

【解析】分子增速66.8%大于分母增速26.2%，比重上升，排除B、C项。代入公式，具体数值小于分子增速与分母增速的差值，即小于40.6，只有A项符合，因此本题选A。

第九节
高频考点之平均数

1. 关键字

常见的关键字有每、均、平均。

2. 题干常见话术

××年，××的平均值是（　　）。

平均每××的××是（　　）。

需要注意的是，题干时间和材料时间一致为求现期平均；题干时间早于材料时间则为求基期平均。

3. 基本公式

$$现期平均数 = \frac{总数}{总份数} = \frac{A}{B}$$

$$基期平均数 = \frac{A}{B} \times \frac{1+b}{1+a}$$

式中：a 表示总数的增长率；b 表示总份数的增长率。

【例5-40】"十一五"期间，我国货物进出口总额累计116 806亿美元。其中，出口总额为63 997亿美元，比"十五"期间增长1.7倍；进口总额为52 809亿美元，比"十五"期间增长1.4倍。

"十一五"期间，我国平均每年货物进口总额约为（　　）亿美元。

A. 2238　　　　　B. 10 562　　　　　C. 12 799　　　　　D. 23 361

【答案】B

【解析】本题求平均数。平均每年货物进口总额=货物总额/总年数=52 809/5≈10 562，因此本题选B。

【例5-41】

2014年上半年部分地区主要污染物排放量及地区生产总值

地区	主要污染物排放量/万吨				地区生产总值/亿元
	化学需氧量	氨氮	二氧化硫	氮氧化物	
全国	1172.20	122.50	1037.20	1099.50	278 740.40
北京	9.07	0.95	3.83	7.89	9769.32
河北	64.78	5.24	62.55	79.69	13 640.00
山西	23.35	2.79	64.57	55.58	6097.80

(续表)

地区	主要污染物排放量/万吨				地区生产总值/亿元
	化学需氧量	氨氮	二氧化硫	氮氧化物	
内蒙古	43.29	2.61	70.29	70.82	7338.66
辽宁	61.99	5.13	50.39	44.29	13 207.48
上海	11.55	2.39	9.06	18.39	10 952.64
江苏	56.84	7.22	49.41	68.77	30 115.00
浙江	37.42	5.33	29.41	37.48	17 978.21
安徽	45.50	5.19	25.98	44.90	9350.54
福建	32.56	4.62	19.10	23.54	9733.61
江西	36.89	4.39	26.80	27.87	6464.95
山东	91.91	8.18	86.78	85.08	28 080.26
河南	67.92	7.22	63.93	73.36	15 778.62
湖北	52.32	6.18	31.32	29.17	12 061.99
湖南	63.74	8.03	33.77	27.70	11 975.10
广东	84.41	10.46	38.52	60.81	30 879.09
广西	37.19	4.20	21.56	22.38	6327.87
重庆	19.36	2.54	27.69	18.37	6440.51
四川	62.44	6.79	40.06	32.57	12 697.39

以万亿元计,全国地区生产总值平均氨氮排放量约为( )万吨。

A. 3.23　　　　　B. 5.97　　　　　C. 5.45　　　　　D. 4.39

【答案】D

【解析】本题求平均数。全国地区生产总值平均氨氮排放量=氨氮排放量/全国地区生产总值=122.5/27.874040=123/28≈4.39,因此本题选D。

【例5-42】

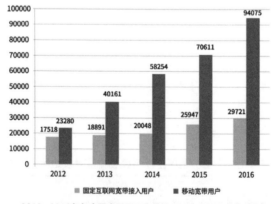

2012—2016年年末固定互联网宽带接入用户和移动宽带用户数

2012—2016年,我国固定互联网宽带接入用户的平均数是( )。

A. 18 425万户　　B. 22 425万户　　C. 25 425万户　　D. 27 425万户

【答案】B

【解析】本题求平均值。

根据上图可知，2012—2016年固定互联网宽带接入户数分别为17 518万户、18 891万户、20 048万户、25 947万户和29 721万户，年均值=各年份用户数相加/5=(17 518+18 891+20 048+25 947+29 721)/5≈112 125/5=22 425万户，因此本题选B。

【例5-43】某研究设计院不同岗位级别与工资额以及该院岗位级别与职工人数分别如下图所示。

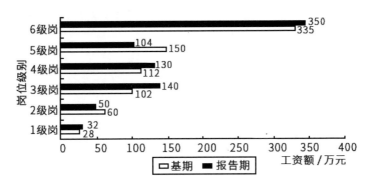

图1　某研究设计院岗位级别与工资额

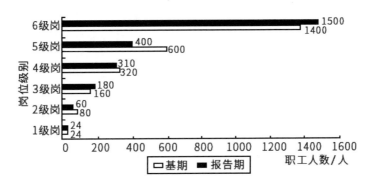

图2　某研究设计岗位级别与职工人数

在基期中，工资超过全院人均工资的岗位有(　　)。

A. 1、2、3级岗　　　　　　　　　　B. 2、3、5级岗
C. 4、5、6级岗　　　　　　　　　　D. 1、3、5级岗

【答案】A

【解析】本题求平均值。根据图1可知，该研究设计院基期工资总额=28+60+102+112+150+335=787万元；根据图2可知，该研究设计院基期职工人数=24+80+160+320+600+1400=2584人，则平均工资=工资总额/职工人数=787/2584≈0.3。

1级岗平均工资=28/24，大于1，肯定高于平均值，排除B、C项。2级岗平均工资=60/80，高于平均工资，必须有1、2级岗，排除D项，因此本题选A。

第十节
高频考点之综合分析

综合分析问题一般作为材料的最后一个问题，需要考生先对四个选项进行正误判断，然后做出相应选择，属于耗时较长的题型。

1. 题干常见话术

(1) (不)能够从上述材料中推出的是( )。
(2) 根据上述材料，下列说法正确(错误)的是( )。

2. 常见陷阱

(1) 运算陷阱。搭配"增加"或"减少"等字样，以混淆加减法运算为主。

(2) 时间陷阱。需要注意很多同义替换，比如1—3月等同于第一季度，2006—2010年等同于"十一五"期间等。还需要注意很多具有歧义的错误替换，比如，9月的数据和截至9月的数据不同；6月的收入和6月的累计收入不同；材料中数据范围为2009—2013年，题目中涉及的数据范围是2010—2013年等。

(3) 单位陷阱。重点注意的单位有%与‰、人与人次、万人与千人、美元与元等。

(4) 概念陷阱。混淆概念或偷换概念，导致考生做题时模棱两可，或者定位数据错误。

(5) 范围陷阱。范围扩大或者范围缩小，导致考生选错答案。

【例5-44】2013年，某省食品(含烟草)实现主营业务收入6359亿元，增长20.8%，增速同比放缓9.2个百分点；实现利润398亿元，增长34.5%；工业税金506.2亿元，增长11.4%。

石化行业主营业务收入5138亿元，增长18.8%；实现利润204.2亿元，增长38.1%。子行业中，石油加工业净亏损0.2亿元，同比减亏13.6亿元；化工行业全年利润增长31.6%，扭转上半年利润下降局面；石油开采业净亏损8.6亿元；橡胶塑料行业利润增长29.1%。

能够从上述资料中推出：

2012年该省食品(含烟草)行业主营业务收入同比增速11.6%。( )

2012年该省石油加工业净亏损13.4亿元。( )

【答案】错误；错误

【解析】本题设计了常见的计算陷阱，即加减混淆。

根据第一句话"2013年，某省食品(含烟草)实现主营业务收入6359亿元，增长

20.8%，增速同比放缓9.2个百分点"，"放缓"即为慢，即2013年增速比2012年增速慢，则2012年增速=20.8%+9.2%=30%，表述错误。

根据"石油加工业净亏损0.2亿元，同比减亏13.6亿元"，"减亏"即减少亏损，说明2012年亏损更多，亏损了13.6+0.2=13.8亿元，表述错误。

【例5-45】

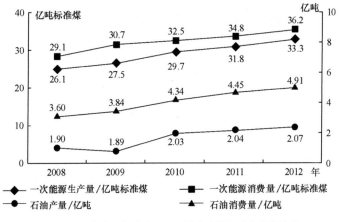

2008—2012年全国一次能源、石油生产量与消费量的情况

关于2009—2012年全国矿产品贸易和能源生产、消费情况，能够从上述资料中推出平均每年一次能源生产量超过30亿吨标准煤。（　　）

【答案】正确

【解析】本题为时间陷阱题，题干问的是2009—2012年，因此不用加入2008年，则平均值=(27.5+29.7+31.8+33.3)/4＞30，表述正确。

【例5-46】2014年末，全国共有公共图书馆3117个，比上年末增加5个。年末全国公共图书馆从业人员56 071人。

2014年末，全国公共图书馆实际使用房屋建筑面积为1231.60万平方米，比上年末增长6.3%；图书总藏量79 092万册，比上年末增长5.6%；电子图书50 674万册，比上年末增长34.2%；阅览室座席数为85.55万个，比上年末增长5.7%。

能够从上述资料中推出的是：2014年平均每个公共图书馆拥有20多个阅览室座席。（　　）

【答案】错误

【解析】本题为单位/数量级陷阱题。平均每个公共图书馆拥有阅览室座席=座席数/公共图书馆数量。根据资料可知，阅览室座席数为85.55万个，公共图书馆3117个，平均每个图书馆拥有坐席数855 500÷3117＞200，并非20多个，表述错误。

【例5-47】

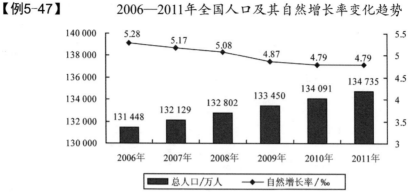

2006—2011年全国人口及其自然增长率变化趋势

与2006年相比，2011年我国的人口自然增长率下降了（　　）个百分点。
A. 0.059　　　　B. 0.049　　　　C. 0.59　　　　D. 0.49

【答案】B

【解析】本题为单位陷阱题。图中折线代表增长率，直接读数，2006年和2011年的人口自然增长率分别为5.28‰和4.79‰，下降了0.49‰。注意题干问的是百分点，则0.49‰=0.049%，因此本题选B。

【例5-48】2016年是中国脱贫攻坚首战之年，全年超过1000万人告别贫困；中央和省级财政扶贫资金首次超过1000亿元；各类金融机构累计发放扶贫小额贷款2772亿元。产业扶贫为脱贫不断"换血"，其中2016年旅游扶贫覆盖2.26万个贫困村。据不完全统计，河南、甘肃、河北等地2016年贫困地区农民人均可支配收入增长速度普遍高于当地农民人均可支配收入增速。其中，河南省贫困地区人均可支配收入可达9734.9元，处于中部地区领先水平；福建贫困地区人均可支配收入增长高达15%，高于全国农民人均可支配收入增长的平均水平。

从上述资料中可以推出的是：河南、甘肃、河北等地2016年贫困地区农民人均可支配收入增长速度普遍高于当地居民人均可支配收入增速。（　　）

【答案】错误

【解析】本题为典型的范围陷阱题。定位文字材料，"河南、甘肃、河北等地2016年贫困地区农民人均可支配收入增长速度普遍高于当地农民人均可支配收入增速"，这里提及的是当地农民而不是当地居民，表述错误。

【例5-49】

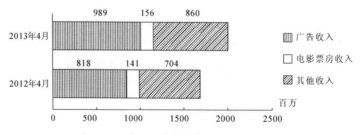

2012年及2013年4月该市广播影视主要创收情况

关于2013年4月该市广播影视创收情况，能够从资料中推出的是：广告收入同比上升

了近两成。( )

【答案】错误

【解析】本题为典型的表述陷阱题。根据上图可知，广告收入值分别为818、989，则增长率=$\dfrac{\text{现期量}-\text{基期量}}{\text{基期量}}=\dfrac{989-818}{818}=\dfrac{171}{818}$，即大于20%，而"近"是接近、不到的意思，表述错误。

【例5-50】2015年国家自然科学基金委全年共接收173 017项各类申请，同比增长约10%；择优资助各类项目40 668项，比上年增加1579项；资助直接费用218.8亿元，平均资助强度(资助直接费用与资助项数的比值)为53.8万元，各项工作取得新进展、新成效。

在研究项目系列方面，面上项目资助16 709项，比上年增加1709项，占总项数的41%；直接费用102.41亿元，平均资助率(资助项目占接收申请项目的比重)为22.9%，同比下降2.5个百分点；重点项目资助625项，同比增长约3.3%，直接费用17.88亿元；重大项目资助20项，直接费用3.18亿元。

在人才项目系列方面，青年科学基金资助16 155项，比上年减少266项，占总项数的40%，直接费用31.95亿元，平均资助率24.6%，同比下降0.7个百分点。地区科学基金资助2829项，比上年增加78项，直接费用10.96亿元，有力推进了欠发达区域的人才稳定与培养。优秀青年科学基金资助400人，国家杰出青年科学基金资助198人，新资助创新研究群体项目38项，促进了优秀人才和团队成长。

能够从上述资料中推出的是( )。

A. 2015年重点项目的平均资助强度大于重大项目

B. 2014面上项目资助项数多于青年科学基金项目

C. 2015年面上项目的平均资助率高于青年科学基金项目

D. 2015年重点项目资助项数的同比增长高于地区科学基金

【答案】D

【解析】本题为综合练习题。A项错误，由第一段可知，平均资助强度=$\dfrac{\text{资助直接费用}}{\text{资助项数}}$。由"重大项目资助20项，直接费用3.18亿元"可知，重大项目的平均资助强度=$\dfrac{3.18}{20}$。由"重点项目资助625项，同比增长约3.3%，直接费用17.88亿元"可知，重点项目的平均资助强度=$\dfrac{17.88}{625}$，比较分数大小，重点项目平均资助强度分子小且分母大，因此重点项目的平均资助强度小于重大项目的平均资助强度。

B项错误，根据材料第二段"在研究项目系列方面，面上项目资助16 709项，比上年增加1709项"可知，2014年面上项目资助项数=16 709-1709=15 000项。根据材料第三自然段"青年科学基金资助16 155项，比上年减少266项"可知，2014年青年科学基金资助项数=16 155+266=16 421项，15 000＜16 421，即面上项目资助少于青年科学基金项目。

C项错误，平均资助率=$\frac{资助项目数}{接受申请项目数}$，根据材料第二段可知面上项目资助平均资助率为22.9%，根据材料第三段可知青年科学基金资助平均资助率为24.6%，因此面上项目资助平均资助率低于青年科学基金资助平均资助率。

D项正确，根据材料第二自然段"重点项目资助625项，同比增长约3.3%"可知，重点项目资助项数的同比增长率为3.3%。根据材料第三自然段"地区科学基金资助2829项，比上年增加78项"可知，地区科学基金资助的增长率=$\frac{增长量}{现期量-增长量}=\frac{78}{2829-78}=\frac{78}{2751}$，增长率不到3%，因此2015年重点项目资助项数的同比增长率高于地区科学基金同比增长率，本题选D。

第六章

行政能力测试——数字推理

数字推理题主要考查考生对数字和运算的敏感程度,本质上是考查考生对出题考官的出题思路的把握程度,因为数字推理涉及的规律并非"客观规律",而是出题考官的"主观规律",也就是说,在备考过程中,考生不能仅从数字本身进行思考,还必须深入理解出题考官的思路与出题规律。

在数字推理题中,通常给出一个数列,但整个数列中缺少一项(中间或两边),要求考生仔细观察这个数列中各数字之间的关系,判断其中的规律,然后在四个选项中选出最合理的答案。

第一节 数字推理概述

一、解题关键点

(1) 培养数字、数列敏感度是应对数字推理题的关键。

(2) 熟练掌握各种基本数列(自然数列、平方数列、立方数列等)。

(3) 熟练掌握常见的简单数列,深刻理解"变式"的概念。

二、应掌握的基本数列

常数数列：	7，7，7，7，7，7，7…
自然数列：	1，2，3，4，5，6，7…
奇数列：	1，3，5，7，9，11…
偶数列：	2，4，6，8，10，12…
自然数平方数列：	1，4，9，16，25，36…
自然数立方数列：	1，8，27，64，125，216…
等差数列：	1，6，11，16，21，26…
等比数列：	1，3，9，27，81，243…
质数数列：	2，3，5，7，11，13，17，19…
合数数列：	4，6，8，9，10，12，14，15…
周期数列：	1，3，4，1，3，4…
幂次数列：	1，4，9，16，25…
递推数列：	1，1，2，3，5，8，13…
对称数列：	1，3，2，5，2，3，1…

三、熟练掌握数字推理的解题技巧

(1) 观察题干，大胆假设。

(2) 推导规律，尽量心算。

(3) 强记数字，增强题感。

(4) 掌握常见的规律，"对号入座"加以验证。

四、数字推理常见题型概览

1. 多级数列

多级数列是指相邻两项进行加减乘除运算从而形成规律的数列。其中，作差多级数列是基础内容，也是主体内容。

2. 幂次数列

幂次数列是将数列当中的数写成幂次形式的数列。它主要分为普通幂次数列和修正幂次数列。在普通幂次数列中，底数单独成规律，指数单独成规律。在修正幂次数列中，底数单独成规律，指数单独成规律，修正项单独成规律。

3. 递推数列

从某一项开始，每一项都是它前面的项通过一定的运算法则(和、差、积、商、方、倍)得到的，这种数列即为递推数列。

4. 分式数列

分式数列是指题干以分数为主的数列，具体分为普通分式数列、带分数数列、小数数列、根式数列。

5. 组合数列

组合数列是指由两个或多个数列组合而成的数列。

6. "图形式"数字推理

借助几何图形，构建数字之间关系的数字规律。

第二节
数字推理之高频题型

一、多级数列

1. 理论要点

(1) 多级数列是指通过对相邻两项之间进行数学运算而得到的呈现一定规律的新数列(次生数列)，然后根据次生数列的规律倒推出原数列的相关缺项，从而解题。

(2) 对原数列相邻两项之间进行的数学运算包括加减乘除，甚至乘方。出现较多的是两两作差，而作和、作商、作积的情况相对较少。

(3) 通过一次运算得到的新数列我们称为二级次生数列；通过两次运算得到的数列，我们称为三级次生数列。

2. 经典例题

【例6-1】 12，13，15，18，22，( )

A. 25　　　　　　B. 27　　　　　　C. 30　　　　　　D. 34

【答案】B

【解析】两两作差，分别是1，2，3，4，(5)，故22+5=27。

【例6-2】 10，18，33，( )，92

A. 56　　　　　　B. 57　　　　　　C. 48　　　　　　D. 32

【答案】B

【解析】两两作差，分别是：8=2×4，15=3×5，(24)=4×6，故33+24=57。

【例6-3】4，10，30，105，420，(   )
A. 956　　　　　　B. 1258　　　　　　C. 1684　　　　　　D. 1890

【答案】D

【解析】10=4×2.5，30=10×3，105=30×3.5，420=105×4，X=420×4.5=1890

3. 总结

多级数列是目前数字推理考题中难度较低的一种题型，其缺点是难以识别，考生很难一眼看出题干是不是多级数列。如果数列和选项都是整数且大小波动不剧烈，不存在其他明显特征时，要谨记"两两作差"是数字推理考查的基本原理，而作差多级数列也是目前每年必考的题型。

二、幂次数列

1. 特点

幂次数列是指将数列当中的数字写成幂次形式的数列。它主要包括平方数列、立方数列、多幂次数列以及它们的变式。

2. 知识储备

(1) 30以内的平方。

(2) 10以内的立方。

(3) 10以内的多次方。

3. 常见变形详解

(1) 平方数列变式，具体分为以下两种。

① 等差数列的平方加固定常数。

【例6-4】-1，2，5，26，(   )
A. 134　　　　　　B. 137　　　　　　C. 386　　　　　　D. 677

【答案】D

【解析】原数列从第二项起可变为：$2=1^2+1$，$5=2^2+1$，$26=5^2+1$，从而推知(   )=26^2+1，括号内应填入677。

② 等差数列的平方加基本数列。

【例6-5】3，8，17，32，57，(   )
A. 96　　　　　　B. 100　　　　　　C. 108　　　　　　D. 115

【答案】B

【解析】各项变为：1^2+2，2^2+4，3^2+8，4^2+16，5^2+32，从而推知(   )=6^2+64，括号内应填入100。

(2) 立方数列变式，具体分为以下两种。

① 等比数列的立方加基本常数。

【例6-6】3，9，29，66，127，（   ）

A. 218　　　　　B. 227　　　　　C. 189　　　　　D. 321

【答案】A

【解析】各项变为：1^3+2，2^3+2，3^3+2，4^3+2，5^3+2，从而推知（   ）=6^3+2，括号内应填入218。

② 等比数列的立方加基本数列。

【例6-7】2，10，30，68，（   ），122

A. 130　　　　　B. 150　　　　　C. 180　　　　　D. 200

【答案】A

【解析】各项变为：1^3+1，2^3+2，3^3+3，4^3+4，（5^3+5），6^3+6，从而推知选A。

4. 练习

【例6-8】27，16，5，（   ），1/7

A. 16　　　　　B. 1　　　　　C. 0　　　　　D. 2

【答案】B

【解析】本题的数列可以化为3^3、4^2、5^1、（6^0）、7^{-1}，所以选B。

【例6-9】0，2，10，30，（   ）

A. 68　　　　　B. 74　　　　　C. 60　　　　　D. 70

【答案】A

【解析】$0=0^3+0$，$2=1^3+1$，$10=2^3+2$，$30=3^3+3$，故未知项应为$4^3+4=68$。所以，正确选项为A。

【例6-10】-2，-8，0，64，（   ）

A. -64　　　　　B. 128　　　　　C. 156　　　　　D. 250

【答案】D

【解析】数列各项依次可化成：-2×1^3，-1×2^3，0×3^3，1×4^3，因此（   ）里应为2×5^3，即250。

5. 总结

幂次数列的本质特征是底数和指数各自成规律，然后再加减修正系数。对于幂次数列，考生要建立起足够的幂数敏感性。

三、递推数列

1. 定义

所谓递推数列，是指数列中从某一项开始，每项都是通过它前面的项经过一定的运算得到的。

2. 解题方法

对给出的数列前两项或前三项进行加、减、乘、除、乘方、倍数等运算,并与后面一项进行比较找出规律。有时还有修正项(是重点也是难点),且修正项在变化。

3. 类型详解

(1) 递推和数列。

① 特点:各项数值逐渐递增,变化幅度增大,但总体变化较平稳。

② 解题方法:前两项相加等于第三项,或前几项相加与下一项进行比较。

【例6-11】0,1,1,2,4,7,13,( )

A. 22　　　　　　B. 23　　　　　　C. 24　　　　　　D. 25

【答案】C

【解析】前三项的和等于下一项,所以选C。

(2) 递推差数列。

① 特点:各项数值逐渐递减。

② 解题方法:将前两项之差与下一项进行比较。

【例6-12】25,15,10,5,5( )

A. -5　　　　　　B. 0　　　　　　C. 5　　　　　　D. 10

【答案】B

【解析】前两项的差等于下一项,所以选B。

(3) 递推积数列。

① 特点:如果前几项数值较小,则后项数值不太大;如果前几项数值较大,则后项数值会迅速增大。

② 解题方法:将前两项之积与下一项进行比较。

【例6-13】2,3,9,30,273,( )

A. 8913　　　　　B. 8193　　　　　C. 7893　　　　　D. 12793

【答案】B

【解析】前两项的积加3等于下一项,所以选B,这是递推积数列的变式。

(4) 递推商数列。

解题方法:将相邻两项作商与前后项进行比较。

【例6-14】9,6,3/2,4,( )

A. 2　　　　　　B. 4/3　　　　　　C. 3　　　　　　D. 3/8

【答案】D

【解析】相邻两项相除等于下一项,所以选D。

4. 练习

【例6-15】 1, 2, 2, 3, 4, 6, (   )
A. 7   B. 8   C. 9   D. 10

【答案】C
【解析】 本题是递推和数列的变式，前两项的和减1等于第三项，所以答案是C。

【例6-16】 12, 4, 8, 6, 7, (   )
A. 6   B. 6.5   C. 7   D. 8

【答案】B
【解析】本题是递推和数列的变式，前两项的和除以2等于后一项，所以答案是B。

【例6-17】 1, 3, 5, 11, 21, (   )
A. 25   B. 32   C. 43   D. 46

【答案】C
【解析】 本题是递推和数列的变式，研究"5, 11, 21"三个数字的递推联系，易知"5×2+11=21"，验算可知全部成立。

【例6-18】 1, 3, 3, 9, (   ), 243
A. 12   B. 27   C. 124   D. 169

【答案】B
【解析】 本题是典型的递推积数列题，从第三项起，每一项都是前两项的乘积，所以答案是B。

【例6-19】 50, 10, 5, 2, 2.5, (   )
A. 5   B. 10   C. 0.8   D. 0.6

【答案】C
【解析】 本题是典型的递推商数列题，从第三项起，每一项都是前两项之商，所以答案是C。

四、分式数列

1. 特点

分式数列的分式为主体，分子、分母称为数列元素。

2. 基本知识点

经典分式数列是以"数列当中各分数的分子与分母"为研究对象的数列形式。当数列中含有少量非分数形式，常常需要以"整化分"的方式将其形式统一。当数列中含有少量分数，往往是以下三种题型：①负幂次形式；②作积商多级数列；③递推积商数列。

3. 掌握基本分数知识

(1) 约分。

(2) 通分(分母通分、分子通分)。

(3) 反约分(约分的反过程,如1=3/3,2/3=4/6,4/9=8/18)。

(4) 有理化(分子有理化、分母有理化)。

注：解答分式数列问题时,要注意分数约分前后的形式,有时还需要将其中的整数写成分式的形式。

4. 常见题型详解

(1) 等差数列及其变式。

【例6-20】2,11/3,28/5,53/7,86/9,( )

A. 12   B. 13   C. 123/11   D. 127/11

【答案】B

【解析】本题是等差数列及其变式。将2写成2/1,分母1、3、5、7、9、(11)是等差数列；对分子2、11、28、53、86作差,分别为9、17、25、33,这是公差为8的等差数列,所以下一个差值是41,故86+41=127,因此选B。

(2) 等比数列及其变式。

【例6-21】8/9,-2/3,1/2,-3/8,( )

A. 9/32   B. 5/72   C. 8/32   D. 9/23

【答案】A

【解析】本题是公比为-3/4的等比数列,所以选A。

(3) 和数列及其变式。

【例6-22】3/2,5/7,12/19,31/50,( )

A. 55/67   B. 81/131   C. 81/155   D. 67/155

【答案】B

【解析】从第二项起,该项的分子是前一项分子与分母之和,该项的分母为前一项的分母与该项的分子之和,所以( )中的分子为31+50=81,分母为81+50=131,因此本题选B。

五、组合数列

1. 定义

组合数列是由两个或两个以上数列组合而成的数列,它一般是把基础数列重新排列组合或者经过简单运算得到的新数列。

2. 常见的组合数列类型

常见的组合数列类型有奇偶项分组、相邻分组、单项分组。

3. 掌握常见类型的特点及解题技巧

(1) 奇偶项分组。

① 定义：奇偶项组合数列是指数列的奇数项满足某种规律，偶数项也满足某种规律的数列。奇数项满足的规律和偶数项满足的规律可以相同，也可以不相同。

② 特点：奇数项适用一种规律，偶数项适用一种规律。

【例6-23】2，4，8，16，14，64，20，(　　)

A. 25　　　　　　B. 35　　　　　　C. 256　　　　　　D. 270

【答案】C

【解析】奇数项组成公差为6的等差数列，偶数项组成公比为4的等比数列，所以选C。

(2) 相邻分组。

① 定义：每两(三)项分段得到的规律的数列。

② 特点：每两项(或三项)为一段，适用某种共同的规律。

【例6-24】4，5，8，10，16，19，32，(　　)

A. 35　　　　　　B. 36　　　　　　C. 37　　　　　　D. 38

【答案】B

【解析】每相邻两项分为一组，即(4，5)，(8，10)，(16，19)，[32，(　　)]。

规律：两者之差分别是1、2、3，结论为(　　)=32+4，所以选B。

(3) 单项分组。

① 定义：将数列的每一项分解为两项或多项，然后把数列分为两个数列或多个数列进行分析推理的过程。

② 特点：数列各项的不同部分各自适用不同的规律。

【例6-25】2.01，4.03，8.04，16.07，(　　)

A. 32.9　　　　　B. 32.11　　　　C. 32.13　　　　D. 32.15

【答案】B

【解析】数列中整数部分组成的数列为2、4、8、16，它是公比为2的等比数列；小数部分为1、3、4、7，它是递推和数列，从而得知(　　)=32.11，所以选B。

(4) 练习。

【例6-26】1，3，3，6，7，12，15，(　　)

A. 17　　　　　　B. 27　　　　　　C. 30　　　　　　D. 24

【答案】D

【解析】奇数项为1、3、7、15，前后两项作差分别为2、4、8，它是以2为公比的等比数列。偶数项为3、6、12、(　　)，这是一个公比为2的等比数列，所以答案是D。

【例6-27】23，27，80，84，251，255，(　　)

A. 764　　　　　B. 668　　　　　C. 686　　　　　D. 866

【答案】A

【解析】 每两项为一组，其规律是：23=8×3-1，80=27×3-1，251=84×3-1，未知项为255×3-1=764，答案是A。两个数字成对，后一个数字比前一个数字大4，后一对的前一个数字是前一对后一个数字的3倍减1，由以上两点可知括号内的数字应为255的3倍减1。

【例6-28】 4，3，1，12，9，3，17，5，（ ）
A. 12　　　　　　B. 13　　　　　　C. 14　　　　　　D. 15
【答案】A

【解析】 每三项为一组，其规律是每一组数中，第一项是后两项之和，所以答案是A。

【例6-29】 1.01，4.02，9.03，（ ），25.05
A. 16.04　　　　　B. 15.04　　　　　C. 16.03　　　　　D. 15.03
【答案】A

【解析】 数列中每一项的整数部分是一个平方数列，小数部分是一个等差数列，所以答案是A。

六、"图形式"数列推理

1. 定义

"图形式"数列推理是将数字放在几何图形中，从而让这些数字构成某种关系并进行考查。

2. "图形式"数列特点

(1) "图形式"数列推理是在每道试题中呈现一组遵循某种规律的包含数字的原型图，但这一数图中有意地空缺了一格，要求考生对这一数图进行观察和分析，找出数图的内部规律，根据规律推导出空缺处应填的数字，选择正确的答案。

(2) 数图推理从形式上看是比较难的，原因是考生不知道这种题的解题思路和方法；若考生知道这种题的解题思路和方法，就会发现这种题很容易解答。

3. "图形式"数列推理的解题规律

图形内的数字可进行加、减、乘、除的自由组合，注意数字之间组合的方向和顺序就可以了。

4. "图形式"数列推理常见类型详解

(1) 三角形、方形数字推理。此类问题，一般考虑中间数字与周围数字的四则运算关系。

【例6-30】

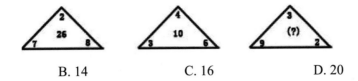

A. 12　　　　B. 14　　　　C. 16　　　　D. 20

【答案】C

【解析】三角形两底角之和减去顶角然后乘2等于中间的数，从而有(　　)=(9+2-3)×2=16，所以选C。

(2) 圆形数字推理。圆形数字推理分为"有心圆圈题"和"无心圆圈题"两种形式。"有心圆圈题"一般以中心数字为目标，对周边数字进行运算；而"无心圆圈题"形式上并没有一个确定的目标，可对每个圆圈中的四个数字这样考虑：两个数字的加减乘除运算=另外两个数字的加减乘除运算。把一个两位数拆成"个位数字"与"十位数字"，然后分置圆圈的两个位置，这是无心圆圈题的一个特色。

【例6-31】

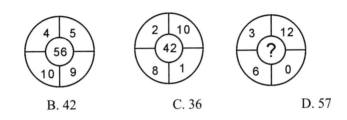

A. 21　　　　B. 42　　　　C. 36　　　　D. 57

【答案】B

【解析】该数列的规律是中间的数字为其他四个数字之和的两倍，故问号处应为2×(3+12+6+0)=42。

【例6-32】

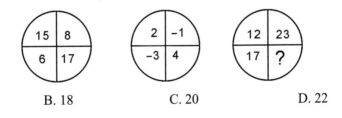

A. 16　　　　B. 18　　　　C. 20　　　　D. 22

【答案】B

【解析】上边两数之和等于下边两数之和，故问号处应为12+23-17=18。

(3) 九宫格数字推理。

① 基本类型：等差等比型、求和求积型和线性递推型。

② 解题基本思路：三种类型依次尝试，行方向与列方向规律依次尝试。

【例6-33】

7	9	16
12	5	17
13	18	?

A. -1　　　　　B. 18　　　　　C. 33　　　　　D. 12

【答案】 A

【解析】 每列三个数字的和为32。

【例6-34】

9	3	6
12	4	?
25	5	10

A. 24　　　　　B. 6　　　　　C. 4　　　　　D. 16

【答案】 B

【解析】 9÷3×2=6，25÷5×2=10，12÷4×2=(6)。

第七章

行政能力测试
——数量关系

在行政能力测试中,与数量关系相关的题型多种多样,每一基本题型都有其核心的解题公式或解题思路。考生应在熟练掌握解题公式和解题思路的基础上,培养自己的综合分析能力,在复杂的数学运算题面前,透过现象看本质,挖掘深层次的等量关系。

第一节
数量关系之基础计算

一、题型综述

每道题给出一个算术式或者表达数量关系的一段文字,要求考生熟练运用加、减、乘、除等基本运算法则,以及其他基本数学知识,准确迅速地计算或推出结果。

二、运算常用的基本公式

1. 计算类

(1) 平方差,计算公式为

$$a^2 - b^2 = (a+b)(a-b)$$

(2) 完全平方和，计算公式为

$$(a+b)^2 = a^2 + 2ab + b^2$$

(3) 完全平方差，计算公式为

$$(a-b)^2 = a^2 - 2ab + b^2$$

(4) 立方和，计算公式为

$$a^3 + b^3 = (a+b)(a^2 - ab + b^2)$$

(5) 立方差，计算公式为

$$a^3 - b^3 = (a-b)(a^2 + ab + b^2)$$

(6) 完全立方和，计算公式为

$$(a+b)^3 = a^3 + 3a^2b + 3ab^2 + b^3$$

(7) 完全立方差，计算公式为

$$(a-b)^3 = a^3 - 3a^2b + 3ab^2 - b^3$$

(8) 等差数列求和，计算公式为

$$S_n = \frac{(a_1 + a_n)n}{2}$$

(9) 等比数列求和，计算公式为

$$S_n = \frac{a_1(1-q^n)}{1-q} \quad (q \neq 1)$$

2. 工程类

$$工作总量 = 工作效率 \times 工作时间$$

3. 行程类

$$路程 = 速度 \times 时间$$

4. 排列组合类

(1) 排列公式为

$$A_n^m = \frac{n!}{(n-m)!} = n(n-1)(n-2)\ldots(n-m+1)$$

(2) 组合公式为

$$C_n^m = \frac{n!}{(n-m)!m!} = \frac{n(n-1)(n-2)\ldots(n-m+1)}{m(m-1)(m-2)\ldots 1}$$

5. 几何类

(1) 常用的周长计算公式为

$$C_{正方形} = 4a$$

$$C_{长方形} = 2(a+b)$$

$$C_{圆形} = 2\pi r$$

(2) 常用的面积计算公式为

$$S_{正方形} = a^2$$

$$S_{长方形} = ab$$

$$S_{圆形} = \pi r^2$$

$$S_{三角形} = \frac{1}{2}ah$$

$$S_{平行四边形} = ah$$

$$S_{梯形} = \frac{1}{2}(a+b)h$$

$$S_{扇形} = \frac{n}{360}\pi r^2$$

(3) 常用的表面积计算公式为

$$S_{正方体表面积} = 6a^2$$

$$S_{长方体表面积} = 2ab + 2ac + 2bc$$

$$S_{球表面积} = 4\pi r^2$$

$$S_{圆柱体表面积} = 2\pi rh + 2\pi r^2$$

(4) 常用的体积公式为

$$V_{正方体} = a^3$$

$$V_{长方体} = abc$$

$$V_{球} = \frac{4}{3}\pi R^3 = \frac{1}{6}\pi D^3$$

$$V_{圆柱体} = \pi r^2 h$$

$$V_{圆锥体} = \frac{1}{3}\pi r^2 h$$

三、数学运算题型总结

四则运算题目主要是利用四则运算法则快速计算，然后选择答案。常用的方法有尾数法、凑整法、基准数法、数学公式求解法。

1. 尾数法

尾数法是利用尾数进行速算的方法。这是数学运算题的一个重要解答方法，当四个答案全不相同时，考生可以采用尾数法。

【例7-1】99+1919+9999的个位数字是(　　)。
A. 1　　　　　B. 2　　　　　C. 3　　　　　D. 7
【答案】D
【解析】答案中的数各不相同，可以采用尾数法。9＋9＋9=27，所以答案为D。

【例7-2】$(1.1)^2+(1.2)^2+(1.3)^2+(1.4)^2$值是(　　)。

A. 5.04　　　　B. 5.49　　　　C. 6.06　　　　D. 6.30

【答案】D

【解析】$(1.1)^2$的尾数为1，$(1.2)^2$的尾数为4，$(1.3)^2$的尾数为9，$(1.4)^2$的尾数为6，1+4+9+6的尾数为0，所以正确答案为D。

【例7-3】$3×999+8×99+4×9+8+7$的值是(　　)。

A. 3840　　　　B. 3855　　　　C. 3866　　　　D. 3877

【答案】A

【解析】运用尾数法。尾数和为7+2+6+8+7=30，所以正确答案为A。

【例7-4】1999^{1998}的末位数字是(　　)。

A. 1　　　　B. 3　　　　C. 7　　　　D. 9

【答案】A

【解析】考虑9^n，当n是奇数时，9^n的尾数是9；当n是偶数时，9^n的尾数是1，所以正确答案为A。

2. 凑整法

在计算过程中，采用凑"10""100""1000"的方法来计算十分常见。实际上，"凑整"不只是凑成一个整百、整千的数，还可以凑成一个"我们需要的数"。比如，凑"7"法、凑"3"法与凑"9"法。

【例7-5】$2035÷43×602÷37÷14$的值等于(　　)。

A. 11　　　　B. 55　　　　C. 110　　　　D. 220

【答案】B

【解析】2035÷37=55，602=43×14，所以答案是55，选B。

3. 基准数法

所谓基准数法，就是当几个大小接近的数相加时，可选择其中一个数作为基准数，再找出每个数与这个基准数的差，大于基准数的差作为加数，小于基准数的差作为减数，把这些差累计起来，用合适的项数乘基准数，加上累计差，就可算出结果。

【例7-6】1962+1973+1981+1994+2005=(　　)。

A. 9910　　　　B. 9915　　　　C. 9920　　　　D. 9925

【答案】B

【解析】以1981为基准数，那么(1981-19)+(1981-8)+1981+(1981+13)+(1981+24)=5×1981+24+13-8-19=9915，所以选B。

4. 数学公式求解法

数学公式求解法是利用两数和的平方公式、两数差的平方公式、两数平方差公式，以及两数和的立方公式、两数差的立方公式、两数立方和公式、两数立方差公式求解的方法。

【例7-7】 $33^2+9-198=(\quad)$。

A. 900　　　　　　B. 90　　　　　　C. 100　　　　　　D. 1000

【答案】 A

【解析】 $33^2+9-198=33^2-2\times 33\times 3+3^3=(33-3)^2=900$，所以选A。

第二节
数量关系之大小比较

1. 作差法

对任意两数 a 和 b，如果 $a-b>0$，则 $a>b$；如果 $a-b<0$ 则 $a<b$；如果 $a-b=0$，则 $a=b$。

2. 作比法

当 a 和 b 为任意两正数时，如果 $a/b>1$，则 $a>b$；如果 $a/b<1$，则 $a<b$；如果 $a/b=1$，则 $a=b$。当 a 和 b 为任意两负数时，如果 $a/b>1$，则 $a<b$；如果 $a/b<1$，则 $a>b$；如果 $a/b=1$，则 $a=b$。

3. 中间值法

对任意两数 a 和 b，当很难直接用作差法或者作比法比较大小时，我们通常选取中间值 c，如果 $a>c$，而 $c>b$，则 $a>b$。

【例7-8】 分数 $\dfrac{4}{9}$、$\dfrac{17}{35}$、$\dfrac{101}{203}$、$\dfrac{3}{7}$、$\dfrac{151}{301}$ 中，最大的一个是($\quad$)。

A. $\dfrac{4}{9}$　　　　B. $\dfrac{17}{35}$　　　　C. $\dfrac{101}{203}$　　　　D. $\dfrac{151}{301}$

【答案】 D

【解析】 选用中间值法。取中间值 $\dfrac{1}{2}$ 和原式的各个分数进行比较，我们可以发现：

$\dfrac{1}{2}-\dfrac{4}{9}=\dfrac{1}{18}$；$\dfrac{1}{2}-\dfrac{17}{35}=\dfrac{1}{70}$；$\dfrac{1}{2}-\dfrac{101}{203}=\dfrac{1}{406}$；$\dfrac{1}{2}-\dfrac{3}{7}=\dfrac{1}{14}$；$\dfrac{1}{2}-\dfrac{151}{301}=-\dfrac{1}{602}$。

通过将各个分数与中间值 $\dfrac{1}{2}$ 比较，我们可知 $\dfrac{151}{301}$ 比 $\dfrac{1}{2}$ 大，其余分数都比 $\dfrac{1}{2}$ 小，

所以，$\dfrac{151}{301}$ 最大，正确答案为D。

【例7-9】$a=\sqrt[3]{-15}$，$b=-\sqrt{6}$，则（　　）。
A. $a<b$　　　　B. $a>b$　　　　C. $a=b$　　　　D. 无法确定

【答案】A

【解析】选用作比法。

$$\frac{a}{b}=\frac{\sqrt[3]{-15}}{-\sqrt{6}}=\frac{\sqrt[3]{15}}{\sqrt{6}}=\frac{\sqrt[3]{15}}{\sqrt[3]{\sqrt{6^3}}}=\sqrt[3]{\frac{15}{\sqrt{6^3}}}=\sqrt[3]{\frac{\sqrt{225}}{\sqrt{216}}}>1$$

所以，$a<b$，选择A。

【例7-10】π，3.14，$\sqrt{10}$，10/3四个数的大小顺序是（　　）。
A. $10/3>\pi>\sqrt{10}>3.14$
B. $10/3>\pi>3.14>\sqrt{10}$
C. $10/3>\sqrt{10}>\pi>3.14$
D. $10/3>3.14>\pi>\sqrt{10}$

【答案】C

【解析】显然可知$10/3>\pi>3.14$，所以此题的关键是比较$\sqrt{10}$和10/3的大小以及$\sqrt{10}$和π的大小。首先观察$\sqrt{10}$和10/3是两个正数，可以运用作比法也可以运用作差法，但作差法不宜判断，故选用作比法，$\sqrt{10}$与10/3的比值大于1。对于$\sqrt{10}$和π的大小比较，我们选取中间值3.15，显然3.15>π，而$(3.15)^2=9.9225<10$，所以$3.15<\sqrt{10}$，由此可知$\sqrt{10}>\pi$，比较结果为$10/3>\sqrt{10}>\pi>3.14$，故选C。

第三节 数量关系之工程问题

工程问题研究工作总量、工作时间和工作效率三个量之间关系的问题，这三者的关系可表示为

工作效率×工作时间=工作总量

工作总量÷工作效率=工作时间

工作总量÷工作时间=工作效率

一、深刻理解、正确分析相关概念

对于工程问题，要深刻理解工作总量(简称工总)、工作时间(工时)、工作效率(工效)。通常工作总量的具体数值并不重要，一般利用它不变的特点，把它看作单位"1"；工作时间是指完成工作总量所需的时间；工作效率是指单位时间内完成的工作量，即用单位时

间内完成工作总量的几分之一或几分之几来表示工作效率。解答工程问题时,可运用示意图、线段图等方法。

二、抓住基本数量关系

解题时,要抓住工程问题的基本数量关系,即工作总量=工作效率×工作时间,灵活地运用这一关系来解题。

三、以工作效率为突破口

工程问题中常出现单独做、几人合作或轮流做的情况,分析时要梳理工作过程,抓住完成工作的几个过程或几种变化,通过对应工作每一阶段的工作量、工作时间来确定单独做或合作的工作效率;也常常将问题转化为由甲(或乙)完成全部工程(工作)的情况,使问题得到解决。

总之,单独做的工作效率或合作的工作效率是解答工程问题的关键。工程问题是近年来考试重点题型之一,需要考生重点掌握。工程问题涉及的公式只有一个,即工作总量=工作效率×工作时间,所有的考题都围绕此公式展开。近年来,工程问题的难度有所上升,然而其解题步骤较为固定,一般而言分为三步。

(1) 设工作总量为常数(完成工作所需时间的最小公倍数)。
(2) 求效率。
(3) 求题目所问。

即使是较为复杂的工程问题,运用这一解题步骤也可解出。

1. 同时合作型

【例7-11】同时打开游泳池A、B两个进水管,加满水需1小时30分钟,且A进水管比B进水管多进水180立方米;若单独打开A进水管,游泳池加满水需2小时40分钟,则B进水管每分钟进水(　　)立方米。

A. 6　　　　　　B. 7　　　　　　C. 8　　　　　　D. 9

【答案】B

【解析】(1) 设工作总量为完成工作所需时间的最小公倍数,同时打开A、B两管加满水需要90分钟,单独打开A进水管加满水需160分钟,因此把水量设为1440份。

(2) 分别求出A、B两管的工作效率:同时打开A、B两管的每分钟进水量=16份,单独打开A进水管每分钟进水量=9份,则B进水管每分钟进水量=7份。

(3) 求题目所问。由于B进水管每分钟进水量的效率为7份,B进水管每分钟的进水量必定是7的倍数,四个选项中,只有B项是7的倍数,可直接选出B项。

2. 交替合作型

【例7-12】 一条隧道，甲用20天的时间可以挖完，乙用10天的时间可以挖完。现在甲挖一天，乙再接替甲挖一天，然后甲再接替乙挖一天……如此循环，挖完整个隧道需要（　　）天。

A. 14　　　　B. 16　　　　C. 15　　　　D. 13

【答案】 A

【解析】 (1) 设工作总量为完成工作所需时间的最小公倍数，甲和乙完成工作分别需20天和10天，因此设工作总量为20份。

(2) 分别求出甲、乙的工作效率：甲效率=1，乙效率=2。

(3) 求题目所问。题目要求让甲、乙轮流挖，一个循环(甲、乙两人各挖1天)共完成工作量1+2=3。如此6个循环后可以完成工作量18，还剩余2，需要甲挖1天，乙挖半天。因此一共需要时间6×2+1+1=14(天)。

提示："交替合作型"工程问题是最新的重点题型，也是考生易错的难点题型。由于合作的"交替性"，不能简单地使用基础公式来计算，特别需要注意工作的"一个周期"所需要的时间。

3. 两项工程型

【例7-13】 甲、乙、丙三个工程队的效率比为6∶5∶4，现将A、B两项工作量相同的工程交给这三个工程队，甲队负责A工程，乙队负责B工程，丙队参与A工程若干天后转而参与B工程。两项工程同时开工，耗时16天同时结束，问丙队在A工程中参与施工多少天？

A. 6　　　　B. 7　　　　C. 8　　　　D. 9

【答案】 A

【解析】 由于这道题直接告诉了甲、乙、丙的效率比，直接设甲、乙、丙的效率分别为6、5、4，设丙在A工程工作x天，则有方程$6×16+4x=5×16+4(16-x)$，求出$x=6$。

提示：解题步骤的第一步"设工作总量为常数"，实际上就是为了求效率，而此题直接告知效率，因此可以跳过第一步。

第四节
数量关系之比例问题

比例问题的出题范围涉及时间、工程、利润等变量。大多数比例问题都有明显的特征以及适用的解题技巧，其解题方式以列比例式和赋值居多。

一、比例问题的特征

(1) 题目中多出现比号，即"：" 。
(2) 题目中多出现"占××的M分之N"。
(3) 题目中多出现"每……多(快)……"。

二、比例问题的解决方法

1. 列比例式

【例7-14】手表比闹钟每小时快30秒，而闹钟比石英钟每小时慢30秒，8点钟时将三者都对准8点，则当石英钟12点时，手表显示的时间是( )。

　A. 12点　　　　B. 11点59分59秒　　C. 11点59分30秒　　D. 12点30秒

【答案】B

【解析】通过题目中给出的条件寻找相关的比例关系即可得出答案。石英钟走1小时=3600秒，此时闹钟走3600-30=3570秒，而石英钟走4个小时，闹钟应该走了3570×4=14 280秒；闹钟走1小时=3600秒，此时手表走3600+30=3630，而闹钟走14 280时，3600：3630=14 280：X，手表应该走了14 399秒，即3小时59分59秒，因此答案应为11点59分59秒。

2. 赋值法

【例7-15】一队和二队两个施工队的人数之比为3：4，两队人员的工作效率比为5：4。两队同时接受两项工作量与条件完全相同的工程，结果二队比一队早完工9天。后来由一队工人的2/3与二队工人的1/3组成新一队，其余的工人组成新二队。两支新队又同时接受两项工作量与条件相同的工程，结果新二队比新一队早完工6天。那么前后两项工程的工作量之比是( )。

　A. 1：1　　　　B. 162：55　　　　C. 540：1081　　　　D. 1：2

【答案】C

【解析】每队工作效率(即单位时间工作量)=人数×每个人工作效率。原来的一、二队工作效率分别为3×5=15，4×4=16，设第一次工作量为x，则$(x/15)-(x/16)=9$，解出$x=2160$。新的一、二队工作效率分别为$3×5×\frac{2}{3}+4×4×\frac{1}{3}=46/3$，$3×5×\frac{1}{3}+4×4×2/3=47/3$，设第二次工作量为$y$，则$[y/(46/3)]-[y/(47/3)]=6$，解出$y=4324$，故$x：y=540：1081$。

从历年国企考试出题趋势来看，对于比例的考查越来越多，有时不会出简单的比例问题，而是将这一考点穿插在很多题目当中，考生在做题练习时需要重视这类题目。

第五节
数量关系之浓度问题

行政能力测试的浓度问题一般有以下几种解法。
(1) 根据溶质的量不变,列方程。
(2) 根据混合前两种溶液的浓度和溶液量进行十字相乘。
(3) 运用特殊值法。

【例7-16】甲杯中有浓度为17%的溶液400克,乙杯中有浓度为23%的同种溶液600克,现在从甲、乙杯中取出相同质量的溶液,把从甲杯中取出的溶液倒入乙杯,把从乙杯中取出的溶液倒入甲杯,使甲、乙两杯溶液的浓度相同,现在两杯溶液浓度是( )。

【解析】甲、乙两杯溶液全部混合后,最终浓度相同,则(17%×400+23%×600)/(400+600)=20.6%

【例7-17】现有一种由预防禽流感的药物配制而成的甲、乙两种不同浓度的消毒溶液,若从甲中取2100克、从乙中取700克混合而成的消毒溶液的浓度为3%,从甲中取900克,从乙中取2700克混合而成的消毒溶液的浓度为5%,则甲、乙两种消毒溶液的浓度分别为( )。

A. 3%,6%　　　　B. 3%,4%　　　　C. 2%,6%　　　　D. 4%,6%

【答案】C

【解析】解法一:设甲、乙两种消毒溶液的浓度分别为a、b,根据溶质的量不变,列二元一次方程组:

$2100a+700b=2800×0.03$

$900a+2700b=2800×0.03$

解得:$a=0.02$　$b=0.06$

解法二:第一次混合后溶液浓度为3%,所以一种溶液小于3%、另一种浓度大于3%;第二次混合后溶液浓度为5%,所以一种溶液小于5%、另一种溶液大于5%。由此可知,一种浓度大于5%,另一种浓度小于3%,直接选C。

【例7-18】一种溶液蒸发掉一定量的水后,溶液浓度变为10%,再蒸发掉同样多的水后,溶液浓度变为12%,第三次蒸发掉同样多的水后,溶液的浓度将变为( )。

A. 14%　　　　B. 17%　　　　C. 16%　　　　D. 15%

【答案】D

【解析】设溶质质量是60(10和12的最小公倍数)克,则第一次蒸发后溶液质量为600(60/0.1)克,第二次蒸发后溶液质量为500(60/0.12)克,所以每次蒸发100(600-500)克的水,则第三次蒸发后溶液浓度是60/(500-100)×100%=15%,选D。

第六节
数量关系之行程问题

行程问题涉及"三要素",即路程、速度、时间。行程问题主要有四大类:一是相遇问题;二是追及问题;三是流水问题;四是相关问题。

一、相遇问题

相遇问题是行程问题的典型应用。无论是走路、行车还是物体的移动,总是要涉及路程、速度、时间。相遇问题的核心就是速度和。

路程、速度、时间三者之间的数量关系可以表示为

路程=速度×时间

速度=路程÷时间

时间=路程÷速度

一般的相遇问题为甲从A地到B地,乙从B地到A地,然后两人在A地到B地之间的某处相遇,实质上是甲、乙两人一起走了AB这段路程,如果两人同时出发,则

甲走的路程+乙走的路程=全程

全程=(甲的速度+乙的速度)×相遇时间=速度和×相遇时间

【例7-19】甲、乙两人分别从A、B两地同时出发,相向而行。如果两人都按原定速度行进,那么4小时相遇;现在两人都比原计划每小时少走1千米,那么5小时相遇。A、B两地相距( )千米。

A. 15　　　　B. 20　　　　C. 25　　　　D. 30

【答案】B

【解析】设原来速度和为X,则减速后的速度和为$X-2$,则$4X=5(X-2)$,解得$X=10$,故A、B两地相距为20千米。

二、追及问题

两个速度不同的人或车,慢的先行(领先)一段,然后快的去追,经过一段时间,快的追上慢的,这样的问题一般称为追及问题;有时,快的与慢的从同一地点同时出发,同向而行,经过一段时间快的领先一段路程,这类问题也可以看作追及问题。这两种情况都满足"速度差×时间=追及(或领先的)路程"。追及问题的核心就是速度差。

【例7-20】甲、乙两人练习跑步，若让乙先跑12米，则甲经6秒追上乙；若乙先跑2秒，则甲需5秒追上乙；如果乙先跑9秒，甲再追乙，那么10秒后，两人相距( )米。

A. 15　　　　　B. 20　　　　　C. 25　　　　　D. 30

【答案】C

【解析】甲、乙的速度差为12÷6=2米/秒，则乙的速度为2×5÷2=5米/秒，如果乙先跑9秒，甲再追乙，那么10秒后，两人相距5×9-2×10=25米。

三、流水行船问题

船在江河里航行时，除了本身的前进速度外，还会受到流水的推送或顶逆，在这种情况下计算船只的航行速度、时间和所行的路程即为流水行船问题。流水行船问题是行程问题中的一种，因此行程问题中三个量(速度、时间、路程)的关系在这里将要反复用到。此外，流水行船问题还有以下两个基本公式

$$顺水速度=船速+水速$$

$$逆水速度=船速-水速$$

式中：船速是指船本身的速度，也就是船在静水中单位时间内所走过的路程；水速是指水在单位时间内流过的路程；顺水速度和逆水速度分别指顺流航行时和逆流航行时船在单位时间内所行的路程。

另外，已知船的逆水速度和顺水速度，根据顺水速度和逆水速度计算公式，可以得到以下公式

$$船速=(顺水速度+逆水速度)÷2$$

$$水速=(顺水速度-逆水速度)÷2$$

【例7-21】甲、乙两港间的水路长208千米，一只船从甲港开往乙港，顺水8小时到达；从乙港返回甲港，逆水13小时到达，求船在静水中的速度和水流速度。

【解析】根据题意，顺水速度=208÷8=26(千米/小时)，逆水速度=208÷13=16(千米/小时)，则船速=(26+16)÷2=21(千米/小时)，水速=(26-16)÷2=5(千米/小时)，水流速度=26-21=5(千米/时)。

【例7-22】某船在静水中的速度是每小时15千米，它从上游甲地开往下游乙地共需要8小时，水速每小时3千米，问从乙地返回甲地需要多少时间？

【解析】要想求从乙地返回甲地需要多少时间，需要分别求出甲、乙两地之间的路程和逆水速度。从上游甲地到下游乙地的顺水速度=15+3=18(千米/小时)，甲乙两地路程=18×8=144(千米)，则从乙地到甲地的逆水速度=15-3=12(千米/小时)，故返回时逆行所用的时间=144÷12=12(小时)。

【例7-23】甲、乙两港相距360千米,一艘轮船往返两港需35小时,逆流航行比顺流航行多花5小时。现在有一机帆船,静水速度是每小时12千米,这机帆船往返两港需要多少小时?

【解析】求机帆船往返两港的时间,就要先求出水速。由题意可知,轮船逆流航行与顺流航行的时间和与时间差分别是35小时与5小时,用和差问题解法可以求出逆流航行和顺流航行的时间,并能进一步求出轮船的逆流速度和顺流速度,在此基础上再求出水速。

设轮船顺流航行时间为x,逆流航行时间为y,则x+y=35,x-y=5,得出轮船逆流航行时间=(35+5)÷2=20(小时),顺流航行时间=(35-5)÷2=15(小时)。轮船逆流速度=360÷20=18(千米/小时),顺流速度=360÷15=24(千米/小时),故水速=(24-18)÷2=3(千米/小时);机帆船的顺流速度=12+3=15(千米/小时),机帆船的逆水速度=12-3=9(千米/小时),故机帆船往返两港所用时间=360÷15+360÷9=24+40=64(小时)。

四、相关问题

【例7-24】商场的自动扶梯以匀速由下往上行驶,两个孩子嫌扶梯走得太慢,于是在运行的扶梯上,男孩每秒向上走2个梯级,女孩每2秒向上走3个梯级。结果男孩用40秒钟到达,女孩用50秒到达。当该扶梯静止时,可看到的扶梯级有(　　)。

A. 80级　　　　B. 100级　　　　C. 120级　　　　D. 140级

【答案】B

【解析】这是一个典型的行程问题的变型,总路程为"扶梯静止时可看到的扶梯级",速度为"男孩或女孩每个单位向上运动的级数",如果设电梯匀速时的速度为X,则可列方程:$(X+2)\times 40=(X+3/2)\times 50$,解得$X=0.5$,即扶梯静止时可看到的扶梯级数=$(2+0.5)\times 40=100$,故答案为B。

第七节
数量关系之其他题型

一、星期日期问题

星期日期问题通常会先给出一些已知条件,然后根据条件对星期或者日期进行求解。这类问题的特点是难度不大,但需要对常见的日期有基本的了解。此种题型中,对平年与闰年、大小月的考查较多,具体考点如表7-1所示。

表7-1 日期问题

平年与闰年			
年份	判断方法	一共天数	2月
平年	年份不能被4整除	365天	有28天
闰年	年份可以被4整除	366天	有29天
大月与小月			
月份	包括月份		共有天数
大月	一、三、五、七、八、十、腊(十二)月		31天
小月	二、四、六、九、十一月		30天(2月除外)

【例7-25】某一天，秘书发现办公桌上的台历已经有7天没有翻了，这7天的日期加起来，得数恰好是77，这一天是( )号。

A. 13　　　　B. 14　　　　C. 15　　　　D. 17

【答案】C

【解析】因为答案的日期都是十几号，即使加上7天也不会超过28号，所以不存在从月底到月初的情况，这7天日期是连续的数字。假设第一天是x，那么可列方程：$x+(x+1)+(x+2)+(x+3)+(x+4)+(x+5)+(x+6)=77$，解得$x=8$，所以当天的日期=7+8=15，选C。

二、时钟问题

1. 关键点

(1) 确定分针与时针的初始位置。

(2) 确定分针与时针的路程差。

2. 基本方法

(1) 分格方法。时钟的钟面圆周被均匀分成60小格，每小格称为1分格。分针每小时走60分格(即一周)；时针每小时只走5分格；分针每分钟走1分格，时针每分钟走1/12分格，故分针和时针的每分钟的速度差为11/12分格。

(2) 度数方法。从角度来看，钟面一周是360°，分针走一周是60分钟，则分针每分钟转360°/60，即6°；时针走一周是12小时时针每分钟转360°/(12×60)，即0.5°，故分针和时针的角速度差为5.5°/分钟。

【例7-26】从12时到13时，钟的时针与分针可成直角的机会有( )。

A. 1次　　　　B. 2次　　　　C. 3次　　　　D. 4次

【答案】B

【解析】时针与分针成直角，即时针与分针的角度差为90°或者为270°，理论上讲应为2次，但还要验证，列方程求解：设经过X分钟后两指针成直角，分针每分钟走1分格，时针每分钟走1/12分格，则当两指针相差15格时成直角：$15=X-1/12X$，解得

$X=180/11<60$；当两针相差45格时成直角时：$45=X-1/12X$，解得$X=540/11<60$，经验证，选B。

【例7-27】 现在是2点，什么时候时针与分针第一次重合？

【解析】 2点的时候，分针和时针的角度差为60，而分针和时针的角速度差为5.5°/分钟，所以分针追上时针的时间为60/5.5=120/11分钟，即经过120/11分钟后，时针与分针第一次重合。

三、年龄问题

年龄问题的主要特点是年龄差始终不变。年龄问题往往是"和差""差倍"等问题的综合应用。解题时，考生一定要抓住年龄差不变这个特点。解答年龄问题的常见公式有

$$大的年龄=(两人年龄和+两人年龄差)/2$$
$$小的年龄=(两人年龄和-两人年龄差)/2$$

已知两人年龄，求几年前或几年后的大的年龄是小的年龄的几倍，计算公式为

$$年龄差/(倍数-1)=成倍时的小年龄$$
$$成倍时的小年龄-小的现年龄=几年后的年数$$
$$小的现年龄-成倍时的小年龄=几年前的年数$$

已知两人年龄之和及几年后大的是小的几倍，求现在两人的年龄各是多少，计算公式为

$$几年后的两人年龄和/(倍数+1)=几年后小的年龄$$
$$几年后的小的年龄-几年后年数=现在小的年龄$$
$$两人年龄和-现在小的年龄=现在大的年龄$$

【例7-28】 甲对乙说，当我的岁数是你现在的岁数时，你才4岁。乙对甲说，当我的岁数到你现在的岁数时，你将有67岁，甲、乙现在各为( )。

A. 45岁，26岁　　B. 46岁，25岁　　C. 47岁，24岁　　D. 48岁，23岁

【答案】 B

【解析】 设甲、乙现在的岁数分别为X、Y，则$Y-4=X-Y$，$67-X=X-Y$，解得$X=46$，$Y=25$。

四、和差倍问题

1. 定义

和差倍问题是研究不同量之间的和、差、倍数、比例关系的数学应用题，和差倍问题考查的范围很大，所以题量较大，考生可设未知数列方程求解。

2. 主要公式

(1) 和差问题的计算公式为

$$(和+差)/2=大数$$
$$(和-差)/2=小数$$

(2) 和倍问题的计算公式为

$$和/(倍数-1)=小数$$
$$小数×倍数=大数$$
$$和-小数=大数$$

(3) 差倍问题的计算公式为

$$差/(倍数-1)=小数$$
$$小数×倍数=大数$$
$$小数+差=大数$$

【例7-29】三个小组共有180人，第一、二小组人数之和比第三小组多20人，第一小组比第二小组少2人，求第一小组的人数。

【解析】先把第一、二小组看成一个整体，把第三小组看成一个整体，先求出第一、二小组的人数，再求出第一小组的人数。第一、二小组的人数=(180+20)÷2=100(人)；第一小组的人数=(100-2)÷2=49(人)。

【例7-30】在一个减法算式里，被减数、减数与差的和等于120，而减数是差的3倍，那么差等于多少？

【解析】设被减数、减数分别为 X、Y，则有 $X+Y+(X-Y)=120$，$Y=3(X-Y)$，由该方程组解得：$X=60$，$Y=45$；从而得 $X-Y=15$。

五、排列组合问题

1. 排列

从 N 个不同元素中，任取 M 个元素(被取元素各不相同)，按照一定的顺序排成一列，称为从 N 个不同元素中取出 M 个元素的一个排列。

2. 组合

从 N 个不同元素中取出 M 个元素并成一组，称为从 N 个不同元素中取出 M 个元素的一个组合(不考虑元素顺序)。

3. 分步计数原理(也称乘法原理)

完成一件事，需要分成 n 个步骤，做第1步有 m_1 种不同的方法，做第2步有 m_2 种不同的方法……做第 n 步有 m_n 种不同的方法，那么完成这件事共有 $N=m_1×m_2×\cdots×m_n$ 种不同的方法。

4. 分类计数原理

完成一件事有n类办法，在第一类办法中有m_1种不同的方法，在第二类办法中有m_2种不同的方法……在第n类办法中有mn种不同的方法，那么完成这件事共有$N=m_1+m_2+\cdots+m_n$种不同的方法。

【例7-31】 在一张节目表中原有8个节目，若保持原有节目的相对顺序不变，再增加3个节目，求共有多少种安排方法？

【解析】 本题涉及排列组合，即2次插空法或多次插空法。直接解答较为麻烦，我们知道8个节目相对顺序不变，前后共计9个间隔，故可先用1个节目去插9个空位，有C_9取1种方法；这样9个节目就变成了10个间隔，再用另一个节目去插10个空位，有C_{10}取1种方法；同理用最后一个节目去插10个节目形成的11个间隔中的一个，有C_{11}取1方法，由乘法原理得：所有不同的添加方法为9×10×11=990种。

【例7-32】 在11名工人中，有5人只能当钳工，4人只能当车工，另外2人能当钳工也能当车工。现从11人中选出4人当钳工、4人当车工，共有多少种不同的选法？

【解析】

第一类：全能工两个人都去当钳工，则从5个钳工中选2人即可，共$C_5^2=10$种选法。

第二类：全能工有一个去当钳工，则从5个钳工中选3人，从其余5人中选4人当车工，共$C_2^1 C_5^3 C_5^4=100$种选法。

第三类：全能工都不去当钳工，则从5个钳工中选4人，从其余6人中选4人当车工，共$C_5^4 C_6^4=75$种选法。

综上，共有185种选法。

六、植树问题

植树问题是在一定的线路上，根据总路程、间隔和棵数进行植树的问题。植树问题有多种变型，如表7-2所示。

表7-2 植树问题变型

变型	公式
单边线性	棵数=总长÷间隔+1
	总长=(棵数-1)×间隔
单边环形	棵数=总长÷间隔
	总长=棵数×间隔
单边楼间	棵数=总长÷间隔-1
	总长=(棵数+1)×间隔

【例7-33】有一条街道长20米，从街道一端起，每隔4米在街道两侧各种一棵树，则共有( )棵树。

A. 5棵　　　　　B. 4棵　　　　　C. 6棵　　　　　D. 12棵

【答案】D

【解析】本题为线性植树题，套用公式即可，棵数=总长÷间隔+1=20÷4+1=6棵，由于街道两侧都要种上树，总共应种6×2=12棵，所以选择D。

【例7-34】一个四边形广场，它的四边长分别是60米、72米、96米、84米，现在四边、四角均需植树，且每两棵树的间隔相等，那么至少要种( )棵树？

A. 22棵　　　　B. 25棵　　　　C. 26棵　　　　D. 30棵

【答案】C

【解析】题目中的情况属于环形植树问题。每两棵树的间隔相等，要使每两棵树之间的间隔最大，就是要求四边长的一个最大公约数，60、72、96、84的最大公约数是12，套用公式，棵数=总长÷间隔=(60+72+96+84)÷12=26棵，所以选择C。

【例7-35】两棵杨树相隔165米，中间原本没有任何树，现在在这两棵树之间等距离种植32棵桃树，第1棵桃树到第20棵桃树之间的距离是( )。

A. 90米　　　　B. 95米　　　　C. 100米　　　　D. ABC都不对

【答案】B

【解析】题目中的情况属于楼间植树问题。总长为165米，总共种了32棵桃树，那么可以求出每两棵桃树的间隔，套用公式，棵数=总长÷间隔-1，32=165÷间隔-1，间隔为5米，那么第1棵桃树到第20棵桃树之间总共包括19个间隔，所以距离为19×5=95米，选择B。

上面三道例题分别讲述了线性植树、环形植树以及楼间植树问题的解法，考生分清情况、套用公式就可以迅速作答。

七、盈亏与利润问题

盈亏与利润问题的主要公式为

(盈+亏)÷两次分配量之差=参加分配的份数

(大盈-小盈)÷两次分配量之差=参加分配的份数

(大亏-小亏)÷两次分配量之差=参加分配的份数

利润=售出价-成本

利润率=利润÷成本×100%=(售出价÷成本-1)×100%

涨跌金额=本金×涨跌百分比

折扣=实际售价÷原售价×100%(折扣<1)

利息=本金×利率×时间

【例7-36】某个体商贩同时卖出两件上衣,每件售价135元,若按成本计算,其中一件盈利25%,另一件亏本25%,则他在这次买卖中(   )。

A. 不赔不赚　　　　B. 赚9元　　　　C. 赔18元　　　　D. 赚18元

【答案】C

【解析】按照常规的解题方法,盈利25%的这件上衣的进价为135÷(1+25%)=108(元),亏本25%的这件上衣的进价为135÷(1-25%)=180(元),总进价为108+180=288(元),而现在总售价为135×2=270(元),亏损了288-270=18(元),故选择C。

提示:凡是出售两件商品,一件赚了$a\%$,一件亏了$a\%$,那么总体的盈亏情况总是亏损的。如果知道这一规律就可以直接选择C项。在这类题里,两件商品分别盈利、亏损相同的百分比,最后售价相同,那么这两件商品的成本价总是高于最后的售价,也就是总体是亏损的。

【例7-37】有人用1200元进行投资,第一次亏损10%,再用剩余的钱继续交易,又赚了10%,则此人还剩下(   )。

A. 1200元　　　　B. 1212元　　　　C. 1188元　　　　D. 1224元

【答案】C

【解析】按照常规的解题方法,第一次亏损10%后剩下的钱为1200×(1-10%);第二次赚了10%,是在第一次亏损后剩下的钱的基础上赚的10%,因此剩下的钱为1200×(1-10%)×(1+10%)=1200×0.9×1.1=1188,因此答案为C。

提示:不论是先亏损后盈利,还是先盈利后亏损,最终的结果都是亏损的。这类利润问题有个典型的特点,就是都有两件商品出售,或者是一件商品连续出售两次,并且盈亏的百分数都是相同的,那么最后的情况总是亏损的。考生遇到此类题可以直接选出答案。

第八章
公共基础知识

公共基础知识简称"公基",它是一门全面考查考生基本知识储备情况的综合性极强的考试科目,具体包括时事热点、法律、政治、经济、历史、人文、科技、管理、公文等众多门类的知识。

该科目虽然命题范围广泛、内容庞杂,但通过分析近三年国企笔试真题,按照考频由高到低的顺序,可以将其划分为三个档次:第一档为时事热点,考查频率最高,大多数国企都会考查,考生可以重点备考;第二档为政治知识、历史知识、科技常识,考查频率相对较高;第三档为经济、法律、管理、公文等内容,考查频率相对较低。

公共基础知识的考试题型以单项选择题为主,相对于行测和申论,难度较小,侧重考查考生对于知识的记忆和理解。因此,考生在备考过程中要根据不同门类知识的特点,掌握科学的学习方法,避免死记硬背。

第一节 时事热点

时事热点是指近期发生的国内、国际重大事件。在国企笔试中,对时事热点的考查有明显的侧重点,一般考查考前一年内发生的国内外热点事件。国内维度主要考查我国重大会议、活动,重大政策、法律的制定或修改,重大科技成就以及行业热点新闻等;国际维度主要考查我国承办或参加的重大国际会议、活动。

总体来看，时事热点模块呈现以下考情特点：第一，对国内时事考查频率高，对国际时事考查频率低；第二，对政治、科技、行业类时事考查频率高，对文化、体育等其他类时事考查频率相对较低；第三，对考前近三个月到半年发生的事件考查频率高。

在公共基础知识考查中，时事热点类问题比较容易拿分，原因有二：第一，考查知识难度不大，考查维度单一，以记忆要点为主，学习门槛低；第二，涉考知识有时效性和考查偏好，考查内容容易预测。

在备考过程中，考生要多关注时事新闻并做好总结，便于考前集中记忆。

【例8-1】国际货币基金组织于2023年1月31日在(　　)发布了《世界经济展望报告》的更新内容，报告将2023年全球经济增长预期由原来的2.7%上调至2.9%，将2023年中国经济增长预期由4.4%上调至(　　)。

A. 意大利、5.5%　　　　　　　　B. 新加坡、5.2%
C. 西班牙、4.2%　　　　　　　　D. 瑞典、4.5%

【答案】B

【例8-2】2023年1月31日，湖北(　　)水利枢纽工程开建，这是我国2023年首个开工建设的重大水利工程。

A. 龙王塘　　　B. 大河扁　　　C. 老渡口　　　D. 姚家平

【答案】D

【例8-3】中央文明办日前印发通知，要求元旦春节期间在全国城乡广泛开展文明实践志愿服务。通知强调，要组织开展"(　　)"主题活动，推动党的二十大精神深入人心、落地生根；要优化疫情防控志愿服务举措；开展丰富多彩的节庆文化活动和传统民俗、年俗活动；组织志愿者参与平安和谐社会建设，让城乡居民都成为文明实践的参与者、受益者。

A. 党的声音进万家　　　　　　　　B. 传播新思想、引领新风尚
C. 奋进新时代、文明你我他　　　　D. 坚定不移听党话、跟党走

【答案】A

【例8-4】由中央宣传部等单位主办的2023年"(　　)"活动于1月1日正式启动。活动围绕学习宣传贯彻党的二十大精神的主题，1月1日至2月5日，各地各部门集中开展线上展播展示活动，提供基层群众可看、可听、可读、可学、可用的文化文艺资源。

A. 我的中国梦——学习二十大　　　B. 奋进新时代——文化进万家
C. 引领新时尚——学习二十大　　　D. 我们的中国梦——文化进万家

【答案】D

【例8-5】区域全面经济伙伴关系协定(RCEP)于2023年1月2日起对(　　)生效。

A. 马来西亚　　　B. 文莱　　　C. 菲律宾　　　D. 印度尼西亚

【答案】D

第二节 政治知识

在公共基础知识考查中，政治知识包括马克思主义哲学、毛泽东思想、中国特色社会主义理论体系等内容。国企笔试在这一模块重点考查中国共产党思想理论成果，也考查中国共产党全国代表大会精神、报告等内容。

这部分内容不像时事热点一样具有很强的时效性，但考查的时间跨度比较明确，对近3~5年内国家的大政方针、思想理论考查的概率更高。由于政治知识这部分内容侧重考查重大会议文件、报告的重要精神和重点论述，题目难度相对较大。如果考生没有复习备考，一般很难答对。在题目设置上，这一部分侧重考察报告、文件及领导人讲话，因此考生应以记忆为主。

【例8-6】国共第一次合作时期的革命运动被称为"大革命"，主要是因为( )。
A. 群众基础的广泛性　　　　　　B. 领导阶级的先进性
C. 革命果实的丰富性　　　　　　D. 俄国帮助的进步性
【答案】A

【例8-7】中共十一届三中全会标志着新时期党的基本路线的思想开始形成，主要表现在提出了( )。
①社会主义初级阶段理论；②把工作重点转移到经济建设上来；③分三步走，实现现代化的战略部署；④实行改革开放的政策
A. ①②　　　　B. ②③　　　　C. ①③　　　　D. ②④
【答案】D

【例8-8】井冈山革命根据地的建立与巩固，其意义在于( )。
A. 开辟了农村包围城市、武装夺取政权的道路
B. 是土地革命时期开始的标志
C. 是中国共产党独立领导武装斗争的开端
D. 确立了党对军队的绝对领导
【答案】A

【例8-9】中共"二大"与中共"一大"相比，最重要的贡献是制定了( )。
A. 以工人运动为中心任务　　　　B. 为共产主义奋斗的目标
C. 在民主革命阶段的纲领　　　　D. 民主集中制的组织原则
【答案】C

【例8-10】真理标准问题的讨论是一次深刻的思想解放运动,这里的"解放"是指( )。
A. 纠正了以阶级斗争为纲的错误方针
B. 使全党认识到经济建设是全党工作的重心
C. 使全党认识到"文革"是错误的
D. 打破了个人崇拜和教条主义的思想束缚
【答案】D

第三节 历史知识

在公共基础知识考查中,历史知识包括中国古代史、中国近现代史、中共党史和世界史等几个部分。其中,对中共党史的考查频率最高,其次是中国近现代史、中国古代史,对世界史的考查频率最低。所以,考生在备考过程中应以中国史部分特别是中共党史为重点。历史知识,特别是中共党史、中国近现代史,经常会结合时事热点进行考查。

考生在备考过程中一定要对重大事件保持敏感性,如果考试当年是一些重大历史事件的整十、整百周年纪念,则需要重点备考。

【例8-11】关于五四运动,错误的是( )。
A. 于1911年5月4日在北京爆发
B. 标志着中国旧民主主义的结束和新民主主义革命的开端
C. 是近代中国第一次彻底的反帝反封建革命运动
D. 开创了"爱国、自救、科学、民主"的五四精神
【答案】A

【例8-12】中国作为我国国名的简称,开始于( )。
A. 西周　　　　　　　　　　B. 秦朝
C. 辛亥革命后　　　　　　　D. 中华人民共和国成立后
【答案】C

【例8-13】南京大屠杀发生于( )。
A. 1931年12月20日　　　　B. 1937年12月31日
C. 1936年12月31日　　　　D. 1937年12月13日
【答案】D

【例8-14】五四运动以后,中国革命的性质之所以仍是资产阶级民主革命,是因为( )。

A. 它反对帝国主义、封建主义，而不是一般地反对资本主义
B. 资产阶级领导革命，指导思想是资产阶级民主主义
C. 无产阶级领导革命，革命前途是实现社会主义
D. 它是世界资产阶级革命的一部分

【答案】A

第四节 科技常识

在公共基础知识考查中，科技常识包含三大维度：一是科技史，考查古今中外科技发展历史及科技成果；二是基础科学知识，如物理知识、化学知识、生物知识、计算机技术等；三是前沿科技成就，如信息技术、新材料技术、先进能源技术等。总之，科技知识涉猎内容特别广泛。

在国企笔试中，科技常识类问题考查基础科学知识较多，着重考查物理知识、化学知识等与日常生活关系密切的科学常识性内容。在考查难度上，国企笔试与公务员、事业单位笔试相比，难度较低。在国企笔试中，一道题目一般只考查一个知识点，不像公务员、事业单位笔试那样一道题目综合性地考查多个知识点。所以，考生在备考这部分内容时应以日常积累为主，也可多做题目练习，以题带点记住常考知识点。

【例8-15】下列选项中对世界科技革命的说法不成立的是(　　)。
A. 19世纪以来，世界科技大致发生了五次革命
B. 世界科技革命包括两次科学革命和三次技术革命
C. 第五次科技革命包括电子技术革命和信息技术革命两个阶段
D. 目前，信息技术革命尚未结束

【答案】A

【例8-16】在人类社会的发展史上，经历了三次科技革命，其标志为(　　)。
A. 蒸汽机的发明、纺织机的发明、电子计算机的发明
B. 蒸汽机的发明、电力的发明、电子计算机的发明
C. 蒸汽机的发明、电力的发明、电子计算机的发明和原子能的发明及使用
D. 蒸汽机的发明、纺织机的发明、原子能的发明和使用

【答案】C

【例8-17】科学技术革命作为社会劳动体系中的一种劳动，它是(　　)。
A. 社会发展的直接动力　　　　　　B. 社会发展的根本动力
C. 社会发展的一般动力　　　　　　D. 社会发展的有力杠杆

【答案】D

【例8-18】第二次科技革命的标志是(　　)。

A. 飞机的诞生　　　　　　　　B. 汽车的广泛应用

C. 内燃机的发明　　　　　　　D. 电力的发明和广泛应用

【答案】D

【例8-19】第三次科技革命是人类文明史上继蒸汽技术革命和电力技术革命之后科技领域里的又一次重大飞跃。下列选项中不属于第三次工业革命发明和应用的主要标志的是(　　)。

A. 原子能　　　B. 石油工业　　　C. 电子计算机　　　D. 空间技术

【答案】B

第五节　其他知识

除了前文介绍的四类知识，公共基础知识还包括法律、经济、管理、公文等，但是在国企笔试中，对这几类考查极少，只有个别企业偶尔会考到。

在法律方面，主要考查法学重要概念等基础法学理论知识以及宪法、刑法、民法、行政法等部门法；在经济方面，主要考查经济学基本概念及原理、微观经济、宏观经济等；在管理方面，主要考查管理学基本概念及原理、行政管理等；在公文方面，主要考查党政机关公文的种类、公文的行文规范等。所以，在国企笔试中一旦出现这几类题目，考生选出正确答案的难度很大。

综上所述，考生在复习公共基础知识时，可以优先复习时事热点、政治、历史、科技、人文这几个模块，在学有余力的情况下，最后复习其他考查频率较低的模块。对于时事热点，除了注重平时的积累以外，临考前还需要再巩固一遍，保证时事热点的题目不丢分。

【例8-20】在公民享有的宪法基本权利体系中，最基础的权利是(　　)。

A. 经济社会权利　　　　　　　B. 人身自由

C. 选举权和被选举权　　　　　D. 言论自由

【答案】B

【例8-21】全国人民代表大会举行会议时，会议的主持者是(　　)。

A. 大会执行主席　　　　　　　B. 大会主席团

C. 国家主席　　　　　　　　　D. 委员长

【答案】B

【例8-22】我国现行宪法明确规定的公民从国家和社会获得物质帮助权利的情况是（ ）。

A. 见义勇为　　　　　　　　　　B. 年老、疾病或丧失劳动能力

C. 有特殊贡献　　　　　　　　　D. 现役军人

【答案】B

【例8-23】我国现行宪法规定，行使宪法解释权的机关是(　　)。

A. 全国人大　　　　　　　　　　B. 全国人大宪法和法律委员会

C. 全国人大常委会　　　　　　　D. 全国人大主席团

【答案】C

【例8-24】下列选项中，有关公民权利能力的表述，错误的是(　　)。

A. 权利能力是公民构成法律关系主体的一种资格

B. 所有公民的权利能力都是相同的

C. 公民具有权利能力，并不必然具有行为能力

D. 权利能力也包括公民承担义务的能力或资格

【答案】B

第九章

申论知识

从字面上，"申论"的"申"可以理解成申述、申辩、申明，"论"可以理解成议论、论说、论证。所谓申论就是对某个问题阐述观点、论述理由，合理地推论材料与材料以及观点与材料之间的逻辑。

申论考试要求考生从一大堆反映日常问题的现实材料中发现问题并解决问题，全面考查考生收集和处理各类日常信息的素质与潜能，充分体现了信息时代的特征，也适应当今实际工作的需要。申论主要考查考生的4种能力，分别是阅读理解能力、综合分析能力、提出和解决问题能力、文字表达能力。阅读理解能力，即要求全面把握给定资料的内容，准确理解给定资料的含义，准确提炼事实所包含的观点，并揭示所反映的本质问题；综合分析能力，即要求对给定资料的全部或部分内容、观点或问题进行分析和归纳，多角度地思考资料内容，做出合理的推断或评价；提出和解决问题能力，即要求借助自身的实践经验或生活体验，在分析给定资料的基础上，发现和界定问题，做出评估或权衡，提出解决问题的方案或措施；文字表达能力，即要求熟练使用指定的语种，运用说明、陈述、议论等方式，准确规范、简明畅达地表述思想观点。

从考试大纲规定及历年实际出题情况来看，申论考试为考生提供了一系列反映特定实际问题的文字材料，要求考生仔细阅读这些材料，概括出材料反映的主要问题，并提出解决此问题的实际方案，对自己的观点进行较详细的阐述和论证。

第一节
申论高频考点之单一题

一、单一题之问题类

(一) 题型认知

1. 常见问法

申论考试的单一题之问题类的题干中经常出现"问题""不足""困境""瓶颈""挑战""难点"等词语。

2. 答题技巧

在给定资料中寻找负面的标志性词汇，如不科学、不合理、不到位、不均衡、不完善、不健全、不足；缺乏、缺少、流失；少、低、差、弱、陈旧、单一；等等。

(二) 真题演练

【例9-1】结合给定资料1、2，概括陕西特色小镇建设中存在的主要问题。

要求：准确全面，条理清楚，200～300字。

资料1：通常而言，概念都是美好的，但现实总是差那么一点点。特色小镇不是"镇"，它不是单纯的行政地域；特色小镇不是"区"，它不是传统的工业功能区、旅游区等产业功能区块；特色小镇也不是"加"，它不是简单的"产业园+风景区+博物馆或学校"式的"大拼盘"。

说起陕西的特色小镇，可能很多人脑海里第一个蹦出来的词就是"民俗村"，这样理解确实也没错，尤其是在陕西这片文化厚重的土地上。由于陕西的特色小镇"旅游+民俗"的通俗模式，一不留神特色小镇一日游就成为陕西小吃扎堆的农家乐一日游，这个镇和那个镇本质上都差不多，"特色"两字很容易被千镇一面稀释得一干二净。"全域旅游"同样是近几年兴起的概念，在国家相关政策的大力支持下，"旅游+"和"+旅游"都能和特色小镇搭配使用。陕西推进全域旅游的同时，一大批相关项目竞相上马，特色小镇的概念还未理解透彻，单一的历史文化、风情民俗已经蜂拥而至，把特色小镇变成了旅游小镇。

火热的特色小镇建设正成为一些房地产企业新的"掘金点"。顶着特色小镇的名头，土地价格自然而然降了下来，对于房地产企业来说，向政府拿地的成本相对较低。然而地拿到手了，"特色产业"很可能名存实亡。特色小镇的整体运营本可以成为独立存在的闭环,然而,"房地产化"的特色小镇很可能导致企业在盈利后放弃经营管理,人员流失造成小镇的"空壳化",最终只剩下高额的土地成本,特色小镇的建设也就违背初衷了。不过特色小镇的建设也不能完全脱离房地产企业。有分析指出,特色小镇的房地产成为就业者与本地居民的第一居所、大城市与周末旅游居住的第二居所以及养老与度假居住的第三居所等。

资料2:被誉为"东方古瓷艺术活化石"的C古镇位于黄土高原与关中平原交界的陕西省某市,是中国古代名窑耀州窑的发祥地之一,也是耀州窑唯一遗存"炉火千年不绝"的烧造基地。漫步小镇,古风瓷韵随处可见。古窑场历历在目,古瓷片俯拾皆是。当地人深谙废物回收利用之道,用废弃的匣钵、残破的缸瓮垒起状如蜂房的罐罐院墙,又用残碎瓷片装点出各色图案来铺设乡间小道。就连烟囱上、房顶上、树上,都用陶壶陶杯陶碗装饰。原汁原味的耀瓷传统制作工艺和民俗民居,不只让游人,也让许多陶瓷专家、摄影家等专业人士找到了"根"的感觉。

千余年来主要用作生活器皿的耀瓷,今日却日渐式微。烧窑的户数逐渐减少,最近只剩下几十户。号称炉火"千年不熄"的C古镇,正面临着"熄火"的尴尬。近年来由于南瓷北上、东瓷西进,再加上塑料和金属制品等现代工艺的流行,C古镇粗瓷的市场受到冲击。而且传统的纯手工制作和旧式私人家庭作坊生产,难以实现大规模生产,产量有限。资金不足又导致人才外流、断代,继续生产以及产品的更新换代受限。

现在很多人都在用现代化的设备来烧窑,因为能控制火候,成品率高;同时大批量生产,赚钱也容易。所以,传统的家庭式烧窑逐渐失去了市场,C古镇烧窑的户数大幅减少。不过,现代化设备的使用虽然提高了生产率,却让瓷器没有了"窑变"的惊喜,也让工匠没有了创造力,所有的制成品千篇一律,失去了灵魂。

近日,中国陕西C古镇旅游发展规划论坛举办。与会专家各抒己见,畅所欲言,发表了许多精辟的见解。

专家甲认为,C古镇旅游要和周边的旅游整合起来,打"陶瓷耀州窑"这张牌,就必须和H镇联系起来,不能把两者孤立起来,它俩一个是前期的中心,一个是后期的中心,要让它们成为一个有机体,要互补。

专家乙指出,考虑C古镇的规划要体现综合性,不能就C古镇来规划C古镇,要让技艺在这里传承。如何将烧造技艺传承复原?古镇不能只能让人来看,还要繁荣它的技艺,要培养新人传承技艺。

有人问专家丙:"非物质文化遗产的传承为什么难?"专家丙反问他:"你先问问你自己,你为什么不传承?"得到的回答是因为他们有更好的选择。"培养一个传承人比培养一个研究生更难,研究生培养有一个规范化的体制,但是传承人没有,没有一个社会环境。"专家丙觉得这种现象不能归咎于某一个体,而是应该对整个社会环境有一定的认识。

【答案示例】

(1)概念理解不透彻,特色小镇缺乏特色。特色小镇建设模式千镇一面,特色被稀释。全域旅游的推进有些冒进,造成历史文化和民俗文化单一,特色小镇变成旅游小镇。

(2) 过度房地产化，特色小镇名存实亡。特色小镇被房地产企业利用为新的"掘金点"，企业盈利后放弃经营管理，特色产业名存实亡，特色小镇难以独立整体运营，造成人员流失、小镇"空壳化"。

(3) 产业缺乏深度融合。旅游资源与周边资源相互孤立，缺乏联系性、整合性，不能形成有效互补的有机体。

(4) 规划缺乏综合性、前瞻性。规划就镇论镇，没有整体性考虑。

(5) 对传统技艺的传承和保护不力。传统工艺日渐式微、传承人缺失，缺乏创新，难以繁荣传统技艺。

二、单一题之影响类

(一) 题型认知

1. 常见问法

申论考试中影响类问题通常从正面影响和负面影响两方面来设置问题，考查正面影响的题干中经常有"意义""效果""成果""积极作用"等词汇；考查负面影响的题干中有"危害""后果"等词汇。

2. 答题技巧

在作答影响类问题时，运用一些标志性词组往往能提升答题质量，如回答正面影响时，运用"激发""促进""实现""提升""有利于""有助于""推动了""巩固了"等词语；回答正面影响时，运用"引发""导致""造成""危及""损害""消解着""割裂着""破坏了""阻碍了""致使"等词语。

(二) 真题演练

【例9-2】请根据给定资料，概括个人信用建设的积极作用。

要求：全面准确，条理清晰，不超过200字。

资料：2018年，小张到A市工作，在租房时，她惊喜地被中介告知，由于她的信用记录良好，不用缴纳两倍于月租的租房押金。小李到A市妇女儿童医疗中心就诊时发现，因为自己的信用度足够好，在医疗中心可以"先诊疗后付费"，而无须一次次在诊室、检查室和交费处之间奔波，大大节省了自己的时间和精力。而同在A市的胡先生，却遇上了一件让他颜面尽失的事，原本在假期准备租辆越野车和朋友外出自驾游玩，没想到却被租车公司拒绝。原来，胡先生由于欠款许久未还，已经被列入"老赖"的名单，导致自己的信用数据不佳，被禁止租车。信用骑车、信用住店、公交车扫码乘车……这一幕一幕，都是真真切切正在我们身边发生的场景，告诉我们中国正在迈进信用社会。

为加大信用教育的力度，拓宽常识教育的广度，团中央等多部门联合发起"金融安全专家校园行"活动。互联网金融服务公司L集团的运营官王先生受Z大学之邀，作为活动嘉宾来到学校，为现场近300名学生介绍信用安全的重要性及如何管理和保护个人信用。在演讲中，王先生通过具体的事例为大学生上了生动的一课：小吴在上大学期间使用信用卡买了一款高档手机，因为种种原因，在逾期数月后才还上欠款，当时她并没有在意。几年后，她在贷款买房时发现，因为自己的信用记录有过"污点"，不仅缩减了贷款数额，利率也相对高了很多。为此，小吴懊悔不已。王先生说，小吴的经历绝不是个案，很多学生对个人的信用记录毫不在意，兼职刷单、用信用卡违规套现的现象屡见不鲜，包括发生在校园的大部分金融欺诈行为也与之有关。信用是一个人的终身档案和隐形简历，年轻人要学会保护个人信用，小心各类信用诈骗；同时也要学会管理个人信用，越早建立个人信用，随着时间推移，其信用分值会越高。

对于经营废旧手机回收利用生意的周先生而言，信用就为他解决了"先收手机还是先付款"的难题。"先收手机，用户不放心。先付款，我们也怕损失。"周先生说，"引入信用评分后，对高分用户优先付款，不仅订单量上浮一倍，也没有出现违约情况。"与周先生一样，一些共享汽车、共享租衣企业在研究信用梯度收费模式，最大限度吸引用户。用户对信用的珍视也令人惊喜。以租车为例，引入信用评分后，行业租金欠款率下降了52%，违章罚款欠款率下降了27%。

在S市，26万老人领取养老金不用去现场，只需要在手机上进行一次信用认证；购房者提取公积金时也不需要准备大量证明材料，柜台的人脸识别系统扫描购房者脸部后，其相关信用信息迅速呈现……总之，有着高信用值的市民在通过实名认证之后，通过互联网即可办理政务服务，无须到窗口排队，方便了自己的同时，也减轻了政府的"负担"。

"不乱扔杂物、不乱搭乱建、不违规饲养宠物，倡导邻里文明停车、和睦共处，积极配合社区的各项工作，共筑美丽幸福家园，争做诚信居民，为'信用社区'贡献力量！"在C市先锋街道办举行的"争做诚信居民，共建信用社区"千人誓师大会上，各社区居民代表一起郑重宣誓。"我们街道的光明社区2015年就率先开展了征信体系建设工作，4000名常住居民每人都有'诚信身份证'！"街道办事处负责人介绍，光明社区是C市首个建立征信管理体系的社区。居民在好人好事、保护社区环境等方面有所作为的，信用分数每次加5分。相反，有随意倾倒杂物或者造谣生事等行为的，信用分数每次扣5分。行为更加恶劣的，还要提报市级征信平台。

某研究员说，信用既是商业社会的内在原则，也创造价值和财富，特别是在网络高度发达的今天，资源的分布不再局限于有形市场，而是分布在网络上；资金资源也不再集中在类似于银行这种金融机构身上，而是通过互联网分散分布。一个人只要拥有足够的信用水平，在网络上就能够筹集到资金。所以对于很多人来说，信用就意味着机会，意味着资本。

【答案示例】

(1) 推进社会信用体系建设，构建信用社会。

(2) 信用评分提升交易效率，为新经济提供支撑。

(3) 利用信用梯度收费模式吸引用户，提高企业经营效率。

(4) 给市民日常生活提供便利，使其节约时间、精力和金钱等。

(5) 提高互联网政务服务水平，减轻政府负担，提高政府管理效率。

三、单一题之对策类

(一) 题型认知

1. 常见问法

申论考试中的单一题之对策类的题干中经常出现"对策""措施""举措""建议""意见""做法""解决方法""经验""启示"等词语。

2. 答题技巧

(1) 直接摘抄或概括归纳。找寻资料中出现的与对策相关的动词，如"建立""健全""统筹""创新""规范""整顿""打击""扶持""规划""设置"等。

(2) 问题反推。解决资料中的现有问题，用概括性语言表达出来。

(二) 真题演练

【例9-3】根据给定资料，概括S市在乡风文明建设方面的举措。

要求：全面、准确，不超过150字。

资料：S市积极响应十九大报告中"坚持农业农村优先发展，按照产业兴旺、生态宜居、乡风文明、治理有效、生活富裕"的总要求，坚持将乡风文明建设放在全市发展大局中进行谋划，大力推动农村综合改革、美丽文明村居建设、基层大治理等工作，把乡风文明建设作为重要内容加以部署。为加强基层治理，推动乡村振兴，2019年3月13日，S市召开工作大会，对村居建设作了整体部署：到2019年年底完成30个美丽文明和谐示范村建设，到2020年年底完成50个示范村居、5个标杆村居建设，按照典型引领、整体推进、总体提升的方针，将乡风文明建设进一步推向深入。

S市一直重视基层党建工作，大力实施固本强基工程，突出村级党组织领导核心作用，按照"党领导一切"原则出台了一系列政策，努力健全以党建为统领、以法治为核心的基层治理体系，通过党组织的有力领导，促进矛盾纠纷的化解和法治观念的强化，逐步提高乡风文明水平。

2019年S市选派了104名机关干部任村居第一书记，选派205名优秀大学生担任村干部，并推进基层党建下沉到村民小组，落实支部建在小组上。该市党建工作示范村A村牢记习近平总书记"农村党建要让群众更满意"的殷切期望，积极探索"党建+"融合基层治理发展模式，以党建引领基层自治、共治、法治、德治。

S市注重提升城市形态，大力推动城市升级，"美城行动"从中心城区延伸到村居社区。在乡风文明建设过程中，S市以改造乡村人居环境为核心，深入推进农村环境综合治理和生态文明建设，全面提升农村整体环境，取得了明显成效，乡村绿化、美化水平显著提升。

S市共投入2000多万元用于文化遗存的修缮和活化。全市现有国家级、省级、市级非物质文化遗产共28项，国家级、省级、市级非遗传承人共27人。S市坚持"一村居一品牌"的工作思路，挖掘提炼村居历史文化特色，开展打造村居文化品牌活动。

目前全市已建成30个村居主题公园，143个农村公民道德讲堂，每个村居都设置了善行义举榜或好人榜，让核心价值观随处可见、随时可学、随心可感。

S市不断加强核心价值观宣传教育，推进主题公园、标识景观、公益广告建设，开展农村道德模范和身边好人学习宣讲活动，引导村民树立正确价值观念。同时，S市还大力加强农村思想道德建设，深入挖掘农村传统道德教育资源，引导村民在思想观念、道德规范、知识水平、素质修养、行为操守等方面继承和弘扬优良传统，形成积极、健康、向上的社会风气和精神风貌。

【答案示例】

(1) 重视基层党建工作：健全以党建为统领、以法治为核心的基层治理体系；选派和招考村干部，推进基层党建下沉。

(2) 改造人居环境：推进农村环境综合治理和生态文明建设，提升农村整体环境。

(3) 挖掘历史文化特色：修缮和活化文化遗存，打造村居文化品牌活动。

(4) 营造良好社会风气和精神风貌：加强核心价值观宣传教育，加强农村思想道德建设。

第二节 申论高频考点之综合题

一、词句解释题

(一) 题型认知

申论考试中的词句解释题，即对一个或多个词汇、短语或句子进行理解和分析的题目。

1. 常见问法

词句解释题常见问法有："谈谈……的含义。""对……进行解释。""谈对……的理解。"

2. 答题技巧

(1) 释义。先对词语表层含义进行解释，然后联系词句的出处和上下文意思解释词句。

(2) 探究深层含义。概括相关要素，具体内容以材料为准，如未涉及对策，可通过问题原因反推：当词句本身表达正面时，找表现、原因、意义、对策；当词句本身表达负面时，找问题、原因、意义、对策。

(二) 真题演练

【例9-4】 根据给定资料，谈谈你对"作为精神资源的乡村文化"的理解。

要求： 准确、全面、有条理，不超过250字。

资料： 关于如何重新认识乡村生活的意义，有学者撰文指出：美国作家梭罗曾经倡导一种简朴的物质生活和丰富的精神生活，他28岁时只身来到家乡城外的瓦尔登湖，自建小木屋，自耕自食两年有余，"过一种经过省察的生活，去面对人生最本质的问题"。可以说，梭罗在乡村生活中重新发现了我们在城市的现代文明中过分重视物质资源而失去的东西，进而启发我们思考"作为精神资源的乡村文化"对人类所具有的重要意义。

人在乡村中，最能感受到大自然的熏陶。"人在自然中"，真正地"脚踏大地，仰望星空"，这本身就是一个最基本、最重要、最理想的生存状态，同时也是最基本、最重要、最理想的教育状态。别的不说，单是在乡居生活中能够每天"按时看日出"(这是作家福楼拜提出的一个著名的生命命题)，就足以使我们感悟生命的意义，尽享生命的欢乐了。梭罗曾因看早晨的阳光，而产生"黎明的感觉"，即每天都以新的眼光，以一种新鲜感去重新观察、重新发现已经司空见惯的生活，从而获得新生。作家M说，在大自然中，"体验阳光，体验美，体验幸福，体验纯净，体验温馨，体验柔情，体验思念和怀想，这样的精神生活，这样的心理空间，实在太有魅力"。正是在大自然中，我们成为一个"精神明亮的人"，才是一个健康的人。

"仁厚黑暗的地母呵，愿在你怀里永安她的魂灵！"鲁迅在《阿长与<山海经>》的结尾书写的"地母"，很容易让人联想到希腊神话里的英雄安泰，他在失败之时总是投向大地，从母亲那里获得力量。鲁迅对故乡民间世界的依恋也颇类似于此。民间文化伴随着童年记忆构成回忆中极具温情的人生体验，他对民间风俗的津津乐道，对民间人物不无温情的回顾都表现民间文化对他的吸引力。鲁迅正是在他家乡的民俗、民间文化的熏陶下丰盈起来的。

在中国，有一位当代作家H，他也在农村建屋，自由游走、生活在城市与乡村之间。H认为，人们对乡村的"投奔"，实质上是在投奔乡村所呈现的"文明意义"，这种"文明意义"有三：其一是自然造化的"没有一片叶子是完全相同"的"个异性"，而这样的个异性在严格雷同的"技术高精度"和大量重复的"规模经济"中已经被完全摒除；其二是"永恒"的感觉，"除了不老的青山、不废的江河、不灭的太阳，没有什么东西更能构建与不朽精神相对应的物质形式"；其三是"共有共享"的理想，"大自然无比高远和辽阔的主体，至少到目前为止还无法被任何人专享与收藏，只可能处于人类共有和共享的状态"。

【答案示例】

乡村文化是一种精神资源，它是城市现代文明中过分重视物质资源而失去的东西。

这种精神资源的价值体现在以下几个方面。

第一，让人感受到大自然的熏陶。人在自然里，能处在一个最基本、最重要、最理想的生存和教育状态，成为一个"精神明亮"和健康的人。

第二，让人接受到民俗、民间文化的熏陶，这能够构成人们回忆里最具温情的人生体验。

第三，让人投奔到乡村的"文明"，即个性化而非大规模流水线的模式化、永恒而非快速消费、共有共享而非个人私有。

二、观点现象分析题

(一) 题型认知

1. 常见问法

申论考试中的观点现象分析题的题干中经常出现"对……观点/现象的见解/看法"的句式，要求观点明确、分析透彻、论证充分、有理有据。

2. 答题技巧

(1) 表态。表态要依据题干和资料而定，而非个人主观判断。表态的方法有三类：对于正确的、科学的、合理的、全面的观点持赞同意见；对于不科学的、不合理的、不支持的、错误的、偏颇的、偏激的、绝对的、片面的观点持反对意见；辩证看待有待考证、尚未定论的观点，分析利弊，评价积极与消极作用。

(2) 阐述理由。从问题、危害、意义、事例等方面展开叙述。

(3) 提出对策。

(二) 真题演练

【例9-5】 针对给定资料中赵先生感受到的农村人情异变这一现象，谈谈你的认识。

要求：观点明确，分析透彻，条理清晰，不超过300字。

资料：出于各种考虑，在省城工作的赵先生今年春节没回农村老家过年，但为了看望家中父母，他特意在春节前回去了一趟。"回去一趟，几千块钱就没了。"赵先生说，"有两个晚辈赶在春节前结婚，每人随了2000元。"

20世纪80年代，农村碰到重要的红白喜事，一般都是送点日常用品或者鸡蛋、罐头等，邻里一起出出力、帮帮忙，那时候很少有人随钱，而且随多随少也没有固定标准。但如今，农村人情交往中赠送礼物的现象几乎消失了，结婚的、生孩子的、盖新房的、升学的、给老人祝寿的，都要办酒席，而且都要随礼，礼金标准也在不断攀升。

随着农村产业结构的调整和生产方式的转变，农村的人际关系和交往范围逐渐扩大，随礼的范围也在不断扩大，赵先生回忆说："小时候，家里的人情往来一般在亲属、邻居和朋友之间。后来逐渐增加了工友、同事、合作伙伴等，农村人情消费支出大幅度增加。"

五花八门的酒席、巧立名目的宴请、节节攀升的礼金……近年来，部分农村地区出现了这种不好的风气，热衷"穷讲究"，最终"讲究穷"，甚至出现随礼致穷现象。相关调查显示，当下部分地区农民消费的第一支出为食品，第二支出就是人情礼金，甚至超过了医疗支出。随着礼金范畴的泛化，人情礼金已经不再有人情味，反而变成了人情债，农村邻里关系因此也变了味。邻里和谐，才会实现老乡们的幸福梦，但人情异变成了农民实现小康梦路上的绊脚石。

不少农民对这些问题反映强烈，但碍于面子，不愿意从自己开始改变现状。赵先生曾要求父亲，有些宴请可以选择参加，但父亲认为"不去不行"，因为"随礼是祖祖辈辈传下来的规矩，别人都随，咱家不随，人家一定会怪罪咱们。乡里乡亲的，低头不见抬头见，实在抹不开面子"。

对此，赵先生也有自己的思考。中国农村虽然在现代化进程中取得了很大的进步，但主要还是一个熟人社会。在农村熟人社会，人情礼金这样约定俗成的交往准则其实更像是一把双刃剑。

【答案示例】

人情异变是农村约定俗成的交往准则发生了变化，从人情味变成了人情债。这一现象成了农民实现小康梦路上的绊脚石。

这有两方面原因：一是农村产业结构的调整和生产方式的转变，农民的人际关系和交往范围逐渐扩大，随礼的范围也在不断扩大，礼金范畴泛化，人情消费支出大幅增加。

二是农民热衷"穷讲究"，最终"讲究穷"，碍于面子，不愿意从自己开始改变现状。这一现象导致了随礼致贫的现象，农村邻里关系变了味，影响了邻里和谐。

因此，在农村这样的熟人社会，应该合理引导农村交往准则发展方向，充分利用其有利方面。

第三节
申论高频考点之公文题

根据公文题中的身份、对象和目的意图的不同，在内容的侧重点、语言表达和书写格式等方面会略有不同。按写作目的的不同，公文分为方案类、宣传类、总结类、评论类。

一、方案类公文

(一) 题型认知

方案类公文主要是为某个或者某些对象能够更好地完成工作或任务而进行的规划，写作内容侧重于对策、建议、具体做法。常见的方案类公文有指导意见、建议、活动方案等。

(二) 写作框架

方案类公文的写作框架如图9-1所示。

```
            标题："关于"+事由+"的"+文种
主送机关或称呼：
    开头：交代缘由(背景、根据、目的、意义、问题等)
    主体：具体解决问题的对策
    结尾
                                       落款：发文者
                                       ××××年××月××日
```

图9-1　方案类公文的写作框架

(三) 真题演练

【例9-6】假定你是某市政府的工作人员，请根据给定资料，草拟一份该市加强当前社会信用体系建设意见的提纲，供领导参考。

要求：紧扣资料，针对性强，建议可行，不超过400字。

资料：党的十八大以来，国家社会信用体系建设的步伐明显加快。信用正成为个人和社会的一笔宝贵财富，"无形"的信用给守信者带来"有形"的实惠。信用积分高的市民，可在24小时自助图书馆免押金借书，还可享受部分公交线路票价八折优惠、部分医院就医优先等。相应地，在动车上吸烟、在飞机上寻衅滋事、逾期不履行行政处罚……这些长期以来为人们深恶痛绝的行为，将面临严厉处罚。近日，123名限制乘坐火车严重失信人和381名限制乘坐民用航空器严重失信人新增入"信用中国网站"最新公示的名单上。同时，在法院执行领域，254万失信被执行人慑于信用惩戒，主动履行义务；在税收征管领域，各级税务机关累计公布税收违法"黑名单"案件9341件，共有1170户"黑名单"当事人因主动缴清税款、滞纳金和罚款后，从"黑名单"中撤出；在电子商务领域，发布电子商务领域失信"黑名单"，共计987家企业，并通过全国信用信息共享平台推送至地方开展专项治理工作。"干得漂亮！"网友的评论，代表了广大群众的心声。

但是我们也要看到社会信用体系建设依然任重道远，与社会期望还存在一定差距。余先生近日就遇到了一件"烦心事"。前一段时间，他报名参加了一家旅行社组织的环城周边三日游。"仅仅在一家景区就进了七八个购物店，导游一直向我们推荐玉石和银器，我们进店不买东西，导游就不肯带队离开，有一个购物店我们足足呆了2个小时。行程安排上的景点多数只停留一刻钟，拍拍照就草草结束了，标榜的'豪华游'最终变成了购物游。"此类现象缘何屡禁不止？在N市经营旅行社的罗经理认为，旅行社经营秩序混乱的问题早已引起有关部门重视，旅游部门也整顿过很多次。但是，因为违法成本低，这些旅行社往往抱着"逮着了认罚、没逮着我狠"的态度，我行我素，大不了换身行头重新登场。

在不少地方，类似机动车交通违章、社区违建、路边非法占道经营等行为，并没有纳入信用体系；而对于一些企业来说，招聘财务、中高级管理岗位等职位时，也常常因为难以获得有效个人信用信息，不得不耗费大量精力调查应聘者的职业素养。

根据一家咨询公司数据，我国信用体系覆盖人口3亿~4亿，覆盖度约为35%。"民间征信系统虽然吸收了更全面的互联网信用信息，但多集中在购物消费、金融信贷方面，角度比较单一，难以真正反映一个人的信用状况，与规模巨大的市场需求相比仍然杯水车薪。"一家信用机构的负责人说，目前我国信用应用场景仅仅开发了1%，还有很多人对信用信息不够重视，不知道运用信用信息。

建立社会信用体系离不开对信用信息的征集，过去我国的征信工作主要由政府和银行主导，但随着时代的发展，这已越来越不能满足社会的需要，放开市场引进民营征信机构势在必行。民营机构做个人征信是否会泄露个人信息，成为公众最为关注的焦点。一家网站的专题调查显示，3000多名投票网友里六成不看好民营征信发展前景，绝大部分都是出于对个人信息保护的担忧。"个人信息泄露了谁来负责？"这是网友问得最多的问题。信用体系建设，既要获取更多数据勾勒人格特征，也要注重保护每个人的隐私。对个人隐私的保护，不仅考验民营征信机构的技术能力，也考验其责任感和担当感。有专家说："即便用户授权，也只采集合法、相关、必要的信息。"我国现在尚无专门的隐私权保护法，对于哪些数据涉及隐私权需要保护，缺乏明确的法律界定。"作为新生事物，对民营征信机构不宜求全责备，但相关立法和监管工作要加紧跟上。"

【答案示例】

关于加强我市社会信用体系建设意见的提纲

当前，我市信用体系建设存在违法成本低、信用信息不全、应用场景不多、征信主体较少、隐私容易泄露等问题。因此，我们应加强信用体系建设、完善信用信息。

(1) 建立信用奖惩机制。采用积分制，为守信人提供公共服务便利；设立黑名单，对失信人加大处罚力度。

(2) 规范企业经营秩序。提高处罚标准，增加企业违法成本；收集违法信息，建立企业诚信档案，形成长效处罚机制。

(3) 完善信用信息收集。全面统计信用行为，丰富信息种类；收集个人信用信息，扩大覆盖人口。

(4) 增强信用信息有用性。推进应用场景开发，提高信息使用率；加强宣传教育，促使群众重视、运用信用信息。

(5) 丰富征信工作主体。延续传统，保持政府银行主导；放开市场，引入民营征信机构。

(6) 注重个人隐私保护。民营机构提升技术能力，树立责任感、担当感；政府制定隐私权保护法，明确界定隐私界限，加强监管。

二、总结类公文

(一) 题型认知

总结类公文的写作目的是把具体情况告知或汇报给某个或者某些对象，其写作要素要根据给定资料来确定。常见的总结类公文有汇报(提纲)、讲话稿、发言稿、调查报告、编者按等。

(二) 写作框架

总结类公文的写作框架如图9-2所示。

```
            "关于"+事由+"的"+文种
主送机关(发文对象)：
    开头：引出主题(背景、根据、目的等)
    主体：总结与主题相关的要素(问题、危害、意义、对策等)
    结尾
                        落款：发文机关(发文者)
                              ××××年××月××日
```

图9-2　总结类公文的写作框架

(三) 真题演练

【例9-7】 假如你是被派到Y县的调研组的一员，请根据给定资料中的调研记录，就山岔村值得肯定的做法写一份调研报告提纲。

要求：(1) 紧扣资料，要点完整；(2) 内容具体，条理清晰；(3) 不超过500字。

资料： 有着良好区位优势和自然条件的Y县城关镇山岔村，多年来却受人多地少、农业基础薄弱、产业结构单一等因素制约，2012年全村人均纯收入仅为3800元，约三成的人口处在贫困线下。在各方努力下，该村2013年实现了整村脱贫，2015年建成省级美丽乡村，2016年被评为市级卫生村，2017年被列入小康村建设项目。日前，调研组对山岔村进行了调研，以下是调研记录。

村党支部书记L介绍说，为了彻底改变贫困面貌，2013年，村上联系帮扶单位省环保厅、相关银行，反映发展意见，争取帮扶资金。山岔村通过整合帮扶资金，建成了180平方米的文化宣传基地，安装太阳能路灯10盏，硬化村内道路3千米，硬化西环路至山岔村道路35千米，还积极争取财政、建设、文化、扶贫等部门资金，实施了清溪小学及幼儿园新建工程。

该村还积极鼓励农户成立合作社，通过土地流转，形成合作社式的劳作模式，发展现代设施农业、养殖业，并引导群众有计划地种植经济作物。

杨自龙家以前是村里有名的贫困户。原本东奔西走做临时工的他，在村党支部的鼓励下，争取到帮扶贷款90万元以及村级发展互助资金协会注入的资金30万元，牵头成立了吉隆田农产品产销专业合作社，先后搭建起17座草莓大棚。因为绿色环保，来采摘的人很多，经济收入年年增长。

据记载，山岔村以前有九盘水磨，它们在清朝同治年间被焚烧殆尽。清光绪初年，本村村民王升贵、王好存父子重新修建一盘水磨，用于解决老百姓无处磨面的问题，加工场面十分红火。这盘具有传奇色彩的水磨保留到了今天，不仅让后人了解先辈生活，也激励了大家齐心奔小康的勇气，被Y县人民政府授为县文物保护单位。

"我们确立了'一心多景，一轴三廊，四片联动'的发展格局。"城关镇党委书记X如是说。他介绍，山岔村2014年被纳入了市级美丽乡村建设行列，城关镇抓住这一机遇，积极为该村出良策，以"传承九磨文化，做足山水文章"为主线，因地制宜发展乡村旅游业。该村下决心把发展乡村旅游作为带动全村致富的一个新举措，依托自然资源，发挥山岔村天然水源的优势，彰显历史印记，融合文化元素，做活水的文章，打造避暑休闲的美丽村庄。

L书记说，该村2014年修建了占地650平方米的老年文化活动广场，2015年利用省市县三级配套资金打造了占地7800平方米的水磨文化广场，2016年建成了2000平方米的人造草坪球场，并精心打造了四百米长的历史文化艺术墙。这些设施不仅丰富了群众文化生活，还使村民在潜移默化中受到教育，社会风气也越来越好。

山岔村古时就因县八景之一的"烽火夕照"而负盛名。夕阳将落未落之时，晚霞赤红如血，涂遍半边天空，如一幅色彩溢漾的油画。置身此处，山川河流尽收眼底，其景象在夏日最为艳丽壮观。据此，山岔村2016年建成烽火夕照长城墙、山神庙观景平台和小游园，同时恢复了重阳民俗文化活动。

"我们村已通过省、市美丽乡村建设验收，打造了一个不要门票的乡村旅游景点。到这里来，能品野菜、听蛙声、忆水磨、体验农耕文化，看得见山，望得见水，留得住乡愁。"L书记高兴地告诉我们。

依托美丽乡村建设，部分村民办起了农家乐。周云是村里的致富带头人，2014年市级美丽乡村建设，他看到了商机，有效利用自家宅院，开办"农家乐"。"道路全部硬化，环境干净整洁，吸引来了不少游客，生意一天比一天好，一个月纯利润有一万多元。"周云笑呵呵地说。

L书记介绍说:"周云的农家乐开办为山岔村的乡村旅游业发展开了个好头,好多村民纷纷效仿,家庭收入开始增长,生活条件明显好转了。可是新的问题出现了,男人们一闲下来就喝酒,女人们一闲下来就传闲话。镇、村都意识到了这个问题。习近平总书记说:'实施乡村振兴战略要物质文明和精神文明一起抓,特别要注重提升农民的精神风貌。'我们全面落实习近平总书记的有关指示,大力倡导文明树新风。"他指着一些农家大门边墙说:"精神文明建设的第一步就是从每一家找家训、立家规,然后制作成漂亮的牌子挂在门口,时时提醒着进出的每一个人。"他强调,家和万事兴,家庭和睦、邻里亲近,做任何事都容易。

山岔村把家训作为优秀传统文化传承发扬,在全村范围内从家谱村史、牌匾楹联、经典家训中广泛征集好家训,使该村成为户户挂家训、家家立家规的"家训村",以文明家风推动良好社会风气形成。周云家的大门口贴的是"家庭和谐,邻里相亲",对于周云来说,好的家训是他家庭和睦、创业致富的根本。周云说:"自从挂上了家训牌,全村的人就开始讨论张家或者李家的家风,不但监督别人,而且反观自己、要求自己、教育孩子。大家和睦相处,邻里亲近。"

【答案示例】

关于山岔村经济社会发展的调研报告

从前山岔村人多地少、农业基础薄弱、产业结构单一、人均收入少,而今实现了整村脱贫,成为省级美丽乡村、市级卫生村和小康村。该村值得肯定的做法如下所述。

(1) 争取帮扶资金,完善基础设施,提升公共教育服务。硬化路面,安装路灯,方便群众生产生活;加强幼儿园等学校建设,促进教育发展。

(2) 成立合作社组织,发展现代农业。通过土地流转发展现代设施农业和养殖业,种植经济作物;争取帮扶贷款,鼓励群众创业,建大棚,发展现代绿色环保生态农业。

(3) 促进文化、生态、经济融合发展。明确发展格局和主线;借助美丽乡村建设,依托九盘水磨等文化、自然资源发展农家乐等乡村旅游,带动全村致富。

(4) 完善文化设施,继承文化传统。修建老年文化、水磨文化广场,历史文化艺术墙,恢复传统重阳民俗文化活动。

(5) 加强精神文明建设,提升个人精神风貌。挂家训、立家规,制作成门牌,加强家风宣传;把家训作为优秀传统文化传承发扬,形成良好社会风气。

三、宣传类公文

(一) 题型认知

宣传类公文的写作目的是通过说服、劝解、号召、宣传等转变认知、看法,增长知识,进而倡导被宣传对象采取某些行动或者措施。

宣传类公文有公开信、倡议书、宣传稿等文种。

(二) 写作框架

宣传类公文的写作框架如图9-3所示。

```
              "关于"+事由+"的"+文种
主送机关(发文对象)：
    开头：介绍情况(背景、根据等)
    主体：劝服(问题、危害、意义等)+ 倡议(对策)
    结尾：呼吁号召
                              落款：发文机关(发文者)
                                    ××××年××月××日
```

图9-3 宣传类公文的写作框架

四、评论类公文

(一) 题型认知

评论类公文的写作目的是对某些现象或观点进行评价。常见的评论类公文有时评、评论文等。

(二) 写作框架

评论类公文的写作框架如图9-4所示。

```
                    标题
开头：介绍评论对象(含义、表现等)+表明观点
主体：评析论证(根据题干倾向确定内容，结合资料丰富完善)
结尾：对策、升华等
```

图9-4 评论类公文的写作框架

五、总结

公文类型众多，每种类型对应的公文格式和内容有所区别，具体要求如表9-1、表9-2所示。

表9-1 公文格式要求

文种	标题	称谓	落款
报告、通告、意见、通知	有	有	有
倡议书、公开信、宣传稿	有	有	有
经验发言稿、事件处理发言稿	有	有	根据具体情况确定
提纲、时评、网评、新闻稿等	有	无	无

表9-2 公文内容要求

公文类别	侧重点	行文结构	语言
方案类	对策与建议	开头+对策+结尾	建议性口吻
总结类	多要素	问题+危害+意义+对策等	严谨、通俗易懂
宣传类	建议+号召	问题+危害+意义+对策+呼吁号召	有感染力、号召力、亲和力，通俗易懂
评论类	评论+论据	对象描述+观点+理由+对策	精准、简练

第四节 文章写作

一、作文的评分标准

申论的作文有评分标准和样卷两项评分"神器"。结合这两项"神器"，阅卷人会采用整体浏览、分等级赋分的方式进行评分。阅卷人会综合考虑该文章观点是否正确、结构是否明晰、论述是否有力、语言是否流畅、感情是否真挚、思想是否深刻等要素对考生作文进行评级，考生最终得分在该等级给分区间内浮动。考生对于此部分的评分标准要全面把握。每年的评分标准会有所不同，参见表9-3和表9-4。

表9-3 评分标准示例1

【作文要求】给定资料提到："跟着时代的大潮往前走，尽到我所有的力量，做好我要做的事情。"请深入思考这句话，自选角度，联系实际，自拟题目，写一篇文章。(40分)
要求：(1)观点明确，见解深刻；(2)参考"给定资料"，但不拘泥于"给定资料"；(3)思路清晰，语言流畅；(4)1000~1200字

| 一类文(34~40分)：全面符合作答要求 | 切合题意，能紧密围绕"跟随新时代顺势而进，尽心尽力，爱岗敬业，为国利民"提出真知灼见 | 观点鲜明，见解深刻；联系实际，举例贴切 | 结构严谨，逻辑清晰 | 语言准确、简洁、流畅，书写规范、工整 | 以37分为基准分，适当浮动。基本具备以上条件者，可获基准分；某一方面比较突出的，适当加分；反之，酌情减分 |

(续表)

二类文(25～33分)：基本符合作答要求	符合题意，能围绕"跟随新时代顺势而进，尽心尽力，爱岗敬业，为国利民"提出见解，角度适当	观点明确，见解较深刻；论据说服力较强，能联系实际	结构完整，逻辑较清楚	语言较准确、简洁通顺，书写规范、工整	以29分为基准分，适当浮动。基本具备以上条件者，可获基准分；某一方面比较突出的，适当加分；反之，酌情减分
三类文(15～24分)：不完全符合作答要求	不完全符合题意"跟随新时代顺势而进，尽心尽力，爱岗敬业，为国利民"	论据不能有力支撑论点，论证缺乏力度；联系实际不足，缺少例证或举例不当	结构基本完整	语言基本准确、基本通顺，书写基本规范	以20分为基准分，适当浮动。具备以上条件者，可获基准分；某一方面略好，适当加分；反之，酌情减分
四类文(0～14分)：不符合作答要求	背离题意，或观点有严重错误，或立意模糊	拼凑资料，基本上转述或大部分抄袭给定资料	通篇分条列项，文章类似细化提纲	字数在600字以下者	以7分为基准分，适当浮动。答卷中出现以上情况之一者，得基准分；某一方面略好的，适当加分；反之，酌情减分

表9-4 评分标准示例2

【作文要求】参考给定资料，以"平衡"为主标题，自拟副标题，自选角度，写一篇议论文。(40分)
要求：(1)自选角度，立意明确；(2)联系实际，不拘泥于"给定资料"；(3)思路清晰，语言流畅；(4)1000～1200字。

一类文(32～40分)：基准分36分	能紧密围绕"平衡"立论，立意明确，见解深刻、独特	能紧密联系社会实际，论据充分	思路清晰，结构完整，逻辑严密，语言流畅，书写工整、无误	不少于1000字
二类文(24～31分)：基准分28分	能较好围绕"平衡"立论，立意较明确，有一定的思想性	能联系社会实际，论据较充分	思路较清晰，结构较完整，语言通顺，书写工整、无误	不少于800字
三类文(16～23分)：基准分20分	基本上能够围绕"平衡"立论，观点较为模糊	联系社会实际不够紧密，论据不够充实	思路不够清晰，结构欠完整，语言不够通顺，书写不够工整，错别字较多	不少于600字
四类文(15分以下)：符合以下几个条件之一的，均在本等级计分	(1) 没有围绕"平衡"立论； (2) 一条条罗列，没有具体论述； (3) 背诵事先准备的范文； (4) 不知所云； (5) 不分段落，没有标点； (6) 以摘抄原文为主； (7) 结构混乱； (8) 文面错误较多； (9) 篇幅不足600字			

二、作文的结构

何谓文章结构？文章结构是文章的谋篇布局。形式上，一般包括标题、开头、分析论证、结尾等基本部分。内容上，有以对策为主的文章结构，也有以分析内涵、原因、意义等为主的文章结构。文章没有固定套路模式，即文无定式，要根据具体文章确定。

(一) 如何命题

好的标题应起到画龙点睛的作用。一般而言，标题应该包含文章的主题和观点。常见的标题有以下几种类型。

1. 常规型标题

例如：把简政放权做实做好(把××做实做好)
　　　担起防治污染的主体责任(担起××的主体责任)
　　　迈好"科技强国"的坚实一步(迈好××的坚实一步)

2. 比喻式标题

例如：政务公开进入"快车道"
　　　绘好科技创新的"工笔画"
　　　家教是孩子最好的"营养剂"
　　　给小微企业戴上"法律护身符"

3. 警醒式标题

例如：莫让诗词"热"一时
　　　莫让"丧文化"伤了孩子
　　　新闻，不要以伤害为代价
　　　文化艺术，勿以传统反现代

4. 对称式标题

例如：身在急时代 心享慢生活
　　　资源共享 文明共担
　　　弘扬优良家风 助力中国腾飞
　　　勇于自我革命 战胜风险挑战

5. 主副式标题

例如：平衡——幸福生活需处理好"快"与"慢"的关系
　　　破解"曲高和寡"的文艺困境——用新媒体让高雅艺术接地气
　　　用好"能上能下"的指挥棒——完善干部管理制度，让机关不养闲人
　　　不患寡而患不均——扶贫工作要注重公平

(二) 如何开头

文章开头的作用是突出主题观点，常见的文章开头方法有以下几种。

1. 阐释式

【作文要求】给定资料中的题字"岁月失语，惟石能言"能触发人们许多思考和感悟，请参考给定资料，以"岁月失语，惟石能言"为题，写一篇文章。

【作文开头示例1】文化学者冯骥才在贺兰山前，望着雄浑的石雕，感受着镶嵌在石缝之中的逝去岁月，不禁发出"岁月失语，惟石能言"的感慨。的确，中华民族在五千年的历史中创造了光辉的文化，而往昔的辉煌早已消散在历史的风尘中，传统文化和民族精神只能通过各类文化遗产展现在后人面前。冯先生的心情可以用"悲欣交集"来形容。悲的是岁月不能言语，文脉断绝；欣的是还有石头及壁画尚存，文化遗产保护还有一线生机。

2. 评论式

【作文要求】请结合对给定资料的理解与思考，从分析"保持简单，比复杂还难"这一观点出发，自拟题目，写一篇议论文。

【作文开头示例2】如果要用一个字来形容现代人的生活和工作节奏，那就是"快"。在"快"字背后，则是看似无休止的工作、没完没了的应酬、停不下来的购物……很多人都想从这"烦琐"的生活中抽身，过上简单但更有意义的生活。就连已故的苹果掌门人乔布斯也曾说："保持简单，比复杂还难。" 对此，我深感赞同，但是，我仍然认为，每个人都应当让自己生活得更加"简单"。

3. 总结式

【作文要求】请结合对全部"给定资料"的理解与思考，以《谈"执法"》为题，写一篇文章。

【作文开头示例3】交通运输业是事关国民经济的基础性、先导性、服务性行业，是经济社会发展的重要保障，而安全性是交通运输业的基础要求。然而，目前车辆超限、超载的危险行驶行为似乎变成破不掉的"魔咒"，甚至"双超"治理工作中也出现暴力抗法、徇私舞弊等问题，危及道路安全、人民生命财产安全和经济社会健康发展，严重影响了政府的形象和公信力。在这样的背景下，治理"双超"，加强执法，已经刻不容缓。

(三) 如何分析论证

1. 论证结构

论证=观点+阐释+举例+引言+总结

2. 论证过程

论证是用论据证明观点的过程。

【论证过程示例1】"心底无私天地宽",只有做到一心为公,不谋私利,才能经得起考验。从周恩来定下"十条家规"要求家人"不谋私利,不搞特殊化",到焦裕禄因孩子看了场"白戏"便严厉批评,立即把票钱如数送还,并建议县委起草《干部十不准》,再到"四有"书记谷文昌、"新愚公"李保国……他们严守公私界限,不徇私情、不谋私利的品格,不仅树立了共产党人的旗帜和标杆,也在人民群众心中矗立起一座座不朽的丰碑。领导干部只有做到公正无私,心怀大爱,不偏不倚,方能在权力和利益面前摆正位置不动摇,克服前进道路上的一切困难,树立良好形象。

【论证过程示例2】当今选拔任用人才的根本要求,就是公正用人,这需要我们做到公在公心,公在事业,公在风气。公在公心,以民心所在为用人依凭,以百姓得失为考评标准;公在事业,从事业需求出发选用人才,以事择人,人岗相适;公在风气,功位匹配才能营造清正的选人用人氛围,"人人为公,则天下太平"。为人择官,是"以官为本",功不配位,则会助长亲亲疏疏的不正之风;为官择人,是"以民为本",能者居其位,方可涵养风清气正的良好生态。《荀子·君道》有言道:"尚贤使能之为长功也。"尚贤使能,就是要树立公正用人的"风向标",提振干事创业的"精气神",让能者上,庸者下,劣者汰,才能"群贤毕至",有为者终得其位。

论据是证明观点合理性的证据,主要有事实论据和理论论据。事实论据包括社会热点、经典故事、数据、调查报告、新闻报道等。理论论据包括名人名言、俗语俚语、领导人讲话、理论政策、客观规律、科学原理、论著文章等。

(四) 如何结尾

1. 总结式

【作文结尾示例1】"凡事预则立,不预则废。"只有按照习近平总书记提出的要求,将防范风险的先手与应对和化解风险挑战的高招结合起来,将打好防范和抵御风险的有准备之战与打好化险为夷、转危为机的战略主动战结合起来,我们才能不断提高化解风险能力,从容应对各种挑战,推动中国航船向着民族复兴的目标破浪前行。

2. 展望式

【作文结尾示例2】我们有理由相信,在党和国家的号召下,在广大人民群众的努力下,在良好社会环境的孕育下,一定能众筹出一个更加开放、平等、自由、公平、正义的新世界。

3. 呼吁号召式

【作文结尾示例3】中华文化是最文明、最平和、最具有包容性的文化之一,让我们一起学习中华文化,践行中华文化,传播中华文化。让我们自信大方、大声地告诉世界:我们来了!

四、真题演练

【例9-8】 给定资料结尾写道："城市文明和乡村文明，人造文明和自然文明，都是应该而且可以互补的，理想的生活状态可能还是在城、乡之间自由游走。"请结合你对这句话的思考，自选角度，联系实际，自拟题目，写一篇文章。

要求：(1)观点明确，见解深刻；(2)参考给定资料，但不拘泥于给定资料；(3)思路清晰，语言流畅；(4)1000～1200字。

资料："城市和农村要互补发展，"某官员指出，"有些经济学家总是简单地认为，只要把农村的人口接到城市里来，就完成了城镇化，生产效率会自动提高、社会分工会自动推进，这其实是有问题的。"该官员特别强调了一个误区，即将城乡一体化变为城乡"一样化"。当前，村庄大量被拆，数量急剧减少，部分基层干部梦想一步就把农村变成城市，这样做将造成的后果不是城乡互补发展，而是城乡"一样化"，这不仅可能导致宝贵的乡土旅游资源的丧失，也不利于现代化农业的建设。

据此，该官员认为未来的城镇化发展应该坚持"两条腿"并行，城市、农村协调统一，宜城则城、宜乡则乡，统筹区域发展、体现地方特色，做好产业支撑、保证公共服务、保护生态环境，让农村和城市同样美丽。

有专家指出，我们在城乡关系认识上存在一些误区，他认为，不是城市文明高于农村文明，也不是农村文明高于城市文明，两者是相互依存、功能互补的关系，所以既不能把城市文明凌驾于乡村文明之上，也不能把乡村文明凌驾于城市文明之上。

城市文明和乡村文明，人造文明和自然文明，都是应该而且可以互补的，理想的生活状态可能还是在城、乡之间自由游走。

【答案示例】

文明——在乡村与城市之间

有人认为农村的发展就是把农村人赶进城市，或者把农村变成城市，这种想法是非常片面的。他们没有看到城镇化带来房价高涨、交通拥堵、环境污染等各种"城市病"，没有看到农村也有城市不可取代的、独立的价值和功能。城市和乡村，人造文明和自然文明，不是谁要压过谁，而是应该互补的。理想的生活应该在城、乡之间自由游走。

我们必须站在全局高度，打破单线思维，促进乡村综合发展，统筹城乡发展。要让城乡各自保持自己特色优势，形成城乡相互独立、相互依存、相互促进的互利共赢的发展局面。

因此我们要总体规划，全面布局，打破单一思维，充分利用资源，促进农村综合发展。在经济上要转变农村只能发展农业的传统观念，推动农业加工工业、文化生态旅游、餐饮休闲等服务行业发展，促进农村产业多元化。农村有广袤的土地、优美的自然环境、深厚的历史民俗文化，这些资源为乡村发展的多样性提供了基础。农村发展首先要立足农业，通过生产组织形式、加大资金、技术等投入，推动农业的现代化。同时我们也要看到，农村的现代化不能简单地等同于农业的现代化。我们要促进农村产业的多元化，利用丰富的自然和文化资源，发展乡村旅游、民俗文化节、农家乐等第三产业。此外在发展农村经济的基础上，要进一步促进农村生态、文化、教育、社会治理等方面的全面发展。

特别是乡村的发展不能片面靠乡村自身，还必须理顺城乡关系，统筹城乡发展，有机把城市的优势和农村的特点相结合，使城乡相互补充、相互促进。统筹城乡发展就要把农村丰富的自然、土地、文化资源和城市的资金、人才、技术和组织优势相结合。农村资源要开发，产业要多元化，离不开城市的支持。只有统筹城乡发展，农村和城市才能共同发展。农村的土地、自然文化等资源还需要依托城市能提供的资本、技术才能得到有效的开发。农村的旅游、休闲餐饮等服务业也必须依托城市的消费市场。当前城市消费正在升级，人们已从吃得饱、吃得好向吃得绿色、吃得健康转变，对绿色、优质、中高端农产品的需求日益扩大，这是农村的历史发展机遇。

我们还应该注意，城市对农村的输入不是单向的，乡村绝不是单方面地接受工业的反哺、城市的带动，乡村本身有它独特且越来越弥足珍贵的价值。城市为农村带去资金，农村也为城市提供投资市场；城市为农村提供技术，农村为城市过剩的生产力提供了新的发展空间和平台。更为重要的是，农村独特的自然和历史文化价值，为沉沦在物欲中的城市提供了精神依托和心灵安居之所。乡村培育了光辉灿烂、独具价值的农耕文明，它有"锄禾日当午，汗滴禾下土"的勤劳，有"采菊东篱下，悠然见南山"的恬淡，有"榆柳荫后檐，桃李罗堂前"的闲适；这里孕育了人与自然和谐相处的生态体系，它尊山、爱水、有乡愁……我们必须发掘乡村这些价值，展现这些价值，丰富这些价值，乡村完全可以在现代经济体系和现代生活图景中占据重要位置。

理想的生活应该是在城乡之间自由游走。我们期待最先进的技术、最丰厚的物质文明与最高远的自然、最悠久的历史文明和谐共生。我们向往人类文明和自然文明水乳交融，让天人合一的超越境界获得新生。

第十章 综合知识

综合知识是国企笔试考试中的重要内容之一,其主要侧重考查考生在专业素养、行业认知和企业了解等方面的综合能力。具体而言,综合知识主要包括以下三部分内容。

一是专业知识。该部分主要考查考生对所报考的专业领域内的基础理论、技能和实践经验等方面的掌握程度,涉及专业术语、理论知识、操作技能等内容。

二是行业知识。该部分主要考查考生对所报考职位所属的行业的了解程度,包括行业发展趋势、市场竞争状况、政策法规等内容。

三是企业知识。该部分主要考查考生对所应聘的企业的了解程度,包括企业文化、业务范围、组织架构等方面,同时可能考查考生对行业内其他优秀企业的了解情况,以及对企业间的合作与竞争关系的认知程度。

考生需要在备考过程中,针对自己所报考的职位及其所属行业,全面、系统地了解和掌握相关考点。同时,考生也需要关注行业发展动态和企业变化情况,对行业企业发展趋势有敏锐的洞察力。本章将对以上三大内容进行详细解读,采用考情介绍与真题演练相结合的方式,以点带面地帮助考生了解国企笔试综合知识部分的考试内容。

第一节 专业知识

一、考情介绍

国企考试中的专业知识板块是针对考生所报职位所需的专业领域而设立的，主要考查考生在专业领域内的基础理论、技能和实践经验。专业知识板块的考试内容通常涉及所报职位所属的行业、领域或专业，如财务、会计、法律、工程等。例如，金融银行业单位在信息科技岗位的笔试招聘中会主要考核考生的计算机专业知识，国家电网在笔试招聘中会根据不同的岗位类别考查对应学科领域的专业能力，凸显各个职位所需的特定能力和素质。

专业知识板块包括以下几方面内容：一是专业术语和概念，该部分主要考查考生对所属领域的专业术语和概念的理解程度；二是理论知识，该部分主要考查考生对所属领域的基本理论知识的了解情况；三是技能与操作，该部分主要考查考生在所属领域内的相关技能和操作技巧的掌握情况；四是该专业领域中新技术和新发展，如最新的人工智能、物联网、5G等前沿技术。

以上是国企考试中专业知识板块的主要内容。为了顺利通过国企考试，考生需要对所报考职位所需的专业领域进行全面、系统的学习和掌握，同时关注相关行业发展和技术变革的动态，保持行业敏感性和前瞻性。

在国企招聘考试中，考查专业知识的企业很多，典型的就是国家电网在招聘时，其考查的专业知识都有明确的考试大纲。考试大纲给了考生一定的复习内容指引和参考，让备考更有方向性。在有考试大纲的情况下，实际考试中大部分内容都在考试大纲范围内，只有极少数题目会超纲。国家电网的招聘岗位一般分为八大类，分别是电工类、计算机类、通信类、财务会计类、金融类、其他工学类、管理类、其他专业类。不同的岗位类别，考试的科目及内容均不相同，官网也会给出详细的复习大纲，这里以"财务会计类"为例，给考生做详细的参考，具体复习大纲如表10-1和表10-2所示。

表10-1 "财务会计类"岗位公共与行业知识(20%)

类别	序号	主要知识结构
一般能力 (行政能力测试)	1	言语理解，考查对语言文字的综合分析能力
	2	数理思维，考查快速理解和解决算数问题的能力
	3	判断推理，考查根据一定的先知条件，通过拥有的知识、思维进行判定、推断的能力
	4	资料分析，主要包括文字类资料、表格类资料、图形类资料和综合类资料4种基本形式，综合考查应试者阅读、理解、分析、计算等方面的能力

(续表)

类别	序号	主要知识结构
企业文化、电力与能源战略	5	参见《国家电网公司企业文化、电力与能源战略》题库
形势与政策	6	中国共产党和中国政府现阶段的重大方针政策，2022年1月至今的国际、国内重大时事

表10-2 "财务会计类"岗位专业知识(80%)

主要课程	序号	主要知识点
计算机基础	1	计算机硬件基础(计算机系统的组成与功能、数据在计算机内的表示与处理)
	2	计算机软件基础(计算机软件的分类、操作系统基本概念和功能、高级程序的开发与执行、应用软件开发过程)
	3	网络技术基础(计算机网络定义、分类、组成及应用)
	4	信息安全技术(计算机网络安全、计算机病毒及防范)
	5	信息科学前沿(云计算、大数据、人工智能、数据挖掘、物联网)
会计	6	会计基本准则
	7	会计科目、账户和复式记账
	8	会计凭证与会计账簿
	9	财产清查
	10	货币资金及应收、预付账款
	11	存货
	12	固定资产
	13	长期股权投资
	14	无形资产
	15	资产减值损失
	16	负债
	17	所有者权益
	18	收入、费用与利润
	19	所得税
	20	会计政策、会计估计变更和差错更正
	21	财务报告
	22	租赁
	23	金融工具
	24	职工薪酬
	25	企业合并与合并财务报表
	26	会计诚信
	27	会计基础工作规范
审计	28	审计要素、审计目标、审计基本要求、审计风险、审计过程与审计保证程度
	29	审计计划
	30	审计证据
	31	审计方法
	32	审计工作底稿
	33	风险评估

(续表)

主要课程	序号	主要知识点
审计	34	风险应对
	35	采购与付款循环审计
	36	销售与收款循环审计
	37	生产与存货循环审计
	38	货币资金审计
	39	审计报告
管理会计	40	管理会计基本指引
	41	预算管理
	42	标准成本法
	43	作业成本法
	44	本量利分析
	45	经济增加值
	46	内部业绩评价
财务管理	47	财务管理内容、目标、原则
	48	财务预测
	49	营运资本管理
	50	债务筹资和混合筹资
	51	资本成本与资本结构
	52	投资管理
	53	财务分析与评价
税法	54	税法基本原理(概念、原则、要素、税收执法、纳税人权利和义务)
	55	增值税法
	56	城市维护建设税法
	57	房产税法与城镇土地使用税法
	58	车辆购置税法、车船税法和印花税法
	59	企业所得税法
	60	个人所得税
	61	国际税收税务管理实务
内部控制	62	企业风险管理的含义、目标及基本原则
	63	企业风险管理策略、合规性审查、组织职能体系和制度体系
	64	企业内部控制基本规范
	65	采购业务控制
	66	资金活动控制
	67	资产管理控制
	68	业务外包控制
	69	工程项目控制
	70	内部控制评价
	71	信息系统控制

二、真题演练

1. 下列选项中，属于会计基本职能的是(　　)。
   A. 会计核算与会计预测　　　　　B. 会计核算与会计决策
   C. 会计核算与会计监督　　　　　D. 会计核算与会计分析

2. 下列选项中，符合重要性要求的是(　　)
   A. 在资产负债表中单独列示一年内到期的长期负债
   B. 对决策有用
   C. 不得高估资产或收益，低估负债或费用
   D. 及时进行会计确认、计量和报告

3. 下列不属于外来原始凭证的是(　　)。
   A. 采购发票　　B. 火车票　　C. 产品入库单　　D. 增值税专用发票

4. 下列各项中，不能用现金支付的是(　　)。
   A. 个人劳务报酬　　　　　　　B. 向个人收购农副产品的价款
   C. 购买原材料的价款　　　　　D. 职工工资

5. 下列各项固定资产中，应对其计提折旧的是(　　)。
   A. 已提足折旧的固定资产　　　B. 持有待售的固定资产
   C. 当月购入的固定资产　　　　D. 当月处置的固定资产

6. 自行研发无形资产的过程中，在研究阶段发生支出时，应将发生的支出计入(　　)。
   A. 无形资产　　　　　　　　　B. 研发支出——资本化支出
   C. 研发支出——费用化支出　　D. 管理费用

7. 下列属于企业非流动资产的是(　　)。
   A. 应付职工薪酬　　B. 应付利息　　C. 预收账款　　D. 应付债券

8. 下列属于收益性支出的是(　　)。
   A. 日常的修理费　　　　　　　B. 扩建的支出
   C. 无形资产的人工成本　　　　D. 购置设备支出

9. 下列属于会计估计变更的是(　　)。
   A. 投资性房地产公允价值计量模式转为成本模式
   B. 长期股权投资通过增持由权益法转为成本法核算
   C. 政府补助由总额法变更为差额法核算
   D. 固定资产折旧方法由年限平均法变更为双倍余额递减法

10. 下列不属于现金流量表中的现金的是(　　)。
    A. 库存现金　　　　　　　　　B. 三个月内到期的债券
    C. 可动用的银行存款　　　　　D. 其他货币资金

11. 职业道德的精髓是(　　)。
    A. 诚实守信　　B. 爱岗敬业　　C. 提高技能　　D. 坚持准则

12. 如果要进一步提高企业的融资效率,应该采用(   )财务管理体制。
A. 集权型   B. 分权型
C. 集权与分权相结合型   D. 不确定

13. 固定资产的更新决策中不考虑(   )。
A. 沉没成本   B. 固定资产泡沫
C. 机会成本   D. 营业期的经营流量

14. 为了发放现金股利筹资属于(   )筹资动机。
A. 交易性动机   B. 支付性动机   C. 扩张性动机   D. 调整性动机

15. 下列关于投资项目资本成本的说法,不正确的是(   )。
A. 资本成本是投资项目的取舍率
B. 资本成本是投资项目的必要报酬率
C. 资本成本是投资项目的机会成本
D. 资本成本是投资项目的内含报酬率

16. 线路首端和末端电压的差值称为(   )。
A. 电压闪变   B. 电压偏差   C. 电压损耗

17. 电容器就是能够容纳(   )的电器元件。
A. 电流   B. 电荷   C. 电压

18. 我国电力系统的额定频率为(   )。
A. 50Hz   B. 60Hz   C. 49Hz

19. 低压线路补偿在线路重载情况下,补偿度一般不能到达(   )。
A. 0.8   B. 0.95   C. 0.9

20. 高压线路补偿一般是采用(   )作为控制和保护。
A. 真空断路器   B. 跌落式熔断器   C. 空气开关

【答案】
1~5:CACCD   6~10:CDADB   11~15:AAABD   16~20:CBABB

第二节
行业知识与企业知识

国企考试中的行业知识与企业知识板块主要考查考生对应聘企业所属行业和该企业本身的了解程度,包括行业发展趋势、企业文化、企业热点、企业新闻等方面的内容。考生需要对应聘行业和企业进行全面、深入的了解和研究,关注相关动态变化和市场信息,以提高行业认知力和企业洞察力。

下面以金融行业、电力行业、通信行业为例，通过考情介绍与真题演练两部分为考生介绍国企招聘考试中行业知识和企业知识的考查特点。

一、金融行业

(一) 考情介绍

在国企考试中，金融行业的招聘在行业知识和企业知识方面主要考查考生对金融市场、产品、风险管理、财务分析和新兴技术等内容的掌握程度。其中，随着互联网+金融板块的快速发展，金融行业的招聘考试对新兴技术也有考查，考查考生对金融科技、区块链、人工智能等知识的了解。

考生需要全面学习相关知识点，关注行业动态和政策变化，提高对金融领域的认知和洞察。

(二) 真题演练

1. (多选题)中国建设银行与多点Dmall的战略合作发布会在北京举行，双方共同发布了线上线下全渠道生态合作战略，充分发挥各自在大数据、技术、场景等资源优势，共同为用户提供优质、高效、安全、便捷的数字化金融和非金融服务，打造"(　　)+(　　)"的崭新模式。

  A. 新科技　　　　B. 新金融　　　　C. 新零售　　　　D. 新购物

2. (多选题)2020年4月26日，中国建设银行与山东省人民政府在济南签署"数字山东"建设战略合作协议，双方立足"(　　)"三大领域，在数字政府、数字经济、数字社会等方面开展深入合作，助力山东省构建智慧便民的数字社会。

  A. 决策支持　　　B. 社会治理　　　C. 数字事业　　　D. 公共服务

3. (多选题)中国建设银行的股票代码为 SH:(　　)，HK:(　　)

  A. 601939　　　 B. 00939　　　　C. 561347　　　　D. 00863

4. 中国农业银行是于(　　)年挂牌上市。

  A. 2006　　　　 B. 2010　　　　 C. 2012　　　　　D. 2008

5. 中国农业银行是(　　)。

  A. 国家专业银行　　　　　　　　　　B. 国有控股商业银行

  C 国有合资银行　　　　　　　　　　D. 国有独资银行

答案：1～5：BC；ABD；AB；B；B

二、电力行业

(一) 考情介绍

在国企考试中,电力行业的招聘对行业知识和企业知识的考查主要包括企业文化、电力和能源战略、形势与政策等内容。题型多为单项选择题、多项选择题和判断题,整体难度适中,且以记忆类知识为主。

考生要在电力行业专业知识板块获得好的成绩,就需要注重掌握与电力和能源战略相关的专业知识,这些知识点类似于大学专业课内容;同时深入理解行业的发展趋势和政策法规,并关注与电力相关的热点信息及最新发展动态;还应重点关注所报考企业官网上的企业文化、热点信息和行业政策,进行总结和背诵,了解应聘企业的经营理念、核心价值观以及业务特点,提升自身竞争力。因此,考生需要注重学习、实践和思考,不断提高自身的综合素质和应试能力,从而取得更好的考试成绩。

(二) 真题演练

1. 国家电网有限公司的战略目标是( )
   A. 推进"三型两网"建设,打造具有全球竞争力的互联网企业
   B. 推进"三型两网"建设,打造具有全球竞争力的世界电网公司
   C. 推进"三型两网"建设,打造具有卓越竞争力的世界一流电网企业
   D. 推进"三型两网"建设,打造多流合一的世界一流能源互联网企业

2. 国家电网有限公司"三型两网,世界一流"战略目标实现的战略路径是强化( ),发挥独特优势;实施( ),实现高质量发展;实施( ),健全现代企业制度;实施( ),培育持久动能。
   A. 党建引导;效益变革;质量变革;动力变革
   B. 党建引领;质量变革;效率变革;动力变革
   C. 战略引领;效益变革;动力变革;质量变革
   D. 战略引领;质量变革;效益变革;动力变革

3. 国家电网有限公司是关系( )的特大型国有重点骨干企业。
   A. 国家能源战略、国家经济实力   B. 国家经济实力、国家能源安全
   C. 国民经济命脉、国家能源安全   D. 国民经济命脉、国家能源战略

4. 国家电网有限公司始终把( )作为第一动力,通过创新破解发展难题,突破技术瓶颈、市场瓶颈、制度瓶颈,培育核心优势,为实现基业长青不断注入新动能。
   A. 创新   B. 敬业   C. 服务   D. 奉献

【答案】1~4:DBCA

三、通信行业

(一) 考情介绍

在国企考试中，通信行业的招聘对行业知识和企业知识的考查主要包括通信行业的发展概况、运营商企业信息、移动通信技术发展史等内容。题型主要为选择题和判断题，题目数量一般在10道左右。考生需要掌握通信行业的发展趋势和技术特点，并关注所报考企业的官网，了解企业文化、荣誉、核心产品等信息。有效整理重要知识点，提炼背诵要点，能够帮助考生在考试中更好地应对各类题目。

(二) 真题演练

1. 中国移动组织开展2020年校园招聘的主宣传标语是(   )。
   A. "移路有你，和创未来"　　　　B. "移路有你，连接未来"
   C. "和你移起，引领未来"　　　　D. "和你移起，移路领先"

2. 在疫情防控特殊时期，中国移动推出"(   )"产品，让人们从"面对面""屏对屏"，复工复产不耽误，助力打赢疫情防控阻击战。
   A. 云视讯　　　B. 云视听　　　C. 和视频　　　D. 和视听

3. 中国移动通信集团有限公司与中国广播电视网络有限公司已于近期签署5G共建共享合作框架协议，开展5G共建共享及内容和平台合作，共同打造"(   )"生态，实现互利共赢。
   A. 网络+内容　　B. 网络+技术　　C. 技术+内容　　D. 技术+服务

4. 2020年5月17日，中国移动举办5G生态合作伙伴大会。中国移动表示，将不断加快5G布局，通过"(   )"升级新消费"，形成"新功能"，推动实现高质量发展，构建"覆盖全国，技术先进、品质优良"的5G精品网络。
   A. 新改造　　　B. 新基建　　　C. 新机遇　　　D. 新技术

【答案】1~4：DAAB

除金融行业、电力行业、通信行业外，其他行业在招聘考试中也会针对行业知识与企业知识进行考查，只是题目数量相对较少。建议考生考前登录应聘企业的官方网站，寻找企业文化信息并重点记忆，关注该企业近一年内发布的新闻内容，尤其是与行业相关的政策性信息。

第三篇
国企招聘面试知识

　　根据国企招聘考查维度的不同，面试的问题可以分为三类：半结构化问题、结构化问题、无领导讨论。其中，第一类是半结构化问题，主要考查考生对自我以及岗位的认知，包含个性特征类、行为经历类和求职动机类三种题型；第二类是结构化问题，主要考查考生是否具备从事工作所必备的基本能力，包括社会现象类、态度观点类、组织管理类、应急应变类、人际关系类5种题型；第三类是无领导小组讨论，其采用情景模拟的方式对考生进行集体面试，让考生进行一定时间的讨论，考查考生的组织协调能力、口头表达能力、人际关系处理能力等。

　　接下来三章将会围绕面试的三大类问题展开，有针对性地帮助考生了解各类问题的学习重点、答题策略，实现高效备考。

第十一章
面试之半结构化问题

半结构化面试是一种常见的面试形式，能够通过不同维度的问题，全面了解考生的个性特点、行为经历和求职动机，以评估其与应聘岗位的匹配度。半结构化面试在国企招聘中起着重要的作用。

半结构化面试主要考查题型有三类：第一类是个性特征类问题，它主要考查考生对自身的认知以及对岗位要求的理解程度。在回答个性特征类问题时，考生需要突出自己与岗位的匹配度，并遵循适配性原则、真实性原则和案例支持原则。第二类是行为经历类问题，它通过询问考生过去的经历，从而了解其工作态度、工作能力以及未来的工作潜力。考生作答这类题目时，可以重点突出具体的经历、采取的行动和取得的成果。第三类是求职动机类问题，它是评估考生对公司及岗位兴趣的重要途径。

在接下来的章节中，我们将深入探讨半结构化面试中不同类型的问题，帮助考生更好地应对国企面试的挑战。

第一节 个性特征类问题

一、题型认知

在半结构化面试中，考官通过个性特征类问题考查考生的个性特点、兴趣爱好和学习情况。

个人特点类问题旨在了解考生的个人情况、家庭情况、个性特点和能力等。例如："请做一个简单的自我介绍。""请介绍一下你的家庭情况。""请描述一下您的领导能力。""您如何处理工作中的压力和挑战？"

兴趣爱好类问题旨在了解考生的兴趣爱好、特长或在校期间参与的社团活动等。例如："您在业余时间有什么特别的爱好或兴趣吗？""您是否参加过志愿者活动？请谈谈您的经历。"

学习情况类问题主要关注考生的学术背景和学习成果。例如："您在大学期间取得了哪些学术成就？""您如何平衡学习和课外活动？"

个性特征类问题在问答面试中出现的频率极高，考官常在面试开始时提出一两道此类问题。由于这些问题的难度不高，考生有话可说，既缓解考生面试之初的紧张情绪，也可以显露考生的性格特点。然而，要想在回答中取得良好表现，考生需提前做充分准备，正如谚语所言："凡事预则立，不预则废。"只有做好充分准备，方能在面试时展示与岗位的匹配度，并清楚地表达对国企文化的认同和理解。

二、答题指南

答题指南是在回答问题时的指导原则，可以帮助考生更好地准备和回答问题。

1. 适配性原则

为了回答问题时突出个性特点与岗位要求的适配程度，考生需要深入了解申请岗位的职责和要求。而不同的岗位，对于考生的能力要求各有侧重，需要的个性特征也会有所不同，所以考生在备考时需要对报考的岗位做足功课，强调自己具备这方面的职业素养。例如应聘销售经理职位时，强调自己具有沟通能力、人际交往能力以及敏锐的市场观察力。

2. 真实性原则

在回答个性特征类问题时，考生应真实、坦诚。避免夸大事实或虚构经历，因为考官通常通过其他方式核实回答的真实性，如背景调查。坦诚地描述个性特点和经历，才能展示自己的真实面貌和能力。

3. 案例支持原则

案例可以增加回答的生动性、可信度和说服力。考生可以从以下几个角度对案例进行说明。

(1) 提供具体情境。在回答问题时，首先给出一个具体的情境或背景，让考官了解该情境下你所面临的挑战或任务。

例如，当被问如何处理紧急情况时，考生可以描述实习工作中遇到紧急情况的案例："我曾在一家医院的急诊科实习过。有一天，突然多位伤者同时送达急诊室，情况十分紧急，需要迅速而有效地应对各种伤情。这个情境下，我的任务是协调医疗团队，确保每位患者得到及时的抢救和治疗，最大限度地减少伤者的痛苦并保护生命安全。"

通过描述这个具体的情境，考生向考官展示了他在紧急情况下的处事灵活性、组织能力和决策能力。

(2) 描述任务和目标。描述案例时，清晰地阐述自己需要完成哪些工作或达到什么目标。这里以一个项目管理的例子来说明。

例如：在一个复杂的项目中，我承担了项目经理的角色。项目组面临着时间紧迫、资源有限的挑战，同时还需要保持团队成员之间的高效协作和沟通。我的任务和目标是确保项目按时交付，并提高团队的整体绩效。为了实现这些目标，我制定了详细的项目计划，分配任务给团队成员，并建立了有效的沟通渠道。我设定了里程碑和目标管理计划，与团队一起追踪进度并解决可能出现的问题。

通过描述具体情境下的面临的任务和目标，考生向考官展示了他的组织能力、沟通能力、领导能力。

(3) 说明采取的行动。描述案例时，详细描述采取了哪些具体行动来解决问题，实现了哪些目标，强调自己的个性特点在这个过程中起到的作用。如果这个岗位看重员工的沟通和协调能力，考生可以说明自己的个性特点是善于沟通和协调，如你主动组织矛盾双方进行对话，并提供中立的观点以促进合作。在论述过程中，使用具体的数据或成果，强调结果和影响，让考官看到考生的个性特点在解决问题或实现目标时带来的积极影响。

三、真题演练

【例11-1】请做一个简单的自我介绍。

【答案示例】

您好，我是一名应届毕业生，大学的主修专业是财务管理，很高兴有机会向您介绍我自己。在大学学习期间，我非常注重理论知识的学习，绩点排名一直是本专业前3，并积极参与实践活动，以提升自己的专业技能。我有过一段宝贵的实习经历，在一家知名企业的财务部门担任实习生。在那里，我参与了日常账务处理、财务报表编制以及资金管理等工作。通过这次实习，我深入了解了财务运营的流程和规范，熟悉了财务软件的使用，并培养了高效沟通和团队合作的能力。

除了实习经历，我还积极参与校园活动，我曾担任财务俱乐部的副主席。在这个角色中，我负责协助组织各种活动，并参与预算编制和财务管理工作。这段经历锻炼了我的领导能力和团队合作精神，加深了我对财务管理的理解。

作为一名应届毕业生，我具备扎实的财务专业知识和良好的数据分析能力，我的实践经历也在驱使着我不断学习和成长，希望我能用我的知识和技能为贵公司做出贡献，并与优秀的团队共同发展。

【例11-2】介绍一下你的家庭情况。

【答案示例】

我在一个充满爱的家庭环境中长大，我与父母之间建立了亲密联系，他们不仅是我的亲人，更是我的良师益友。

我的父亲拥有丰富的银行从业经验。通过与父亲的交流和沟通，我深受他的影响。他教育我在工作和学习时要保持专注和严谨，确保每项任务都得到妥善处理。同时，他还以身作则地展示了团队合作和沟通的重要性。这些价值观也深深地植根于我的职业道德中。

我的母亲是一名教师，她给予了我广阔的思维空间和自主决策的机会。她鼓励我独立思考，尊重并支持我的选择。她的耐心倾听和理解为我的成长提供了坚实的后盾。从她身上，我学到了如何在压力下保持冷静，并从中获取积极的能量。

除此之外，我们一家人热爱旅行，每年都会共同探索新的城市和文化。这些经历不仅加深了我们之间的联系，也开阔了我的眼界，使我能更好地适应多样性和包容性的工作环境。

这个充满爱的家庭背景塑造了我积极向上、乐观坚定的性格。我注重与他人的合作，善于沟通和解决问题。我相信这种家庭教育和价值观将对我未来在财务领域的职业发展产生积极影响，并让我能够以探索、积极、自信的心态迎接各种职业挑战。

第二节 行为经历类问题

一、题型认知

在半结构化面试中，考官通过行为经历类问题询问考生的过往，评估其工作态度、能力和潜力。这类问题通常要求考生描述一个具体事件，并围绕所招聘岗位展开。例如："谈谈你做得最成功的一件事。""谈一件你失败的事。""你在××实习中遇到过什么困难?你是如何解决的?"面对这类问题，考生可以采取以下应对策略。

首先是描述具体事件。这类问题通常要求考生描述一个具体的事件或经历，因此需要提前准备并梳理自己的过往经历。考生要选择与目标岗位相关且能够展示能力和表现的事件来阐述。此外，考官可能会进行追问，探究更多细节或验证经历的真实性。为了应对追问，考生应确保描述事件完整且真实，并尽可能提供详细的细节和具体的背景。

其次要关注目标岗位。题目的设置通常与招聘岗位相关，考官会根据岗位要求提出问题。因此，在回答之前，考生要确保了解目标岗位的关键技能和所需能力，以便在描述经历时突出展示。

最后要强调个人在其中的贡献和积极行动，说明自己在面对挑战或困难时的积极态度和如何解决问题的。与此同时，需要总结经验并进行反思，强调从中得到的教训、是否成长以及如何运用这些经验来提升自己的能力和表现。

二、答题指南

1. 选择合适的案例

选择具体而相关的经历案例,这个案例最好与申请的岗位及所需技能直接相关。例如,应聘销售岗位,考生可以选择一个成功的销售案例来讲述。确保该案例有深度,包含足够的细节,以便清晰地展示考生的行为和思考过程。

2. 使用STAR法则

按照STAR法则(situation情境,task任务,action行动,result结果)进行结构化回答。首先,描述具体情境和任务,准确说明当时所面临的挑战;然后,详细说明采取的具体行动和策略,解释你是如何组织团队、解决问题和克服障碍的;最后,强调结果和取得的成就,指出采取的行动如何促进了项目的交付或达到了怎样的设定目标。

3. 强调个人贡献

在讲述案例时,要强调你个人在整个过程中所做的具体贡献和承担的责任,说明求职者是如何发挥自己的能力、技能和经验来推动事情向前发展的。例如,在团队项目中,你在组织、协调和解决问题方面发挥了重要作用,强调你的领导能力、团队合作精神和解决问题的能力等关键素质。又如,在一个团队项目中,有紧迫的截止日期和各种不同意见,在这种情境下,你领导小组开展有效沟通、分工合作,并制定明确的计划来推进项目进展,最后项目按时完成并获得团队成员和上级的一致肯定。

4. 强调关键技能

结合具体案例,突出展示与目标职位相关的关键技能和素质。根据岗位需求,选择突显你在该领域具备的核心能力来展示。例如,应聘市场营销岗位,考生可以强调其市场调研能力、策划执行能力和市场推广经验。这样就能通过具体的案例和事实支持,展示求职者在这些关键技能上的表现。

5. 总结反思

在讲述完具体案例,总结经验并反思,说明考生从这个经历中学到了什么,以及如何将这些教训运用到未来的工作中,以强调考生的适应能力、学习能力和持续发展的态度。

综上所述,通过选择合适的案例、使用STAR法则、强调个人贡献和关键技能,以及总结反思,考生可以更具体地回答半结构化面试中的行为经历类问题,能够清晰地展示其能力、经验和潜力,给考官留下深刻的正面印象。

三、真题演练

【例11-3】 讲述你印象最深的一次失败经历。

【答案示例】

我曾在实习经历中参与了一个项目,负责数据分析和报告撰写工作。该项目对于公司来说非常重要，因为它涉及市场趋势和竞争对手的分析，对业务决策具有重要的指导作用。

刚开始，参加这个项目我非常兴奋，并全力投入其中。然而，在执行过程中，我遇到了一些困难。首先，我在数据收集和处理方面遇到了一些技术性的问题，导致进展缓慢；其次，由于时间紧迫，我在报告撰写过程中没有充分考虑到关键信息的结构和呈现方式，导致报告的内容不够清晰和简洁。这些困难最终导致项目的延误和质量不符合预期。这是我个人职业生涯中让我印象深刻且痛彻心扉的一次失败经历。

但是，我从这次失败中获得了宝贵的经验。首先，我意识到在处理复杂任务时要更加谨慎和细致，对所需的技术和工具要有足够的掌握。其次，我意识到时间管理和优先级排序的重要性。最后，我认识到沟通与协作在项目中的关键性，应该积极与团队成员和上级进行及时有效的沟通，以解决问题和获取反馈。

这次失败经历让我更加谦虚和坚定，明白了成功的路并非一帆风顺，而是需要不断学习、成长和适应。相信通过总结经验教训，并针对自身的不足进行改进，我可以不断地完善自己的能力和素质，为个人成长和职业发展的打好基础。

【例11-4】你在工作过程中，遇到什么困难，你是如何解决的？

【答案示例】

在我的工作过程中，我曾与团队成员合作过一个项目。由于每个人都有不同的工作风格和沟通方式，我们在项目执行过程中出现了一些摩擦和误解。为了解决这个问题，我做出了很多努力。

首先，我意识到沟通是解决合作问题的关键。我组织了定期的团队会议，让每个人都有机会分享他们的工作进展和遇到的问题。我鼓励大家坦诚地表达观点，并确保每个人都被尊重和倾听。通过这样的开放性讨论，我们建立了更好的理解和信任，营造了良好的合作氛围。

其次，为了展示我的积极性和能力，我主动承担一些额外的责任和任务。我注意到团队中有些人在某些方面需要帮助，我愿意提供帮助并分享我的专业知识和经验。通过这种方式，我为团队成员提供了支持，同时也加强了团队内部的凝聚力。

此外，我学会了更加灵活地处理团队中的分歧和冲突。我尊重每个人的观点，并努力找到共同点，以便达成共识和合作。当存在分歧时，我会积极寻求妥协和解决方案，以确保项目能够顺利进行。

通过这些努力，我成功地改善了团队合作氛围，并提高了沟通效果和工作效率。我们能够更紧密地协作，最终成功地完成了项目。

这次经历让我深刻理解了团队合作和积极沟通的重要性。我学会了如何处理团队中的挑战和冲突，并找到解决问题的方法。相信这些经验将在我以后工作中发挥积极作用，使我成为一个出色的团队成员和贡献者。

第三节
求职动机类问题

一、题型认知

求职动机类问题旨在考查考生在职业选择方面的思考,包括职业价值观、职业兴趣、职业能力和性格特点等方面。考官通常关注考生是否有长期发展的意愿,并通过提问来了解考生选择该公司、该岗位的真实动机。常见问题有:"您为何选择此岗位?""您对未来的职业规划是怎样的?"对于异地报考(非学校所在地、非户口所在地)的考生,考官还可能问:"为什么选择报考××地区的岗位?"

二、答题指南

1. 以真诚与真实为基调

回答求职动机类问题时,考生应结合自身情况,真实作答,避免夸大或虚假陈述。在回答中,要通过真实的动机和经历来支撑,彰显你对该岗位的强烈兴趣。

2. 以自我认知与职业价值观为依托

在回答时,清晰说明你对自己的兴趣和发展方向的认识;谈论你的优势和专长,并解释这些优势和专长与申请岗位的匹配性;强调你为什么相信该岗位能够满足你的职业发展需求,并与你的长期目标相契合;提供具体的例子或经历,展示你如何运用你的技能和兴趣来实现职业目标。例如,假设你申请市场营销岗位,可以描述你对市场分析和品牌推广的热情,并提及过去参与的相关项目或实习经历,以证明你具备必要的技能和兴趣。

3. 公司情况与个人情况深度连接

在回答时,展示你对目标公司的深入研究和了解;提及该公司的使命、价值观、产品或服务,并解释为什么你对它们产生认同感和兴趣;指出你对公司文化和工作环境的理解,并说明如何与你的个人经历和背景建立联系;强调为什么认为自己适合该公司并能够为其发展做出贡献;举例说明如何运用你的技能和知识来解决该公司面临的挑战。

4. 明确阐述职业规划与长期目标

描述你对个人职业发展的设想,并解释为什么申请该岗位是实现这些目标的重要一步;详细说明该岗位在你职业路径上的战略性意义;提及你对该岗位的认知,并说明你打算如何利用来自该岗位的机会和挑战促进自己的成长和发展。

5. 实例与经验来支持

通过具体的实例和经验来支持你的回答，即讲述过去的项目、工作经历或学习经历，以展示你已经积累的相关技能和经验；描述你在这些经历中取得的成就和贡献，并说明它们与所申请的岗位的要求相吻合；与所申请岗位相联系，举例说明你如何应用这些经验。

通过讲述具体的例子和故事，向考官展示你的能力和成就，使其对你的动机和适应性有更深入的理解，这将有助于建立你与目标岗位的关联性，提升你在面试中的竞争力。

三、真题演练

【例11-5】你为什么选择我们公司？

【答案示例】

我选择贵公司是因为我认为自己的专业背景和个性特点与贵公司的发展方向高度契合。作为一名计算机科学专业毕业生，我对技术创新和数字化转型有着浓厚的兴趣和热情。我了解到贵公司在信息技术领域处于引领地位，拥有广泛的影响力，在大数据分析、人工智能以及云计算等方面具备强大的实力。

我有扎实的技术功底、敏锐的问题解决能力和团队合作精神。我深入研究了贵公司的价值观和企业文化，发现它们与我的价值观高度一致。贵公司注重员工的成长和发展，并提供良好的培训和晋升机会。相信在这样积极向上的环境中，我可以不断提升自己的技术水平并实现个人职业目标。

此外，我对贵公司的发展方向深表认同。我了解到贵公司正在积极推动数字化转型，注重创新技术的应用和产品的研发。作为一名具备创造力和团队合作能力的个体，我渴望参与到这样一个具有前瞻性和成长潜力的公司中，并为其发展做出贡献。

综上所述，基于我的专业背景、个性特点和对贵公司的了解，我坚信选择贵公司是我的正确决定。我期待着能够在贵公司的专业团队中获得成长机会，与优秀的同事们共同努力，推动公司的创新发展，实现个人和组织的共同成功。

【例11-6】你为什么要报考××地区的岗位？

【答案示例】

我选择报考××地区的岗位，主要是基于两方面的考虑：就业发展前景和个人发展需求。

首先，××地区对于我的专业来说，就业发展前景非常广阔。根据我的研究和了解，该地区在行业领域拥有一系列优势和机会，并且有着蓬勃发展的经济环境，这为我提供了更多职业发展的可能性。我相信在这样一个活跃的就业市场中，我能找到适合我的理想岗位，实现个人职业目标。

另外，我的个人发展需求也与××地区的特点密切相关。××地区在我所学专业的研究、创新和应用方面具备一定的优势。该地区拥有一些知名的研究机构、高科技企业和创新中心，为我提供了与专业相关的学习资源和职业发展机会。我希望能够加入这样一个富有创造力和创新精神的环境，不断提升自己的专业能力，并参与到前沿科技的发展中。

此外，我对××地区的文化和社会环境也深感兴趣。我曾经有机会在该地区进行实习和旅行，对当地的人文氛围、生活方式以及社会发展有了一定的了解和体验。这让我相信我可以更快地适应这个城市，并为当地的发展做出贡献。

综上所述，基于就业发展前景和个人发展需求的考虑，我决定报考××地区的岗位。我期待能够在这个具有活力和发展潜力的地区寻找到理想的工作机会，不断提升自己，并为该地区的发展贡献一份力量。

第十二章
面试之结构化问题

结构化面试也称为标准化面试,是相对于传统的经验型面试而言的,是根据科学制定的评价指标,运用特定的问题、评价方法和评价标准,严格遵循特定程序,通过测评人员与被试者进行语言交流,对被试者进行评价的标准化过程。结构化面试的主要目的是评估被试者工作能力的高低及是否能适应该岗位工作,主要考查其逻辑思维能力、语言表达能力、领导能力、人际沟通能力、创新能力、应变能力、个性特征等。

第一节 社会现象类问题

一、基础理论

(一) 题型认知

社会现象类问题是综合分析题中较常见的一种题型,通过社会现象来考查考生的综合分析能力。社会现象类问题涉及内容较多,覆盖范围较广,有些内容还会与我们的生活息息相关。比如,谈谈对大学生校园借贷的看法、对"中国式过马路"的看法、对手机依赖症的看法等。可以说,从地方政策到国家政策、法律法规,从民间热点到时政热点,从社会民生到生态建设,都可以成为社会现象类问题的命题点。社会现象类问题题干的主要信息为具体事件、某类现象、具体行为，提问方式通常为"你怎么看""谈谈你的看法"。

(二) 解题思路

对于社会现象类问题的作答，可以按照提观点、重分析、抓落实、做结尾的思路。首先是提观点，即对题干所述的社会现象表达看法和感受；其次是重分析，即对题干中的现象本身进行分析，包括产生的影响、原因；再次是抓落实，指在分析完成后，提出一定的对策，将正面的行为加以弘扬和落实，将负面的问题加以解决；最后是做结尾，指在做完深入分析、提出对策后，用一两句话自然收尾，结束答题。

1. 提观点

提观点，表明自己对题干所述现象的看法、感受，表达内容既要生动自然，又要简洁明了。常用的提观点方式如下所述。

1) 直接式

直接式提观点，即通过对题干现象的直接表态或情感流露，来表达自己的观点、态度及看法。这种表达方式的优点是直接明了、观点鲜明，给后续的分析留出充分的作答时间。比如对题干所述的社会现象直接表态，是支持还是反对，是赞同还是不赞同，是肯定还是否定，产生的影响是利大于弊还是弊大于利或是一分为二来看；比如对题干所述的社会现象持哪种情感，常见的情感有开心、欣喜、担忧、痛心、遗憾、同情、理解等。

2) 引用式

引用式提观点，即通过与题干相关的名言警句、古诗词、俗语、领导人讲话等切入话题，再加上适当的表态词，表达出自己对此题的观点、态度和倾向。这种表达方式的优点是展现考生自身丰富的知识储备。常用的句式有："正如……所说的……，深刻地揭示了题目中所折射出的……问题，让我们感到无奈又痛心。"

3) 联想式

联想式提观点，即通过联想与题干相关的新闻热点、方针政策、寓言故事、身边事等，来概括话题属性或本质，并表达自己的观点、态度和倾向。这种表达方式的优点是可以体现考生对于时政热点、国家大事、社会动态的关注。常用的句式有："看到……让我不禁想到……，两者共同折射出了……，值得我们深思和讨论。"

2. 重分析

1) 主体分析法

(1) 定义。主体分析法，即找到与题干相关的各个主体，并按照一定的逻辑，从各个主体的角度进行分析，是最简单、最常用的一种分析方法。

(2) 适用范围。主体分析法作为一种入门方法，适用于大多数题目，只要题目能令考生联想到多个主体，即可使用主体分析法。此外，主体分析法一般可以贯穿整个题目，可用来分析影响、原因及对策。

(3) 操作方法。主体分析法的关键是找分析的主体。找主体的方法有两种：一是从题干提取；二是按题意推导。若题干已经给出比较明确的多个主体，只需一一加以分析即可；若题干本身主体较少，就需要从一个主体出发，从"接触谁"或"影响谁"两方面推导出其他主体。"接触谁"是指这个主体在生活、工作、学习中接触到哪些人和组织。"影响谁"是指题干的现象对哪些人、哪些组织产生影响。

【接触谁】近日，一家权威调查机构的调查结果显示：在6万多名小学生中，有6%以上的同学把乌龟认为是十二生肖之一，14%的小学生把圣诞节当成中国的传统节日来过。对此你怎么看？

解读：小学生这一主体在生活中经常接触的人和组织有家长、老师、学校，从这三个主体展开论述，便可条理清晰地分析出题干中这种现象产生的原因。

【影响谁】对于地铁纳凉，你怎么看？

解读：题干较为简短，也比较简单，只有一个主体即在地铁纳凉的人，接下来可以考虑他们的这种行为会影响到谁，进而找到主体——乘地铁市民、地铁工作人员、地铁公司、相关管理部门等，展开论述。

2) 行为分析法

(1) 定义。行为分析法，即从行为本身的特点进行切入，分析这种行为的性质，将可取之处作为意义，将不足之处归为危害，然后分别从目的、做法、结果三个角度进行阐述。

(2) 适用范围。题干介绍的是具有争议的做法、政策或规定，以介绍政府决策类偏多。

(3) 操作方法。第一步，分析这种行为的目的，即做出这种行为的初衷是什么。第二步，分析具体做法的合法性、合理性、可操作性、可持续性、成本，是否存在权力寻租。合法性，即是否做出该行为的权限，做出该行为是否会侵犯其他人的利益或自由；合理性，即这种行为是否合乎生活实际情况、合乎情理；可操作性，即是否有细化规定、配套措施；可持续性，即这种行为是否可以长期坚持下去；成本，即是否要付出过高的成本；权力寻租，即某行为、某政策是否存在漏洞、不公平之处，导致有权力寻租的空间。当然，以上角度只是在分析问题时常用的，对于行为本身的分析不应局限于此。第三步，分析这种行为的结果，即某行为或某政策是否能够取得预期(短期和长期)效果。

3. 抓落实

1) 正面的行为

(1) 基本思路。对于正面的行为，在表述中落实的基本思路是"好上加好"，即通过让其变得更好的措施，扩大其正面的社会影响和作用。

(2) 操作方法：肯定支持——宣传推广——学习践行。

第一步，肯定支持，如对优秀人物事迹给予充分肯定，可以通过提供制度、人才、资金等方面给予支持；可以是对本人所从事的事业(例如慈善)给予支持，也可以是对其所代表的工作者或群体给予支持，例如工作保障机制的完善、工作环境的优化、个人权益的保护等，不让好人流血又流泪。第二步，宣传推广，如通过颁奖、给予荣誉称号、发放奖金奖品等方式对人物榜样提供物质或精神鼓励，这不仅是对当事人的肯定，更是对他们所具有的优秀品质及价值导向的肯定。第三步，学习践行，如社会上，尤其是相关行业、相关领域的人员要向其学习，可以以培训、开展学习实践活动、评选活动等进行，将该品质、行为传递下去。同时，这个部分可以联系自身实际，结合自身工作生活，向模范人物看齐。

2) 负面的问题

(1) 基本思路。对于负面的问题，在表述中落实的基本思路是"解决问题"，即解决出现的问题，消除负面影响，引导其向正面发展。

(2) 操作方法：推导对策+补充对策。

首先，推导对策，即根据前面分析到的影响、问题、原因等推导出后续解决问题的对策，主要遵循"缺哪补哪"和"哪错改哪"的两大原则。其次，补充对策，即在推导对策的基础上，对没有涉及的对策加以补充。

补充对策的常见方法有以下三种：①解决问题，由表及里地解决问题，通过挖掘题干的深度，发现造成这种现象的根本原因，从本质上解决问题；②以小见大，通过题干所给的微观现象，扩大到更加宏观的领域或范围，通过解决宏观范围的问题根治所反映的问题；③补全主体，除了题干所显示的主体和分析中找到的主体，还可以补充一些主体来完善对策。

4. 做结尾

1) 总结概括式

(1) 定义。总结概括式结尾，即对上述的分析内容进行提炼、概括，总结答题主要内容，使答题有始有终，形式较为完整。

(2) 常用语言："总而言之，题干所述的现象……""综上所述，……的成因错综复杂，解决……也需要我们久久为功，我们必须牢牢把握住(对上述分析简要概括)……，才能实现……""正如上面所分析的，要想……，必须……"

2) 展望升华式

(1) 定义。展望升华式结尾，即根据题干现象，把握本质问题，对未来进行展望、期待、呼吁，进一步渲染情绪，体现答题深度，增强答题气场。

(2) 常用语言："我相信(我期待/我期望/可以预见)，随着……必然(一定、终究)……""我相信只有……才……""我相信，只要……就……"

二、真题演练

【例12-1】在创建文明城市过程中，因为疫情，一些城市取消了以往对流动摊贩"一刀切"的管理方法。对此，你怎么看？

【审题】

本题是一道社会现象类综合分析题，核心话题是"取消'一刀切'"管理办法。考生在答题时，首先需要对这一做法给出评价，其次围绕其在当下的意义展开论述，最后谈谈如何更好地管理流动摊贩。下面结合题干具体分析。

分析点1："在创建文明城市过程中，因为疫情"这句话强调了取消管理办法的背景：一是允许流动摊贩摆摊，鼓励"地摊经济"的诞生，为疫情后的经济复苏提供强有力的保障；二是不将流动商贩列为文明城市测评考核内容，体现管理举措的创新与多元化，更加符合人民利益和需求。

分析点2："一些城市取消了以往对流动摊贩'一刀切'的管理方法"这句话是题干的主干，强调取消"一刀切"的举措。这一举措无疑是具有积极意义的，在此可以结合背景分析积极意义。同时，考生也需要思考，针对流动摊贩取消"一刀切"不等于不管理，为了更好地对流动摊贩进行规范管理，也要提出相关建议。首先，允许摊贩摆摊不代表对于摆摊时间、地点不加限制，因此需要出台规定流动摊贩的摆摊规则，同时做好相关基础设施建设，保障摊贩有序经营；其次，在明确规定的情况下也要强化监管，坚持柔性执法和审慎包容，拓宽举报和监督渠道，同时坚持指导与处罚相结合，确保摆摊的同时不影响群众生活和市容市貌；最后，题干中表明部分城市取消"一刀切"管理方法，因此对于优秀的管理模式要进行推广，在全国范围内推行"地摊经济"，助力经济复苏。

故本题的答题思路为：首先对取消"一刀切"的管理方法表示赞同；其次分析该管理方法的意义；最后提出对策，进一步规范摊贩行为，推动地摊经济发展。

【答案示例】

李克强总理强调："地摊经济、小店经济是就业岗位的重要来源，是人间的烟火，和'高大上'一样，是中国的生机。"针对部分城市取消对流动摊贩"一刀切"的管理模式，我要为其点赞，这种举措好处颇多。

第一，创新管理举措，体现以人为本。改变"一刀切"的管理模式，进一步减少了政府与流动摊贩之间的矛盾，增加城市"烟火气"。与此同时，这种柔性执法的方式也让疫情笼罩下面临失业、待业的群众获得经济来源，充分体现了服务型政府的管理理念。

第二，扶持地摊经济，帮助经济复苏。一方面，摆摊创业投入小、门槛低，能够充分规避创业资金不足等问题，拓宽就业渠道，提供生计来源；另一方面，地摊经济在价格上具有绝对优势，帮助居民提供物美价廉的商品，在疫情之下也能缓解消费者经济压力，释放居民的消费潜力。同时，部分优秀夜市的出现带动了当地旅游、住宿等产业的发展，促进经济复苏。

但是我们也要看到，目前在地摊经济发展过程中，仍然存在占道经营、油烟扰民、卫生脏乱差等问题，甚至还有流动商贩存在不诚信经营、违法经营、贩卖劣质产品的行为。因此，取消"一刀切"不等于放任发展，政府必须进一步创新举措，为地摊经济有序发展保驾护航。

第一，制定明确摆摊规则，加强配套设施建设。相关部门可以限定流动摊贩经营的空间和时间，加强规范管理。借鉴成都关于占道经营"五允许一坚持"规定，划定摊贩摆摊地点，严格要求摊贩在规定地区摆摊，确保不占用盲道和消防通道。严格要求摆摊时间并要求其做好疫情防控工作。做好摊位清洁工作，对各个摊位设立包干区，要求摊主在摆摊前后打扫干净。

第二，政府加强监督引导，坚持指导与处罚相结合。一方面，对于流动摊贩摆摊中出现的问题，避免"以罚代管"，帮助摊贩整改问题；另一方面，拓宽监督举报渠道，公示监督举报电话，定期对摊位附近的住户收集反馈意见，综合日常监督情况及群众建议，及时取缔市民和商家都不满意的摊区。

第三，加强对示范地区监管的宣传，大力推进夜间经济。对于管理到位的城市加以宣传，鼓励其他地市借鉴，发展地摊经济。与此同时，培育精品夜市和多元化夜间消费模式，结合地方特色发展特色夜市，用夜间"烟火气"激活城市新消费。

第二节 态度观点类问题

一、理论基础

(一) 题型认知

态度观点类问题不像社会现象类问题那样给出具体事件和场景并具有客观化的特点，而是强调主观的评价以及主观思想指导下的行为。这类问题的题干往往会给出比较抽象的观点、概念、道理、故事等信息，以此来考查考生对特定语句的理解。

例如：(1) 人生的道路虽然漫长，但紧要处常常只有几步，尤其是当人年轻时候。谈谈你对这句话的看法。

(2) 习近平说新时代属于每一个人，谈谈你对这句话的看法。

(3) 狮子和老虎之间爆发了一场激烈的冲突，最后两败俱伤。狮子快要断气时，对老虎说："如果不是你非要抢我的地盘，我们也不会弄成这样。"老虎吃惊地说："我从未想过要抢你的地盘，我一直以为是你要侵略我。"读了这个故事，你有什么启示？

(4) 有人把人生经历比作气体、液体和固体。对此你怎么理解？

但是随着出题形式越来越灵活，也出现了特殊的设置问题的形式，如"根据题目的观点举一个例子""请反驳题目中的观点"等。

(二) 题型分类

根据不同的划分标准，态度观点类问题可以有不同的分类，这里只介绍一种比较常见的分类方式——按题干可以提取的观点个数及复杂程度分类。按题干可以提取的观点个数及复杂程度，态度观点类问题可分为单一观点类、选择观点类、发散观点类三类。

1. 单一观点类

此类问题观点明确且唯一。

例如：习近平同志说："现在，青春是用来奋斗的；将来，青春是用来回忆的。"你对这句话怎么理解？

这道题的主题是青春与奋斗，非常明确，针对这一主题直接展开论述即可。

2. 选择观点类

此类问题中，题干中存在两个或者多个观点，可选择其一作答或针对所有观点进行全面论述。

例如：有人说，要做一个刚直的人，但是刚直宜折；也有人说，要做一个柔和的人，但是柔和容易随波逐流。谈谈你的看法。

作答时，面对两种选择，任选其一或全面论述均可。

3. 发散观点类

此类问题中，题干较为抽象，观点不够明确，需要自己提炼观点。题干为故事、寓言的，都属于这一类问题。

例如：鸡蛋由外打开，看到的是食物；鸡蛋由内打开，看到的是生命。请谈谈你悟出的哲理。

这种题目相对来说比较抽象，作答时要先提炼出论证的观点，然后展开论述。

(三) 解题思路

态度观点类问题的答题思路分为三步：提观点、重分析、抓落实。

1. 提观点

对于题干所述内容，深挖背景，展开想象，提出观点。

例如：朱元璋总是亲自告诫预任官员，要老老实实地守着自己的薪俸过日子，就像守住"井底之泉"，井虽不满，却能每天汲水，长久不断。谈谈你对"井底之泉"的看法。

【观点】朱元璋即位后非常看重反腐工作。他吸取元朝官僚腐败、贪污剥削平民而灭亡的教训，大力开展反腐工作，惩治贪官。可见，"井底之泉"就是要求官员们克己奉公，这样官员才能长长久久做官。

2. 重分析

这一部分为答题的"重头戏"，考生可以采取以下几种方式进行分析论证。

1) 举例论证

所谓举例论证，就是用具体的例子来生动论证观点的合理性。举例论证的方法主要有以下两种。

(1) 分主体举例。若题干中的观点能够对微观的个体、中观的组织甚至宏观的政府等产生影响，那么就可以从不同的主体联想相关的例子，来论证该观点的重要性。

微观层面的主体主要是各行各业人士，如党员干部、医生、教师、科学家、运动员、新兴职业从业者(外卖小哥、主播)等。中观层面的主体主要是团体组织，如企业、学校、公益组织、团体、媒体、协会等。宏观层面的主体是政府、国家等。

例如：你怎么看待社会主义核心价值观所倡导的诚信？

【分析】微观方面，诚信是立身之本，事关你我。如感动中国人物"信义兄弟"，哥哥车祸去世，账本损毁，弟弟代兄还债，帮哥哥完成在年前为农民工发放工资的承诺，这就是诚信。

中观方面，诚信除了对个人有影响，还对企业有影响，是企业立业之基。如海尔公司怒砸冰箱，兑现了对消费者的承诺，也激励员工注重细节，最终成为世界名企。

宏观方面，诚信是国家立国之根。例如，党的十八大以来，以习近平同志为核心的党中央以坚韧不拔的政治定力、战略定力，遵守对人民的承诺，诚信为民，坚定不移地将党风廉政建设和反腐败斗争引向深入。

(2) 正反对比举例。态度观点类问题通常会给出一个比较正能量的观点，论证时就可以用积极案例从正面论述，用消极案例从反面论述，通过正面论证和反面论证相结合的方法来论证考生所持观点的正确性。论证公式为

主体 + 某种观念 + 行为 = 好结果

主体 + 没有观念 + 没有行为 = 坏结果

例如：习近平总书记说："空谈误国，实干兴邦。"对此你怎么看？

【分析】先正面谈一谈实干的好处、意义。例如，唯有实干，方能实现个人目标，助力职业成长，才能够获得服务对象的信任，让自己有更多的获得感与幸福感。

再反面谈一谈空谈的坏处。例如，反观现在公职团队中，缺乏实干精神的党政官员还是存在的，面对百姓的诉求，表面应承，没有实干，为官不为。

2) 分论点论证

分论点论证比较像写申论文章，即围绕总论点，细分出几个层次来进一步论证，形成"总—分—总"或者"总—分"的结构。论证公式为

分论点1+ 说理或者举例；

分论点2+ 说理或者举例；

分论点3+ 说理或者举例。

3. 抓落实

抓落实，即落实题目中的观点。"抓落实"部分的常用论述方法为主体法。

主体法，即结合题目的语境和设置问题的方式，找到可以落实题目观点的主体，再分别说明各个主体的具体做法。该方法类似社会现象类题目提对策的主体分析法，需先找到

与题干观点相关的主体。例如，从宏观、中观、微观的层面找到自己、青年人、企业、社会团体、政府、国家等主体，然后谈一谈如何践行该观点。

二、真题演练

【例12-2】习近平总书记说，创新是引领发展的第一动力，科技是战胜困难的有力武器。请你结合社会生活实际谈谈看法。

【审题】

本题是一道态度观点类问题，需要考生围绕"创新"和"科技"，结合社会生活实际谈看法，可按照"是什么—为什么—怎么做"的思路作答。

【答案示例】

我认为习近平总书记的讲话高屋建瓴、着眼大局，具有很强的引领和指导意义。这句话强调了科技和创新的重要性。建设世界科技强国，不是一片坦途，唯有创新才能抢占先机，唯有发展好科技才能"战无不胜"。

创新是引领发展、比拼国力的第一动力、关键因素。习近平总书记曾说，要切实提高我国关键核心技术创新能力，把科技发展主动权牢牢掌握在自己手里，为我国发展提供有力科技保障。由此可见，只有牢牢抓住核心技术创新这个"牛鼻子"，才能重塑我国国际合作和竞争新优势。例如，我国因为具有制造盾构机的核心技术，打破国外长期技术垄断局面，搭上工业互联网的快车，将盾构机发展成为我国高端装备制造领域的一张亮丽名片。当前，国际科技竞争进入白热化阶段，美国制裁直接把华为逼入了"无芯可用"的困境，这让我们真切感受到，不自主创新，迟早会被别人卡脖子，国之重器不立足于自身，容易动摇发展的根基。唯有掌握核心科技，提高创新能力，才能在国际竞争中实现弯道超越。

科技是战胜困难、解决难题的有力武器、关键一招。科技兴则民族兴，科技强则国家强，大力发展科学技术，强化基础研究，能够增强战胜困难、应对挑战、抵御风险的能力。面对突如其来的疫情，我们统筹运用综合国力，紧紧依靠科技进步，打响科技突击战，不到一周时间就确定了新冠病毒的全基因组序列并分离得到病毒毒株，及时推出多种检测试剂产品，迅速筛选了一批有效药物和治疗方案，多条技术路线的疫苗研发进入临床试验阶段。不仅如此，健康码、红外测温仪、医护助理机器人、5G远程会诊等数字技术的运用，在疫情监测分析、病毒溯源、防控救治、资源调配等方面也发挥了重要作用。如果没有科学技术的辅助，那么新冠疫情不可能在短时间内取得成效。

在以后的工作中，我会在掌握原有工作方法的基础之上，勤于思考，善于钻研，在工作中转变工作思路、创新工作方法、开创工作新局面；同时，加强科技知识学习，及时了解科技发展的最新成果和前沿趋势，善于运用互联网技术和信息化手段开展工作，从而培养科学思维能力，提高自身工作效率。

第三节 组织管理类问题

组织管理类问题主要有两种类型：调研类题目和宣传类题目。

一、调研类题目

(一) 题型认知

调研类题目是组织管理类问题的常见题型之一。调研是机关的一种常见工作方式，目的在于收集意见、了解情况、获取信息。在具体的面试题中，考查的是考生信息收集的能力。调研类题目的常见设置的形式有以下几种："组织……调研，你如何组织？""……群众意见征集，你认为重点、难点是什么？""……你如何保证此次调研真实有效？"

(二) 解题思路

整体思路：前期准备—开展调研—结果反馈。

1. 前期准备

调研之前要对调研的事项有所了解。"人物地时"(人员、物资、地点、时间)是作答的要素，基本可以涵盖所有前期准备的内容。但是，如果时间的安排和地点的选择没有特别需要强调的地方，则可以省略，而是选择组织这次活动真正需要的、有必要去做的内容作答。在作答时，侧重对情况摸底、物资准备情况、调研人员情况的分析。

(1) 情况摸底，即要对调研内容有所了解。换言之，通过查阅、借鉴相关资料对调研事项的背景、现状等基本情况有所了解。查阅是通过网络或在图书馆查找政策文件；借鉴是看本单位是否有以往的相关经验，或兄弟单位是否有相关经验。

(2) 物资准备情况。调研需要发放调查问卷，要提前做好准备；实地摸底可能需要照相机；人员访谈需要录音笔；等等。所需物资视具体题目而定。

(3) 调研人员情况。如果调研活动规模大，调研事项很复杂，一个人无法完成，就需要成立调研工作小组，选择品质和能力相当的同事和自己一起进行调研。

① 品质：吃苦耐劳，守规矩，有耐心，有责任心，细心。

② 能力：有调研经验，或对调研的事情非常了解。

2. 开展调研

从调研对象、调研方式、调研内容三个方面阐述调研情况。

(1) 调研对象。题目要求调研的主体就是调研对象。题目不同，调研对象也不同。

(2) 常用的调研方式有调查问卷、电话调查、座谈会、上门走访、实地考察、暗访等。调研方式的选择要根据调研对象确定，不能随便发问卷或进行访谈。

① 调查问卷，分为线上问卷、线下问卷两种。适用范围：当调研对象数量不确定、比较多时，可以广泛发放调查问卷。

② 电话调查。适用范围：具体的、特定的或抽样调研，即调查对象非常明确。

③ 座谈会。适用范围：适用于对专家学者、政府部门人员等进行的小范围调研，调研对象人数适中。通过召开座谈会，收集的信息更丰富、更全面、更专业、更具体。

④ 上门走访。适用范围：适用于对特定人物的调研，比如残疾人、腿脚不便的人、老人等。上门走访不仅仅指进入某个家庭的调研，也可能是实地采访，比如为了解某学校的学生情况，可以进入学校随机采访几个学生。

⑤ 实地考察。适用范围：如果题目要求了解与客观事物相关内容，比如政策落实情况、环境、条件等，可以选择实地考察。实地考察是直观、有效、保证真实性的调查方式。

⑥ 暗访。适用范围：当题目要求调研负面问题，比如黑作坊地沟油事件、火车站周边黑车等，可以进行暗访。通过暗访得到的信息更真实。

(3) 调研内容需要结合题目的话题，围绕调研目的，从现有情况、合理需求、未来规划三方面进行细化。

① 现有情况，即现在情况如何。

② 合理需求，即是否有需求，或是否有不足需要改变。

③ 未来规划，即未来有哪些规划。

3. 结果反馈

调研的最后一个流程是汇总整理成调研报告，将调研结果反馈给领导。调研报告的书写要从形式和内容两个方面着手，力求形式丰富、内容具体。如果作答时只是将数据进行简单的汇总和整理，就无法体现作答的针对性。答题时一定让阅卷者感觉你作答的是这道题，不能内容空洞，言之无物。

(1) 形式：调研报告的形式不局限于文字，还可以通过照片、图片、PPT等方式呈现调研报告。

(2) 内容：分类呈现调研结果，并附上对策建议。

(三) 真题演练

【例12-3】你们村的玫瑰园想要开展线上销售，怎么去做调研，以保证真实全面有效？

【审题】

本题是一道组织管理类问题，问题比较明确，就是开展调研工作。在作答过程中，考生要针对题干问题，对题目中所涉及的具体要求进行阐明，保证内容真实，全面有效。下面结合题干进行具体分析。

分析点1:"你们村的玫瑰园想要开展线上销售,怎么去做调研"这句话明确了任务要求就是开展调研。这里考生注意题干关键:一是关于玫瑰园;二是需要线上;三是有关销售。考生还可以在后续作答过程中考虑与相关主体,比如村委会、快递平台等沟通调研,使内容更加全面有效。

分析点2:"怎么去做调研,以保证真实全面有效?"这句话提出问题,考查考生分析问题、解决问题的能力,建议考生可以按照时间轴来作答,同时需要在答题前回扣题干问题,即说明本次活动分为不同的部分,以实现"真实全面有效"。在事前准备,保证活动更加顺利;到事中开展,多主体、多方式全面推开,更加有针对性;在事后做好总结分析,使调研结果实现真实全面有效。

因此本题的答题思路是:回扣题干问题,事前充分准备,事中展开调研,事后汇总分析。

【答案示例】

关于玫瑰园要开展线上销售工作,如果由我来进行调研,我会从以下几个方面依次来来做好相关工作,从而确保整个调研工作能够实现全面真实有效。

首先,凡事预则立,不预则废,我会做好前期准备,保证活动顺利进行。一是邀请有农村工作经验的同事来协助,提前制定好调研方案;二是提前上网查阅相关资料和了解经验做法,并且准备好调研需要的车辆、摄像机、问卷等物品,为接下来调研工作做好保障。

其次,在调研过程中,我们会有针对性地开展工作。第一,针对玫瑰园农场场主,我们将通过上门走访的方式,详细记录和了解现在玫瑰园实际情况,包括种植的玫瑰花是否可以运输,如何包装保证损伤最低,每年玫瑰园年产销量是多少,种植成本是多少,玫瑰品种有什么等,做到详细了解和记录。第二,针对线上平台,我会通过电话咨询方式来了解。比如询问天猫超市、拼多多、京东平台等电商平台线上销售玫瑰花的要求。我要提前准备开店材料,以及相关美工、宣传等内容。第三,向已经取得成功的店铺取经,可以通过走访或者电话沟通了解销售成功的经验,比如店铺版面设计、产品如何保证新鲜、如何扩大销售面等;还可以咨询能否在扶贫网站销售,以更好打通玫瑰园销售渠道;也可以了解可能出现的销售问题,吸取经验教训,做好认真记录。第四,针对快递物流行业,比如顺丰、圆通等,通过座谈会的形式,与其负责人进行合作洽谈,了解能否针对当地玫瑰销售建立物流直通车,并且商谈能否由政府进行补贴,降低农民快递运费,帮助村民降低销售成本,打通物流渠道,提升物流速度,确保玫瑰销售快捷、高效。

最后,在完成多方信息的收集和调研后,我也会做好调研信息的汇总收集和整理,把收集到的各项信息进行深入分析,利用Excel来处理;也会邀请专家进行座谈商讨,将调研中发现的问题,提请专家论证,最终形成围绕玫瑰园种植情况、线上销售平台搭建以及物流渠道建设等方面的报告,并上报领导审阅,助力玫瑰园线上销售成功开展。

二、宣传类题目

(一) 题型认知

宣传类题目的常见设置问题的形式有以下几种："要推广……，你怎么推广？""……如何保证此次宣传效果？"

(二) 解题思路

整体思路：前期准备—开展调研—宣传效果。

1. 前期准备

宣传类与调研类题目类似。在作答时，侧重于对基本情况、物资准备情况、宣传人员情况的分析。

(1) 基本情况。查阅资料，了解政策规定，查看涉及群体；实地走访，了解现实情况、收集典型案例；询问领导、同事，了解宣传要求，明确覆盖区域，知晓往期经验。

(2) 物资准备情况。准备宣传载体，如展板、海报、横幅、大屏幕等。

(3) 宣传人员情况。宣传人员要具有良好的品质(积极、严谨、细心、负责等)和专业能力(了解宣传内容，知晓受众诉求)。

2. 开展调研

从宣传对象、宣传方式、宣传内容三个方面阐述宣传情况。
(1) 宣传对象。题目要求宣传的主体就是宣传对象。
(2) 宣传方式包括单向宣传、互动宣传、创新宣传三大类。
① 单向宣传有传统宣传和新媒体宣传两种。
传统：广播、电视、报纸、杂志、宣传册、传单等。
新媒体：微博、微信、微电影、QQ群、公共显示屏、LED显示屏、公益广告等。
② 互动宣传包括见面会、晚会、座谈会、培训、比赛、模拟等方式。
③ 创新宣传是一种理念宣传，如用全民骑行宣传马拉松，用快闪、冰桶挑战、直播、万人签名等方式宣传环保、低碳等理念。
(3) 宣传内容需要结合题目要求来确定，力求做到说明的全面性、针对性。

3. 宣传效果

宣传效果的阐述有效果反馈和效果巩固两部分。
(1) 效果反馈。宣传过程中及时收集宣传对象的建议与想法，根据收集的建议与想法及时调整宣传计划，保证宣传效果。
(2) 效果巩固。效果巩固从二次宣传和长效宣传两方面来阐述。
① 二次宣传。例如防电话诈骗宣传，可通过媒体进行报道，使宣传效果扩大化，将媒体报道后的宣传效果放到网站、平台上，让更多的人知道这个宣传主题。

② 长效宣传，即可以定期、定时地进行后续宣传推广，如在微信公众号定期推送、发布知识。

(三) 真题演练

【例12-4】为提高青年人和学生对电信诈骗犯罪的识别和应对能力，区政府准备联合共青团、教育局、公安局、文化广电旅游局等部门，共同组织一场面向青年群体和学生群体的防电信诈骗宣传活动，领导将此项工作交给你负责，请你确定一个主题并谈谈如何组织。

【审题】

本题属于宣传类的组织管理类问题。考生要在开头说明拟定的主题，随后开展活动。

分析点1："为提高青年人和学生对电信诈骗犯罪的识别和应对能力"这句话表明了活动目的。为凸显对这一信息的关注，考生可以在开头，用自己的语言再次重申举办活动的目的。

分析点2："区政府准备联合共青团、教育局、公安局、文化广电旅游局等部门，共同组织一场面向青年群体和学生群体的防电信诈骗宣传活动"这句话蕴含的关键信息非常丰富。一是本次宣传活动参与部门众多，可协调分工，确保密切合作；二是明确了活动对象和活动内容，活动对象即宣传对象，活动内容即宣传内容。本题中宣传内容是防范电信诈骗，宣传对象是青年群体和学生群体。作答时，我们可以结合参与部门的特点，将学生群体和青年群体进行细分。比如教育局工作人员负责中小学生群体，共青团负责大学生群体，公安、区政府、文旅部门负责社区青年群体。接下来将宣传方式和内容进行针对性补充。

分析点3："领导将此项工作交给你负责，请你确定一个主题并谈谈如何组织"这句话明确了考生的身份是活动负责人，具体要做的事情有两方面：一方面是明确主题；另一方面是谈谈如何组织。对本次活动的组织从以下三点着手：一是各参与部门做好充分准备；二是对细分群体开展深入宣传；三是扩大本次活动的影响。

综上，作答时，开头说明拟定的主题为"谨防电信诈骗，你我携手同行"；随后阐述分三步开展活动，第一步联系各部门做好准备，第二步根据三个细分群体开展宣传，第三步持续扩大影响。

【答案示例】

开展防电信诈骗宣传活动，有利于提高青年人和学生群体的防范意识，有效预防和打击电信诈骗犯罪。作为活动负责人，我拟定的主题是"谨防电信诈骗，你我携手同行"。具体来说，我会这样开展活动。

第一，充分准备。一方面，我会在互联网以及图书馆收集电信诈骗相关知识，包括电信诈骗的概念、类型、危害等内容，准备好素材；另一方面，我会邀请共青团、教育局等部门的活动负责人，请他们出席本次活动的筹备会议，大家共同商讨宣传活动的实施方案，明确各个部门的具体分工，确保分工协作、稳步推进。

第二，广泛宣传。本次活动为主题系列活动，各部门负责人员将根据青年人和学生群体的特点开展反诈骗宣传。其一，向中小学生宣传。教育局工作人员会进入校园，联合班主任召开班会，利用微视频、漫画等方式宣传反诈骗知识，让中小学生知道身边发生过的电信诈骗案例，并教会他们一些反诈骗口诀，号召大家坚持不轻信他人、不透露信息等原则，并将这些口诀讲给自己的爸爸妈妈听，一起努力预防电信诈骗。其二，向大学生宣传。共青团工作人员会开设直播云课堂，用生动的语言讲述大学生可能遇到的诈骗形式，比如中奖诈骗、培训诈骗、虚假购物、刷单获利、家人遭遇意外诈骗、亲友急事诈骗等，告知他们应对措施，说明在遇到上述诈骗情况时要保持冷静，必要时向警方求助。其三，向社区青年宣传。公安局和区政府工作人员会邀请青年人参加社区反电信诈骗公益讲座，公安民警会利用案例，讲述虚假投资理财、刷单返利、冒充淘宝客服退款等常见电信诈骗类型及应对方法，号召青年人不要贪小便宜，做到谨慎小心。此外，文化广电旅游局的工作人员还会在社区播放反电信诈骗电影，向青年推广防范电信网络诈骗常识与技巧，希望大家切勿轻信"改机票、订购客栈"等未知网页链接，避免财产损失。

第三，扩大影响。活动结束后，我会根据各个部门负责人提供的活动照片，整理成一份图文并茂的反电信诈骗专题新闻稿，放到区政府网站以及微信公众号上，形成二次宣传。此外，我还会在新闻稿下方附上后续活动说明，欢迎参与活动的青年和学生踊跃投稿，谈谈参与活动的感悟等，并抽取一些幸运参与者，为其颁发精美纪念品。

第四节 应急应变类问题

一、基础理论

(一) 题型认知

考查处理日常工作或生活中突发问题的题目，统称为应急应变类问题。在日常工作和生活中，经常会出现一些突发的、紧急的问题，应急应变问题以这些让人焦头烂额的问题为切入点，给考生描述一些工作或生活场景，并给考生赋予一个身份，询问考生在面对这种场景时"怎么办""怎么解决""怎么处理"。

(二) 审题方法

1. 审身份

结合目前国企面试当中应急应变类真题来看，考生所面对的应急场景、处理问题的身份并不是一成不变的。这里的"身份"指的是题目给考生安排的角色定位。作答应急应变类问题时要注意两点。

(1) 身份不同，权限有异。身份的不同决定权力、责任的不同，解决矛盾的方式、手段自然也就不同。如果题目赋予你"领导"的身份，作答时要注重部门间的统筹协调，合理调动相关部门和资源；如果题目赋予你"普通工作人员"的身份，作答时要从一些基础事务出发，涉及重大事项、资源调配不能擅自决定，需要请示领导，按照领导的指示做出处理。

(2) 部门不同，职能不一。应急应变类问题中给定的部门不同，所处理问题的权限也不一样。

2. 审矛盾

所谓矛盾，指的是题干中出现的紧急情况、急需我们解决的问题。"审矛盾"过程中，考生应注意以下两个问题。

(1) 矛盾要抓全。一个题目中可能会有多个矛盾，审题时要一一考虑到，如"你单位正在进行某项工作，但遇到突发意外"，这个题目中包含两个矛盾：一是突发的意外；二是正在进行的工作。

(2) 处理要有序。对于多个矛盾，梳理处理矛盾的先后次序，分清轻重缓急。对于单一矛盾，可合理假设加以解决。

(三) 解题思路

整体思路：态度原则破题—解决问题—惩前毖后。

1. 态度原则破题——表明处事原则或对事件的看法

所谓态度原则，指的是找到题目中合适的场景作为切入点，表明对该事件的整体看法和处事原则，使得作答开头部分和题目高度吻合。需要注意的是，态度原则并不是必须作答的部分，考生可灵活调整。

一般来说，在应急应变类问题中，我们常用的表明态度原则的方法有以下几种，作答时选取一种即可。

(1) 处事原则法，就是在面对应急应变题目中的突发场景时，处理矛盾所秉承的首要原则。常见的处事原则有先急后缓、先公后私、先人后物等。

(2) 影响阐述法，就是通过在开头阐述该事件的目的影响，来表明对该事件的整体看法。事件影响可分为两类：正面事件本身带来好的结果，即意义；负面事件极易带来坏的结果，即危害。

(3) 职能代入法。作答时，可以根据题目给定的身份，围绕其工作职责职能、权责范围等角度切入，引出该职能下人物对事件矛盾的态度和看法。

2. 解决问题——解决题目矛盾问题

(1) 逐一击破。对于题目中存在的多个矛盾，要按照一定的顺序逐一解决，统筹安排，可按照以下原则处理。

① 先急后缓，即按照事情的紧急程度逐一解决问题。出现的问题有主要的，也有次要的；有急于要办的，也有可以慢一点办的；有现场需要解决的，也有未来需要长效管理的。一般情况下，涉及场面混乱，有可能威胁到人身安全的事件，要紧急处理；涉及舆论影响的，也要紧急处理。

② 先公后私。一般在面对公私冲突时，通常优先处理公事。

③ 先人后物。当题目中出现的矛盾既涉及"主体"的矛盾，如群众、同事、媒体等，也有需要处理的事务性矛盾，如排队长问题、扶贫难关、设备缺损等，要先处理涉及"主体"的矛盾，再解决事务性矛盾。

(2) 合理假设。对于题目中存在的单一矛盾，要合理假设，列举可能存在的问题，一一化解，将解决的办法充实化、细节化。一般来说，常用的假设方法有以下几种。

① 对立假设，即全面客观地分情况讨论，可以从结果的正反两方面来进行假设，如假设结果为是或不是，真或假等；也可以从责任的主体方进行假设，如假设的主体是我或是他等。

② 由易到难。假设的过程可以遵循问题处理"由易到难"的逻辑顺序，即从简单到复杂、从直接到间接，循序渐进，逐步深入。

③ 原因分析，即从矛盾反推可能导致矛盾的原因。如从群众的不满推测群众不满的原因，从出现的舆论危机推测舆论的成因等。

在假设过程中，要秉承"重在做事"和"适度假设"的原则。

① 重在做事。假设的目的是解决问题的，而不是为了假设而假设。因此为避免出现矛盾没有解决的情况，在假设时，可以采用"假设+解决方式+解决效果"的方法。

② 适度假设。假设的数量要适度，一般提出2~3个假设为宜。假设的情形一定是自己可以解决的，假设的内容也是对自己有利的、能化解的矛盾。

3. 惩前毖后——未雨绸缪，避免发生类似问题

这一部分是对出现问题的反思，写作目的是惩前毖后，避免在以后工作中出现类似问题。这部分内容在答题中不做重点，不需要大篇幅进行阐述，但要具有可操作性，有利于下次解决同类问题。

二、真题演练

【例12-5】单位在下午三点举办一场返乡农民工座谈会，领导安排你们科室的李大姐布置会场。下午两点半，你到了会场，发现会场还没有布置，此时领导和返乡的农民工已经陆续到达。请问你会怎么办？

【审题】

本题是一道应急应变类问题，以时间临近作为应急应变的主要矛盾，任务能否完成与时间息息相关，以此为核心进行合理假设。

分析点1：题干给出了时间上的主要矛盾：下午三点的座谈会，下午两点半还没有布置。考生的身份是与李大姐同科室的提前到场的工作人员，他要在第一时间与李大姐进行接洽，了解情况，可以根据会场目前实际情况展开合理假设。根据由易到难的假设原则，第一种情况：如果会场未布置完全，只剩余收尾工作尚未完成，可以协同李大姐共同加快完成；第二种情况：如果会场尚未布置，但能够在会议开始前完成，可以与其他同事协同完成；第三种情况：如果时间上难以保证，则可以寻求帮助，也可以设置一些活动获得安排会场的时间。

分析点2："此时领导和返乡的农民工已经陆续到达。请问你会怎么办？"

根据前面对于时间的合理假设，第二种、第三种情况均需要对已经到场的领导和农民工进行合理安排。如果时间来得及，则考虑将领导与农民工引导去往休息室，并安排好服务工作即可；如果时间来不及，则考虑联系其他会议室，在其他会议室观看一些视频，以拖延时间，确保完成会场布置。

虽然此次工作是李大姐负责，但是这次的失误可以成为以后工作中的借鉴，可以从惩前毖后的角度进行总结反省。

综合上述分析，本题的答题思路：首先，简要表明工作态度；其次，根据具体情况进行合理假设；最后，结合此次意外惩前毖后，进行改进。

【答案示例】

遇到此次意外情况，我会冷静应对，尽力解决问题，保证座谈会顺利召开。

第一，了解情况。我会在第一时间联系李大姐，了解目前会场安排任务的具体情况，并仔细询问领导对会议布置的要求。

第二，解决问题。我会根据李大姐所描述的具体情况，分别进行合理解决。

第一种情况，如果李大姐只是剩余水、画幅、花篮等简单摆设没有摆放，我会立即与李大姐一同将未完成的工作快速、有序完成，避免对会议产生影响。

第二种情况，如果确实因为李大姐的工作失误，导致会场还未进行布置，但是布置任务相对耗时较少，能够在会议正式开展之前完成，那么我会与同事沟通，先将已经抵达会场的领导与农民工同志引导至单位的休息室，并提供茶水、小食等。同时，我会联系在场的其他同事一同对会场进行紧急布置，根据李大姐所说的标准要求，细心认真地布置妥当。在完成布置后，由同事引导领导与农民工同志进入会场，会议如期正常进行。

第三种情况，如果时间相对来说比较紧迫，无法在下午三点之前完成全部布置任务，那么我会立刻联系单位办公室，询问、协调可以进行投影播放的会议室，找出单位之前的宣传片，让同事先引导领导与农民工去往会议室观看视频，并进行简单介绍，为布置会场赢得时间。同时，我会与李大姐商量，在保证会场基本要求的前提下，简化布置工作，并合理分工，争取效率最大化。在完成布置后，通知会议室的同事，引导领导与农民工同志有序入场。

第三，反思总结。一是我会与李大姐一同向领导汇报此次事件，说明处理的过程，承认工作中的失误并认真反省。二是在以后的工作中，我会明确每项工作进行的时间节点，提前完成，避免出现临时性问题。

第五节 人际关系类问题

一、基础理论

(一) 题型认知

考查人际沟通技巧的题目统称为人际关系类问题。在日常工作和生活中，与同事、领导、群众之间经常会出现一些矛盾，人际关系类问题便以这些矛盾为切入点，给考生描述一些工作或生活场景，并赋予考生一个身份，询问考生在面对这样的场景时"怎么办""怎么处理""怎么解决"。

(二) 审题方法

1. 审清题干信息

人际关系类问题通常会给考生设置一个工作中的场景和身份，加之相应的矛盾冲突点。考生在阅读完题目之后，需要准确把握给定工作场景和身份，明确解决问题时可以使用的方式、手段，全面、准确梳理出存在的矛盾点和涉及的主体。

2. 厘清答题思路

厘清各种矛盾之间的关系，按照轻重缓急的顺序确定解决矛盾的步骤，即确定答题思路与提纲。在作答过程中，坚持"工作为重""职权清晰""心态积极向上"的原则。对于严重影响工作、违背原则的事情，要坚守底线，绝不让步；在不违背原则的基础上，充分发挥主观能动性，为他人提供帮助、便利。

(三) 解题思路

整体思路：态度原则破题—解决问题—惩前毖后。

1. 态度原则破题(非必须)

在人际关系类问题中，以态度原则破题，即表明处事原则或对事件的看法，具体来说，可以从以下两点入手。

(1) 清晰定位，即结合题目给出的身份，来确定自己在题目情境下应有的职责权限和对应的工作态度。

(2) 自我反思，即面对问题，不是释放情绪，而是抓住问题的本质，通过回顾自己工作过程和工作表现，反思哪些方面做得不到位。

2. 解决问题

1) 若与情绪有关

对于情绪性问题，我们可以从以下4个方面解决。

(1) 合理释放情绪。请教同事、领导、亲友，与同事、领导、亲友进行沟通交流，合理释放情绪。

(2) 自我调节。结合具体身份，采取读书、运动、听音乐等方式来化解绪郁结。

(3) 安抚情绪。可以从感同身受和赞许优点两个方面安抚情绪。

(4) 综合开导。结合题目中出现的具体矛盾，从自身经验等角度出发，合理假设原因，给出切实可行的矛盾解决方案。

2) 若与工作障碍有关

对于工作障碍性问题，我们可以从以下两个方面解决。

(1) 梳理工作。了解情况，通过沟通交流了解问题所在，以及具体的难处，做到心中有数。

(2) 安慰劝说。安抚劝说的逻辑一般为情、理、利、法。如果老员工做事风格过分谨慎，那么我们要换位思考、多多理解；如果同事找理由推脱工作，那么我们要耐心细致地向同事解释清楚这项工作的目的及重要性；如果同事不愿配合工作，那么对同事给予充分理解之后，说明工作目前的难处，希望同事能够理解配合。

3) 若与认知差异有关

对于有认知差异的问题，要深入了解产生认知差异原因，分情况处理。

第一种情况，相互质疑。如果双方意见并无原则上的冲突，只是有些分歧，那么可以通过沟通求同存异；如果确实其中一方的观点更优，那么对另一方做好解释说明，并齐心协力优化此方观点；如果分歧暂时难以调和，那么搁置分歧，继续工作，在实践中尝试检验和调整。

第二种情况，误会错怪。首先通过自我调节来舒缓心理；其次合理假设原因或情景，逐一解决。

第三种情况，背后非议。若自己是被议论者，先找准问题，可通过自我反思、细心观察、询问同事、请教领导等方式充分深入了解被议论的原因；再挽回形象，可通过假设的方式扩展答案内容：如果是自己的过失(对上未及时汇报工作、对同事沟通方式不当、对群众态度不佳)，应及时、尽力弥补，争取取得谅解；如果是他人的误会，采用适当形式，找准时机解释清楚，澄清误会，消除疑虑。若自己是旁观者，先了解情况，再积极劝说，针对了解的情况进行合理假设，就不同的情况提出不同的解决方案；如果是双方工作方式不统一，要积极地促进双方交流，争取协调统一，提升工作效率；如果是私人矛盾，则需要积极调解，最大限度地化解同事间的误会。

4) 若与原则有关

当出现违规风险时，我们要坚持原则，在合理范围内帮助别人。

当出现越级行事状况时，无论什么工作都要保证和直属领导做好有效沟通，一方面要如实向直属领导请示说明，看是否和当下工作有冲突，是否需要增派人手等；另一方面要询问直属领导的意见，让其给接下来的工作提出指导方向。在此基础上，将工作按轻重缓急划分，参考文献资料，询问科室有经验的老同事，随时请教直属领导，保质保量完成任务。

3. 惩前毖后

(1) 总结反思：① 反思自身不足；② 查找问题所在；③ 查摆整改提高。
(2) 引以为戒：① 吸取他人教训；② 对照自身不足；③ 避免类似错误。
(3) 学习提升：① 提升工作能力；② 提升沟通能力。

(四) 常见问题

1. 开头破题时，僵化表态

例如："我一定从自身找原因，调整心态，从而把工作做好。"

这种开头看似"万能"，却也"无能"，并不能解决实际问题，且占用答题时间。考生要从题目出发，分析当前急需解决的矛盾即可，不一定非要扣一个"情感的帽子"。

例如："领导交给我任务，即是对于我的信任，我一定不辜负领导的期望。"

完成工作任务就是在履行岗位职责，与领导、他人的信任与否无关，做职责范围内的事，仅是本分而已，不需要做此赘述。

2. 出现问题时盲目揽责

例如：凡是有错误，必定都是我的错。

考生承认错误勇气可嘉，但是有的错误与己无关，就要客观分析、理性对待、坚守原则，切勿盲目揽责，总把错误归咎于自己。

例如：凡是领导的决策不妥，一定是我没有汇报清楚。

很多时候产生矛盾不是对错的问题，只是着眼点不同、侧重点不同、信息不对称，切忌上纲上线、盲目背锅。

3. 领导指示盲目服从

例如：领导指示无论对错，我都要绝对服从。

这种做法欠缺灵活性。领导是你的同事，是你的战友，更是你坚强的后盾。有不懂问领导，有困难找领导，有问题多沟通。谨记大家的目的是一样的，就是把工作做好。

二、真题演练

【例12-6】你是"00后"的大学生小陈,党支部空缺一个岗位,领导安排你去。此时,你的一个同事质疑你的能力,认为你的资历比较浅,不适合这个工作,你会怎么办?

【审题】

本题是一道人际关系类与工作障碍有关的题目,设置了一名年轻大学生小陈的身份,以及面对工作安排受到老同事质疑的矛盾。考生可以假设老同事质疑的原因,并提出解决措施,具体结合题目详细进行分析。

分析点1:"你是'00后'大学生小陈,党支部空缺一个岗位,领导安排你去。"这句话明确小陈的身份是"00后"大学生,年龄比较小,工作经历不是非常丰富,可能在处理问题过程中有一些不妥当的地方,但是大学生的身份也说明他在工作时可能比较有创意。另外,也可能是因为小陈以往的工作得到了领导认可,这就表明小陈本身的工作能力还是比较突出的。

分析点2:"你的一个同事质疑你的能力,认为你的资历比较浅,不适合这个工作,你会怎么办?"这句话给出了问题的矛盾点,属于工作障碍类问题。面对同事的质疑,可以跟同事进行沟通,了解质疑的原因。考生可以按照问题处理"从易到难"的逻辑假设同事产生怀疑的原因:同事出于善意提醒;在以往的工作中,我存在不足,同事不信任我;同事对我不是很了解。

综合上述分析,本题的答题思路:与同事沟通,询问了解原因;根据原因解决问题;惩前毖后,做好自我提升。

【答案示例】

如果是我遇到了题干中的问题,会采取如下措施解决。

首先,我会找到这名同事,一方面感谢这名同事在过往工作中对我的帮助和关心;另一方面,向其自然询问质疑我担任党支部职务的原因。

其次,根据不同情况进行问题解决。

第一种情况,如果同事只是出于善意,认为我刚到单位对工作情况不是很了解,希望我经过一段时间锻炼后再承担更重要的工作,那么我会向同事表达诚挚谢意,向其说明在学校时我就有团支部工作的经验,而且对于党支部工作已经做好了充分准备,知道党支部主要负责发展党员、组织党员学习、开展党性教育等工作,对工作充满信心,有能力承担此项工作职责。

第二种情况,如果是因为在以往的工作中,我的某些工作没有做好,导致同事认为我的工作能力欠缺,质疑我没有办法承担起这份工作,那么我会承认以往工作的失误,并再一次向同事表达歉意。同时说明,通过那次失误,自己深刻认识到了不足,并开始努力提升能力,也取得了一定成果,希望同事可以信任我,让我在以后的工作中证明自己,并且保证以后绝不会犯类似的错误。

第三种情况，如果是因为同事对我并不是特别了解，只是单纯地认为我年纪比较轻，不足以胜任这份工作，那么我会向这位同事说明自己以往的一些工作情况，向他表明自己进入单位一段时间以来一直在努力提升工作能力。

最后，我会表明，在以后的工作中，我一方面要踏踏实实做好单位的内部工作，不出现任何错误，发挥年轻人的优势，增加工作的创新性；另一方面要向其他的同事不断请教和学习，提升自身的各项能力。

第十三章
面试之无领导小组讨论

第一节
无领导小组讨论理论知识

一、无领导小组讨论概述

无领导小组讨论是国企招录经常使用的一种测评方式,其采用情景模拟的方式对考生进行集体面试,通过给一组考生一个与岗位相关的问题,让考生们进行一定时间的讨论,来检测考生的组织协调能力、口头表达能力、辩论能力、说服能力、非言语沟通能力(如面部表情、身体姿势、语调、语速和手势等)、情绪稳定性、处理人际关系的技巧是否达到拟任岗位的用人要求,以及自信程度、进取心、责任心和灵活性等个性特点和行为风格是否符合拟任岗位的要求,由此来综合评价考生。

无领导小组讨论面试一般分为四个阶段。

第一阶段为准备环节,考生了解试题,独立思考,列出发言提纲,一般为5分钟。

第二阶段为个人陈述,考生轮流发言,阐述自己的观点,每人不超过2分钟。

第三阶段为自由讨论环节,考生自由讨论,或继续阐明自己的观点,或对别人的观点提出不同意见,并最终得出小组的一致意见,时间为3X(X代表小组人数)分钟或固定为30分钟。

第四阶段总结发言环节，考生进行总结发言，时间不超过3分钟。需要注意的是，考生的总结发言可能包含在自由讨论环节，也可能单独进行。

与其他考试测评方法相比，无领导小组讨论在形式和过程上有其独特性，其主要特点有以下几个。

1. 便于横向比较

在无领导小组讨论中，多名考官在同一时间对多名考生进行集体测评，能直观地对一组考生的表现进行横向比较，对考生有关能力素质和个性特征的评价较为真实客观。同时，测评效率相对较高，能节省时间，并且能对竞争同一岗位的考生表现进行横向比较，使考官能够真正对考生的行为进行评价，在考生之间的相互作用中对其进行观察和评价。

2. 便于考生发挥

无领导小组讨论不指定领导者或组织者，每位考生具有平等的地位，有相同的发言权和表现机会。由于要求考生通过讨论的形式解决问题，考生之间的互动性很强，能够较好地诱发其进行真实表现。

3. 便于考官测评

无领导小组讨论的一个突出特点是具有较高的情景拟真性。无领导小组讨论的过程实际上是一个团队分析解决工作中出现的实际问题的过程。无领导小组讨论在模拟情景下为考生提供了一个具体的讨论议题，考生在一种动态的情景中表现自己，真实地展示自身的能力素质和个性特征，相对而言减少了掩饰，能突出考查考生的实际能力和水平。

二、无领导小组讨论与结构化面试的区别

无领导小组讨论与结构化面试相比，有以下区别。

1. 无领导小组面试要求考生具有较高的人际交往能力

无领导小组讨论的突出特点就是生动的人际互动性。在面试过程中，考生之间可以相互讨论，考生需要在与其他考生的沟通和互动中表现自己。无领导小组讨论考查的重点之一也与人际交往有关，例如言语表达能力、人际影响力等。与单纯的结构化面试中一个人回答考官问题相比，无领导小组讨论显得更有难度，更不容易把握。

2. 对考生的评价更加客观和准确

在结构化面试中，考官主要依据考生的口头回答进行打分，但说得好并不一定做得好，很多考生在结构化面试中侃侃而谈，但在实际交往和工作中并非如考场表现一般，甚至有很大差距。而在无领导小组讨论中，考官是依据考生实际表现的行为特征来对其进行评价的，因而评价更加客观和准确。

3. 考生在无领导小组讨论中面临的压力更大

毫无疑问，在结构化面试中，考生的压力相对较小。而在无领导小组讨论中，考生会面临各种突发问题，例如讨论过程中其他考生的质疑、发难等，考生往往在这些压力下，会暴露出自身缺点，面临被淘汰的危险。

4. 单位时间内面试效率更高

在结构化面试中，每位考生的面试时间为15～20分钟。而在无领导小组讨论中，考官能够同时考查多名考生，平均算下来，每位考生的面试时间仅为10分钟，从而节省时间，提高面试工作效率。

5. 考生之间竞争更激烈

与结构化面试相比，无领导小组讨论是将竞争同一职位的人放到同一时间、空间及场景下，考生压力更大，更具压迫感。无领导小组每组6～14人，考生为了在本小组中突出重围，往往最大限度地发挥自己的能力，竞争性相当激烈。

三、无领导小组讨论应避免的误区

(1) 无领导小组讨论不是聊天，考生要注意目标导向、任务导向，发言要有观点，有论据，言简意赅。

(2) 无领导小组讨论不是个人演讲，考生要注意与小组成员互动。

(3) 无领导小组讨论不是辩论会，讨论过程中考生应有团队意识，争取达成小组一致。

四、无领导小组讨论的流程

(一) 考前流程

1. 对考生进行身份确认

考务人员在候考室对考生进行身份确认，检查身份证、准考证等。根据讨论的要求将考生分为若干个小组(一般每组6～14人)，排出各小组考生的讨论时间表，并依次将考生分组带进考场。考生入场后所坐的具体位置应事先由考生抽签决定。考生落座后，考官对考生的姓名、编号及其所坐位置进行核对确认。

2. 考务人员宣布规则

由考务人员向考生简单介绍本次无领导小组讨论所需要完成的任务，宣布有关纪律要求。

3. 考务人员将有关资料发给考生

考务人员向考生发放无领导小组讨论所需的材料、草稿纸及笔等。

4. 主考官宣读指导语

由主考官宣读指导语，明确无领导小组讨论的要求、程序、时限和目标任务。

5. 考生按给定的时间准备

在无领导小组讨论中，考生有5分钟的准备时间，可以列出发言提纲，为下一步的发言做好准备。

6. 考生进行自由讨论

自由讨论时，考生既可以阐明自己的观点，也可以支持或反对他人的观点，同时还可以对自己或他人的观点进行总结。讨论发言的先后顺序由考生自行决定。考官对照评分表中所列观察要点仔细观察、倾听和记录。有些无领导小组讨论还要求考生推选一人进行总结汇报，其他人进行补充。有些情况下，考官会对考生的汇报进行质疑，考生给予答辩。讨论时间一般为3X(X代表小组人数)分钟左右。

7. 考官独立评分

规定时间到，主考官宣布讨论结束，考生退场。考官对自己的观察记录进行整理并判定成绩。如遇特殊情况，考官之间也可在最后评分前对考生在讨论过程中的表现进行评议。

8. 考务人员统计评分结果并存档

考务人员统计考官的评分结果，登记考生成绩，按有关要求签字确认后，上报并存档。

(二) 考试流程

1. 考生入场

考生进入考场要服从考务人员的安排，一般由考务人员引导，排队入场。敲门得到"请进"的允许后按顺序进入。进考场后，根据桌牌找到自己的座位，在椅子侧或椅子后站定；等考官示意可以坐下时，道谢后坐下；调整座椅时，避免发出刺耳声响。

2. 个人陈述

考生入座后，认真听考官的导语，按照导语的提示和要求作答。审好题目，快速阅读材料，掌握好时间，分配好思考时间和答题时间，可以粗略地罗列发言提纲。

3. 自由讨论

在自由讨论阶段，考生可以根据自己的性格特征和实际情况来决定自己的角色。小组讨论重要的是看考生在讨论过程中扮演了什么角色，无论考生担任哪一个角色，都要出色完成自己的任务，将普通的成员角色做出特色、做出效果，当然角色不是固定的，可以根据讨论情况进行变化，要表现出主动参与、积极推进的态度，以团队利益为核心，不提倡个人英雄主义。

4. 总结陈述

在总结陈述阶段，由小组中的一位考生对整个小组的观点进行汇总和陈述。如果考生概况归纳能力较强，表达演绎能力比较好，可以尽量争取做总结陈述者。总结陈述者在整个讨论过程中一定要认真听，对组员所讲的内容进行归纳和提炼，理解大家的观点，做好详尽的笔记；在陈述时言简意赅地分点论述，注意把控时间。

5. 考生退场

考试结束时，考生在得到考官、考务人员面试结束的示意或可以退场的提示后起立，鞠躬致谢；然后将桌上的纸笔摆放整齐，不要将试题与草稿纸、记录笔等带出考场，将座椅轻轻放归原位，随考务人员依次走出，注意走路姿势和面部表情。队伍最后一位要注意轻轻将门关上。

五、无领导小组讨论的测评内容

1. 测评要素

(1) 举止仪表，从体格外貌、穿着举止、精神状态等方面来测评。

(2) 言语表达，从言语表达的流畅性、清晰性、组织性、逻辑性和说服性等方面来测评。

(3) 综合分析能力，即能否抓住所提问题的本质、要点，进行充分、全面、透彻而有条理的分析。

(4) 人际协调能力，例如，人际交往方面的倾向与技巧，是否善于处理复杂人际关系，能否调和各种冲突。

(5) 动机与岗位匹配性，即对职位的选择是否源于对事业的追求，是否有奋斗目标，是否积极努力。

(6) 计划、组织、协调能力，即能否清楚设定完成工作所需步骤并对工作的实施进行合理安排，能否妥当协调工作中所需要的各方面支持。

(7) 应变能力，即在实际情景中，解决突发性事件的能力，能快速、妥当地解决棘手问题。

(8) 情绪稳定性，即情绪的自我控制能力，如对语调、语速的控制是否得当，言辞的遣措等是否有理智和节制。情绪稳定性反映一个人的耐心、韧性，以及对压力、挫折、批评的承受能力。

2. 评价标准

在无领导小组讨论面试中，通常情况下，考官根据以下标准来选拔人才。

(1) 发言次数的多少、发言质量的高低、说理能否抓住问题的关键、能否提出合理的见解和方案。

(2) 能否在提出自己见解和方案的同时，支持或肯定别人的合理建议。

(3) 能否倾听别人的意见，在别人发言的时候不强行打断，是否具有说服别人的技巧。

(4) 能否控制全局，消除紧张气氛；是否善于调解有争议的问题并说服他人，使每一个会议参加者都能积极思考，畅所欲言。

(5) 是否具有良好的语言表达、分析判断、反应、自控能力，是否具有宽容、真诚等良好的品质。

(6) 思维是否灵活，发言是否主动。

3. 测评能力

无领导小组讨论面试通常测评以下几大项能力。

(1) 测评考生在团队工作中与他人发生关系时所表现出来的能力，主要有言语和非言语的沟通能力、说服能力、组织协调能力、合作能力、影响力、人际交往的意识与技巧、团队精神等。

(2) 测评考生在处理一个实际问题时的分析思维能力，包括理解能力、分析能力、综合能力、推理能力、想象能力、创新能力、对信息的探索和利用能力。

(3) 测评考生的个性特征和行为风格，主要包括动机特征、自信心、独立性、灵活性、决断性、创新性、情绪的稳定性等特点。例如，考虑问题时是喜欢从大处着手还是关注细节？是喜欢较快地做出决定还是喜欢广泛地考虑各种因素而不受最终目标的限制？是在活动开始时设定行为目标和计划还是随着活动的进行更改目标和计划？

六、无领导小组讨论的面试礼仪

面试礼仪这个测评要素很难成为考生的加分项，但是若着装不规范、仪容不得体，就一定会成为考生的减分项。因此，对于面试礼仪，考生也要引起足够的重视。

1. 着装

男生选择西装，衬衫以白色、蓝色为主，领带与西装衬衫相搭配；女生可以选择穿着剪裁得体、样式大方的西装、套裙，切忌穿太紧、太透和太露的衣服，更不可穿超短裙(裤)，不要穿领口过低的衣服。

2. 仪容

男性要保持头发整洁清爽，头发的长度以不遮挡视线、不遮耳朵、不碰衣领为宜。女性不要披头散发、发饰过多，女性可以烫发，但要给人以稳重感；避免选择夸张的发色，避免使用味道较重的定型产品。男性应保持面容干净，应刮干净胡须，并要做到鼻毛不外现，口无异味；女性在面试场合应以淡妆为宜，不建议使用香水，不蓄长指甲、不使用醒目的美甲。

3. 行为举止

(1) 行姿。参加无领导小组讨论的所有考生一起走进面试考场，考生走路的形态能反映出一个人的个性、情绪及修养。考生要想塑造良好的形象，就不得不注意走路姿势。正常行走姿势应当是昂首挺胸、收腹直腰，两腿有节奏地向前迈步；两眼直视前方，目光自然平静，不左顾右盼、东张西望。具体而言，男性步伐雄健有力，走平行线，显示出潇洒豪迈的气质；女性步伐略小，走直线，应显优雅轻盈。

(2) 坐姿。面试时，考生的坐姿应稳重、静态、直挺和端正。考生应从椅子旁边走到椅子前入座，轻轻拉出椅子，不要弄出大的声响，背对椅子平稳坐下；入座时要稳、缓、轻，动作协调柔和，尽可能坐在椅子的1/3至1/2处。

(3) 手势。面试时，考生的手势不宜过多，动作不宜过大。考生不得用手抓挠身体的任何部位，避免出现拉衣袖、抓头发、抓耳挠腮、玩饰物、揉眼睛、不停抬腕看表等手势动作。

第二节 无领导小组讨论环节

一、准备环节

准备环节是考生在无领导小组讨论面试中的第一阶段，是考生选择观点、酝酿陈述内容的关键时点。从近几年的国企面试来看，准备环节为5分钟。准备是否充分决定着后面自我陈述环节的表现优劣。

(一) 准备环节的重点

1. 思路清晰

考生要在规定的时间内，对所给材料加以分析、利用，准确地把握问题的本质，通过问题的本质来确定个人在陈述环节的思路和自己在无领导小组讨论整个面试过程中的定位。

考生对于解题要做好两方面努力：一方面要去收集查找往年考过的题目，明确该地区考试出题背景偏好、题型偏好，做好针对性积累与练习；另一方面要勤于练习，尝试从练习中找到一套适合自己的解题思路，为我所用。

2. 要点明确

在确定思路的基础上，深入挖掘材料，从中提炼要点，并准确把握，从而做到在个人陈述和自由讨论环节"有料可说"。

(二) 准备环节的策略

按照一般规则，考生的自我陈述依据签号进行，假如考场上有10位考生，思考时间按5分钟，自我陈述时间按2分钟计算，那么1号考生的准备时间就是5分钟，2号考生的准备时间就是≥(5+2)分钟，3号考生的准备时间就是≥(5+2+2)分钟……10号考生的准备时间可能就是20分钟。准备的时间不一样，准备的策略也不一样。

1. 签号在前面的考生的准备策略

此类考生准备时要争分夺秒，不宜在草稿纸上写太多内容；论点和论据尽可能简洁叙述，以免时间不够；尽可能全面阐述论证内容，不给后面考生留下补充机会。

2. 签号在中间的考生的准备策略

此类考生准备时要注意以下几点：一是注意倾听前面考生的论述，吸取他说得好的地方，弥补自己不足；二是在草稿纸上写出要点，梳理内容，整理出陈述思路，保证准备充分；三是注意前面考生的陈述方式，尽量在自己陈述的时候，做与前面考生在内容、逻辑、形式上的区分。

3. 签号在后面的考生的准备策略

对于此类考生来说，这时候的准备既有优势，也有挑战。有优势是指可以进行更长时间的思考和准备；有挑战是指前面的考生把论据已经陈述得差不多了，如果考生采取跟随策略，容易人云亦云，体现不出自己的特色。此时的准备策略从内容和形式两方面着手。

(1) 内容创新。认真倾听前面考生的陈述，记录下他们陈述的观点和内容要点。如果前面考生的观点普遍相同，那么你要选择一个和前面迥异的观点；如果前面考生的论据各有道理但不全面，那么，你可以整合前面所有考生的论据，加以梳理，以更全面、更系统的方式呈现观点；如果前面考生的陈述不够深刻，那么你最好联系相关哲理或大政方针，更深刻、更有高度地概括前面考生的发言，以实现自我陈述的"高大上"；如果前面考生在陈述的时候有遗漏的论据，那么你可以补充说明。

(2) 形式创新。认真记录前面各位考生在面试形式上的亮点，做到"人缺我有，人有我优"。如果前面考生陈述的时候语言不流畅，那么你要做到表达流畅；如果前面考生在陈述的时候声音小、底气不够，那么你应该做到声音洪亮，感情真挚。

(三) 准备环节注意事项

1. 他人陈述我记录

此处强调的"记录"，并不是在草稿纸上记下其他考生说的每一句话，而是记下他的观点和主要论据(含亮点和不足)。因为自我陈述的下一个环节就是自由讨论，记下其他考生的陈述要点，有利于自由讨论环节的破冰。

2. 牢记规则和礼仪

(1) 切记不能在题本上留任何标记，也不能做任何勾画，否则违规。
(2) 要坐姿端正，不可表现松懈，不可做小动作，不可打断别人的发言。

3. 掌握审题技巧

无领导小组讨论面试的材料往往很多，因此考生在准备环节，最好先看问题，明确定位和任务，再读材料。如果材料太多，可通篇略读，重点段落精读，注意把握时间。

4. 做好草稿纸分区

考生面前一般只有一张草稿纸，鉴于记录内容庞杂，建议根据使用习惯，做好草稿纸使用分区，以方便记录，方便查找。

二、个人陈述环节

个人陈述环节是考生准备轮流发言，阐明各自观点的环节。一般每人陈述时间不超过2分钟。自我陈述环节是考生向考官、其他考生展示自己的首个环节，根据面试的"首因效应"，此环节非常重要。如果考生陈述得好，会给考官留下良好的第一印象，也会给其他考生造成压力。因此，做好自我陈述对无领导小组讨论面试的得分至关重要。

(一) 个人陈述的内容组织

1. 提出观点

考生在发言时，开篇就要阐明观点，避免拖拖拉拉，可以根据题目和给定材料的不同有所铺垫，但不要过多。

2. 展开论证

可采用"总—分—总"的形式来展开论证。

3. 总结升华

收尾呼应，表明态度。

(二) 个人陈述的重点

1. 内容充实

个人陈述的内容要有干货，避免"假、大、空"。这就要求考生论证要有力，素材要新颖，能透过现象看本质。

2. 表达有力

表达流畅是个人陈述得高分的基础。如果考生在个人陈述时出现口头语、言语重复、停顿过多等现象，会给考官留下不自信、语言表达能力不足的印象。所以，考生一定要充分利用准备环节，梳理自己的答题思路，熟记自己的答题框架，做到心中有数，流畅表达。陈述的流畅性主要体现在三个方面：一是表述要清楚，吐字要清晰，情绪要镇定；二是语速要适中，语言要流畅；三是脱稿陈述，尽可能与现场组员有眼神上的交流。

考生在语言表达上，要坚持久久为功，做好日常训练和积累。第一，表述有清晰度，要能坚持大声朗读，做到口齿清晰、中气十足，从音量、用气方式上，找到适合自己的表述状态；第二，表述有交流感，可跟听、朗读重要会议讲话稿原稿，模仿重音、断句和语气情感变化，使表述更具感染力；第三，表述内容有质量，加强金句积累，从人民日报评论员文章中积累好词好句。

(三) 真题讲解

【例13-1】 春节，最火的话题是什么？不是年夜饭，也不是春晚，而是"抢红包"。虽然普遍只有几块钱甚至几毛钱的"红包"，其娱乐意义远远大于实际意义，"抢红包"成为了春节最火热的活动。而对此，各界也是褒贬不一。

针对"抢红包"现象，社会上有很大的争议，有人说"抢红包"冲淡了年味，也有人说"抢红包"让过年的红包回归了本质。

考生任务：请选择一个观点，并说明理由。只能在上述观点中选择一个。陈述时间2~3分钟。

【答案示例】

个人陈述1：各位组员，我是3号考生。针对春节"抢红包"这一现象，我认为，"抢红包"冲淡了年味。

理由如下：第一，抢红包破坏了过年的团圆氛围。春节本应该是一家人回忆往昔、畅想明日的温馨节日，而不少人却把精力放在抢红包上。吃饭时抢红包、聊天时抢红包，看春晚时抢红包，这样疯狂的"抢红包"，让人们把注意力游离到了亲情和春节之外，把一家人欢度春节的喜悦寄托在抢到红包上。一旦抢到就兴高采烈，抢不到则垂头丧气。尤其是对于一些老年人，当年轻一辈们无论是吃饭还是聊天时，都低着头看手机抢红包，难免会让他们感觉到冷落。所以说抢红包冲淡了年味。

第二，抢红包让"红包"变味，让社交金钱化、庸俗化。以往，春节长辈给晚辈发红包，实则是长辈对晚辈的一种期许。这份期许中，既有晚辈对长辈的敬重，也有长辈对晚辈的关爱。作为一种代际间的爱的表达，发红包逐渐成为春节的礼节。然而，网络"抢红包"却把红包作为春节的文化符号，把"红包"变为一种娱乐方式。人们通过互发红包、收红包来进行交际，把正常的社交金钱化、庸俗化。比如，有些人在祝贺新年快乐的时候，不发个红包就不好意思，这无疑加重了人际交往的负担，冲淡了年味。

第三，抢红包浪费团聚时光。抢到的红包一般数额不大，浪费春节难得的团聚时光。尤其是商家的"代金券"，它属于只有消费才能抵扣的电子券，对于不在特定时间购物的人来说基本没有意义。春节是一家人团聚的时刻，一年可能都难得聚齐一次，在这么一个特殊的节日里，如果大家都热衷于抢自己的红包，必然会浪费团聚的时光，获得的仅是蝇头小利，失去的必然是亲情的温暖。

因此，我认为"抢红包"冲淡了年味。我的陈述完毕！

个人陈述2：各位组员，我是8号考生。与前面几位组员的观点不同，我认为，"抢红包"不仅没有冲淡年味，还让过年的红包回归了本质，让新春佳节过出别样趣味。

下面，我陈述四点理由：

第一，抢红包让过年的红包回归了本质。不少人认为，过年发传统红包，几十块拿不出手，至少得百元以上，这已成为一个不小的人情负担；网上红包几块钱几毛钱都可以，互不攀比，图个吉利，既增添了过年的氛围，也增进了亲友间的友谊，这才回归到过年红包的本质。

第二，"抢红包"拉近了人与人之间的关系，促进了人与人之间的关爱和社会认同。传统的红包，大多来自有血缘关系的亲属，而网络红包的出现，将传统红包的范围扩大到朋友、同学、同事甚至是陌生人，这样，即使只抢到陌生人的几分钱，也会让人高兴。与传统红包相比，网络红包是从相对较远的关系中获得的收益，这种惊喜带来的幸福感让人感受到关爱和社会认同。

第三，"抢红包"让过年更有趣，是对传统风俗的改良和创新。现在很多人觉得年味越来越淡，其中一个原因就是当下物质越来越丰盈，但节日氛围还不够。抢红包的出现，给人们一种节日的调剂和期盼，包括央视和政府微信也在通过红包向人们传达祝福，这种形式的创新让节日更有趣，让传统风俗更易被年轻人接受。

第四，抢红包是一种创新，折射出社会的进步。贴春联、贴门神、守岁等，旧年俗仍在，只要坚持，并不会变；而"抢红包"替代传统意义上"压岁钱"成为新年俗，不过是民族传统随时代发展的新演进，迎合的是当下公众的心理需求和社会的整体需要。"抢红包"是现代网络技术发展的结果，是大众充分享受社会进步红利的新生事物，我们应该以拥抱的心态去面对，用呵护的心态去支持。另外，抢红包也反映出人们过年方式的多样化，不再是吃饺子、看春晚。抢红包、旅游等渐成时尚，从这个角度看，是社会的进步，更加丰富了年味的内涵。

综上所述，我认为"抢红包"不仅没有冲淡年味，还让过年的红包回归了本质，让新春佳节过出别样趣味。对于网络红包现象，我们要积极看待。我的陈述完毕！

三、自由讨论环节

自由讨论是无领导小组讨论的第三阶段，是无领导小组讨论的关键阶段，表现优秀的人往往在这个阶段脱颖而出，成为小组的核心人物。在这个阶段，考生自由发言，不仅阐述自己的观点，还对别人的观点发表看法，最后达成小组统一意见。

(一) 自由讨论的目标

小组成员共同交流寻求问题的解决办法，即为自由讨论。在此过程中，考生务必注意两点：一是讨论不是辩论，注意发言的措辞，决不能将面试的考场变为"舌战群儒"的战场；二是完成题目给出的既定目标，在这个过程中，要注意为小组服务，个人阐述的观点和他人所讨论的内容都要以小组的利益为核心。

(二) 自由讨论的策略

个人陈述后，迅速分析比较，得出组内考生实力情况，根据不同的情况采取不同的策略。一般会有三种结果：一是敌弱我强，宜采取领导者策略；二是敌强我弱，采取跟随策略；三是势均力敌，采取广结同盟策略。

(三) 自由讨论误区

误区一：自己的答案被确定为最终答案就有高分。

这是不少考生在初次接触无领导小组面试时容易出现的误区，他们在讨论时始终不愿放弃自己的观点，导致讨论陷入僵局。这里需要说明的是，考官给考生自由讨论的表现打分，几乎与最后答案是什么无关。

误区二：第一个发言一定拿高分。

有部分考生认为在讨论时第一个发言的人会吸引考官注意，从而能够获得高分。实际上，这是有较大风险的，如果第一个发言的考生不能很有效地引导整场讨论走向，他的得分不会很高。因此，考生想要利用第一个发言得到高分，就必须知道第一个发言说什么、怎么说才合适。

误区三：成为领导者就一定有高分。

这个误区与第二个误区类似，考生认为引导整场讨论就能获得考官的注意，从而获得高分。殊不知，如果小组讨论偏离方向，或者讨论内容无效，领导者会承担主要责任，最终分数全组垫底。因此，想要担任领导者，前提是必须对整场讨论有充分的了解。

误区四：多发言、多表现就会有高分。

有部分考生认为在讨论期间，只要把自己想说的都表达出来，让自己在整个小组中最活跃，面试就能有高分。实际上，如果发言只有数量，没有质量，只会适得其反。这就需要考生掌握一个度——团队讨论与个人表现之间的平衡。考生要确保观点准确无误，逻辑清晰，论据充分，同时注意把握发言时间，不要一味地发表个人观点，要做到兼顾其他考生的发言，同时给接下来的讨论确定方向。

四、总结发言环节

无领导小组讨论的最后阶段是总结发言，即总结者以小组代表的身份把小组讨论的结果向考官陈述。在这一阶段中，之前表现较为优异的考生可以通过此次机会巩固自己留给考官的印象；而之前表现不佳或发言较少的考生，可以抓住最后一次机会改变考官对自己的印象。这个阶段的考核重点是考生的总结归纳能力和语言表达能力。总结陈词的模式有两种：一是由小组中一个人来总结陈词；二是由小组每一个人进行一次总结陈词。目前，国企的无领导小组面试总结陈词以第一种模式为主，一旦出现后一种模式，考生就要争取第一名或最后一名发言，因为只有这两名才是最能吸引考官注意力的。在整个总结发言的过程中，考生需要特别注意总结发言的抢答策略和发言内容的重点。

(一) 总结发言的抢答策略

总结发言是每个考生的必争环节，在抢答过程中既要做到争抢有力，也要做到争抢有度。

1. 竞争人数比较少

当竞争人数比较少时，可以针对自身前期表现，充分说明自己作为总结发言者的理由。

(1) 考生在前期发言比较多的情况下，可以说："我对于前期讨论阶段的理解相对深刻，和每位考生的沟通也比较多，能够综合大家的意见进行汇总发言。"

(2) 考生在前期发言比较少的情况下，可以说："我在讨论阶段主要在记录大家的发言意见，对整个讨论过程梳理得比较清晰，正好由我给大家进行汇总报告，平衡一下大家的发言次数。"

(3) 当考生的观点与小组最终达成的观点并不一致时，可以说："各位组员，虽然我最初提出的观点与最终达成的观点并不完全一致，但是在这次讨论过程中，我一直是认真倾听和详细记录的，尤其是对我们达成一致的这个观点的论据有深刻领会，我相信我有能力做好这次总结汇报工作。"

2. 竞争人数比较多

当多人抢答且自己前期发言较多时，可以采取以下策略。

(1) 自己先退后。如果感觉小组内其他人更加渴望成为总结发言人，可以主动退后，让他们有机会发表意见和总结，这展现出你的合作意识和支持他人的态度。

(2) 集中关注。关注小组内其他人提出的重要观点和见解，在总结发言阶段提及并赞扬他们的贡献，以树立自己尊重队友、重视合作、善于交际、有团队意识的形象。

(3) 主动提议。如果没有其他人表达意愿成为总结发言人，你可以主动提出自己的意愿，并说明自己适合这个角色的原因。例如，强调你在总结和组织能力方面的经验和能力。

(4) 投票决定。如果小组无法就总结发言人达成共识，可以进行投票表决，选出一位总结发言人，但确保投票过程公平公正，并尊重投票结果。

无论采用哪种策略，在这个过程中要保持尊重和合作的态度，理解其他人的意愿，并尽量协调和解决冲突，以确保小组总结发言的顺利进行。

(二) 总结发言的内容重点

1. 讨论的核心问题

总结发言应该围绕讨论的核心问题或主题展开，明确地概括出讨论的焦点。

2. 主要结论和共识

总结发言需要概括出讨论过程中达成的主要结论和共识。这些结论可以是解决方案、行动计划，也可以是相关决策的总结。

3. 支持结论的理由和证据

如果在讨论过程中提到了具体的事实、数据、案例或经验，那么总结发言可以提及这些支持结论的理由和证据，这有助于增加总结发言的可信度和说服力。

4. 未解决的问题或潜在的挑战

总结发言可以指出在讨论过程中未解决的问题或可能面临的潜在挑战。这可以为后续行动提供重要参考，并促使讨论继续进行或针对未解决问题采取进一步的行动。

5. 致谢和赞赏

总结发言可以表达对参与讨论的每个成员的感谢和赞赏，特别是对那些有特殊贡献的人表示赞赏。

总结发言的重点是简明、准确地总结讨论过程和结果，提供明确的方向和决策，同时尊重并体现小组成员的贡献。

第三节　无领导小组讨论五大角色

无领导小组讨论是需要考生在集体讨论中得出最终结果，整个过程需要各个考生密切分工、妥善配合。考生在讨论过程中要扮演好自己的角色，共同推动讨论的进程，整合出最佳的讨论结果。

无领导小组讨论有五大角色，分别是组织领导者、时间控制者、组织协调者、意见贡献者、总结陈述者。

一、组织领导者

组织领导者是指领导本小组对问题进行讨论和分析，组织大家明确分工并最终达成统一意见的考生。组织领导者不需要在小组讨论中提出特别多的观点和看法，而是要控制小组讨论的进程和节奏，保证小组能顺利进行讨论。组织领导者在讨论过程中要态度谦逊温和，牢记各个角色的定位，力求发挥每一个小组成员的能力和知识优势，在规定的时间内，整合出完善的解决方案。具体而言，组织领导者可以从以下几方面入手组织讨论。

1. 确定小组讨论的方向和框架

【经典话术】"我们遇到的是一个……问题，目的是要实现……，在讨论具体解决方法时，我们先确定一下总体解决思路。""我先谈谈我的想法，大家看看补充和改进一下，好吗？我的思路是……"

2. 积极引导小组成员参与讨论

【经典话术】"你说的是必须提高大学毕业生的就业率吗？""那通过什么方式能更好地提高就业率呢？""你讲的是重视教育公平性和提高教育质量这两点吗？""其他考生的意见呢？""这位考生一直在倾听大家的讨论，我们不妨来听听他的看法。"

3. 为小组讨论营造良好的气氛

【经典话术】"两位组员观点看似产生了分歧，我认为两者可以有机结合，我的思路是……"

二、时间控制者

时间控制者是注意时间进展，提示小组成员注意发言和讨论时间的考生。如果一个小组没有注意考试的时间，出现了超时的现象，往往会影响小组整体的起评分，进而影响每一位考生的分数。做好时间控制，可以从以下几方面入手。

1. 制定合理的时间节点，掌握好发言次数和频率

【经典话术】"我们要讨论的是一个……问题，可能在解决……和……问题上，会遇到困难。我建议，在讨论前，我们先根据题目的情况，把面试时间这样分块："首先，大家用12分钟来讨论和解决第一个问题，其次，我们用15分钟来讨论和解决第二个问题，最后我们选出代表总结陈述，并给他3分钟时间整理思路和准备。整个过程是12+15+3=30分钟，而面试一共是33分钟，我们有3分钟的机动时间。这样时间分块，大家觉得可行吗？可行的话，那现在我们就开始吧！""各位组员，小组的讨论需要一个计时员，我愿意担任这一角色来为大家服务。作为计时员，我将在小组讨论时间过半时、还有5分钟讨论结

时提醒大家，以便大家准确把握时间。此外，为了使大家能够有均等的发言机会，我倡议大家每次发言的时间最好不要超过两分钟。如果大家没有异议的话，我们就抓紧时间进行讨论吧！"

2. 落实好时间规划，做好时间管理

【经典话术】"各位组员，大家发言一定要简明扼要，单次发言控制在两分钟以内。""3号组员，请注意你的发言时间""各位组员，距离第二阶段结束还有5分钟，我们应该尽快在……问题上达成一致，我的思考是……"

3. 配合领导者，推动讨论进程

【经典话术】"下面，我们适当总结一下刚才谈话的内容……""刚才大家各说各的，我们先回到总体思路上。""我们讨论到了哪一步呢？"

4. 发言声音洪亮，展现自信

发言声音洪亮，体现出自己的决断与果敢，做到不卑不亢。

三、意见贡献者

顾名思义，意见贡献者就是提供个人观点以及对其他组员观点进行补充分析的人。做好意见贡献，可以从以下几方面入手。

1. 掌握两个核心

拿到试题后，迅速弄清"我是谁"和"我们要解决什么问题"两个核心。在整个讨论进程中，时刻提醒自己有没有偏离这两个核心，一旦发现偏离，及时提出纠偏意见。

2. 寻求解决之道

在自由讨论环节，采取管控、提问、调停、释义、聚焦、融合、转向、反驳、总结等方式来发言，既可以说"理"，也可以说"例"。

3. 发言简明扼要

用最少的语言表达出最多的含义，所表达的观点要和小组正在讨论的内容相关，起到"拨云见日"的效果。

四、组织协调者

组织协调者是调动团队气氛、调和大家意见、调配发言权的考生。组织协调者能够活跃整个团队的整体氛围，充分调动大家的积极性，有利于展开头脑风暴式的讨论。做好组织协调，可以从以下几方面入手。

1. 厘清思路，切忌做"墙头草"

扮演组织协调者的考生要注意，调和矛盾并不是"和稀泥"。作为组织协调者，本身也需要具备冷静的头脑和清晰的思路，能够在明确小组讨论大方向的基础上，厘清对立观点中的契合点，从考生的共同处着手，使小组讨论趋于良性发展。"墙头草式"的调和方式不仅不能起到有效的调和作用，反而会使自己成为其他考生批评的对象。

2. 求大同，存小异

当双方存在分歧，作为协调者，一定要站在双方的角度来看这个问题，不偏不倚，不因个别分歧而影响主要方面的一致。

3. 谦和有礼，不卑不亢

要做好组织协调者，有效地调配发言权，使自己的意见能够真正被大家所采纳，就要采用谦和有礼、不卑不亢的态度进行组织、调和。

【经典话术】"各位组员说得都非常有道理，但是已然偏离了我们的主题，我建议我们回到我们的论题上来吧，我的看法是……""在这个问题上，5号组员是从……角度阐述的这个问题，而5号组员从……角度进行了分析，我们可以这么来……""很不好意思，各位组员/这位组员，我不得不打断你们/你的争论，因为……"

五、总结陈述者

总结陈述者是代表小组进行汇报总结的考生。做好总结陈述，可以从以下几方面入手。

第一，做好记录，有备而战。在个人陈述阶段和自由讨论阶段，总结陈述者需要记录组员的观点，全面准确地表达小组的结论。

第二，厘清思路，把握好发言质量。

第三，掷地有声，从容应对。

【经典话术】"首先再次感谢各位小组成员对我的信任。各位考官，大家好！我们小组成员经过一番热烈的讨论，每个人都充分发挥了自己良好的思维能力，最终达成了一致意见。下面我将汇报我们小组讨论的结果。我们组的观点是……，理由是……，我的陈述完毕，谢谢！"

第四节
无领导小组讨论常见问题巧解

1. 大家抢着发言，怎么办？

【方案1】做"仲裁"角色，说明各方观点的合理之处(注意是说明他人观点的合理之处)，进而提出自己的观点。

【方案2】调停，如说"大家的观点都有合理之处，但我们最重要的是达成团队一致意见，有考生还没有发言呢！"继而请小组中最寡言的考生发表观点。若其发表观点，接着其后发言；若其不发表观点，接过话题，说："好，那我来说一下我的观点。"

2. 两人争执不下，怎么办？

【方案1】这是体现"运筹帷幄"能力的好机会，提示"宏观考虑"的重要性，并明确"我们还有多少时间""我们离目标还有多远"。

【方案2】适当保持沉默，通过倾听修正及完善自己观点，抓住合适时机发言，总结各个争议观点中的一致部分，并提示"过程控制"的重要性，将一致性的观点予以适当修正或升华，从而带领团队离目标更近一步。

3. 与多数人意见不一致，怎么办？

及时转移话题，适当调整自己的观点，通过倾听他人观点，伺机对多数人观点进行修正、总结、完善。

4. 没有人发言，怎么办？

该情况在无领导小组讨论中几乎不可能发生，倘若真的发生，可选择扮演或同时扮演"领导者""意见贡献者""时间控制者""协调者"的角色。

5. 自己的观点被他人说了，怎么办？

若前面几位组员均已阐述观点，可将其观点中的共性、特性之处加以总结，并进行实时记录，待到自己发言时，一方面陈述总结内容，另一方面将自己观点与他人观点的不同之处作为"补充"提出。

6. 小组没有达成一致意见，怎么办？

决不能让小组达不成一致意见，否则全组一起减分。若时间将至而小组仍未达成一致意见，需要进行"过程控制"，并提出一个可帮助全组达成一致意见的方案(注：方案高明与否并不重要)。此时若有人提出更好的方案，应表现团队意识，对他人方案予以认可；若无其他人提出更好方案，应环视大家征询"默示民主"(注：充分利用小组讨论中的"默示民主"，切记慎用"集体投票表决"这种"明示民主"的方式)。

应注意的是，进行过程控制时应阐明达成一致意见的重要性、利害。例如："我们达成一致意见，尽管方案不尽如人意，也至少可供解决这个问题；若达不成一致，完不成组织的任务，将一无所获！"

7. 有实力，但没被推选为代表总结发言，怎么办？

首先，尽力争取总结发言的机会，方法有三：一是讨论时间临近结束时发言，待时间结束时"顺水推舟"，毛遂自荐做发言人；二是讨论时间临近时将方案做实时记录，在即将结束时声明自己做了完整细致的记录，毛遂自荐做发言人；三是如遇到棘手问题，小组内有一名实力略强于你的考生提议让某位实力一般、发言不多的组员作总结，美其名曰"给其他人一个锻炼机会"。而实际是，若你做总结发言，你的总得分可能超过他。此时，你可以这样说："我也非常希望能给这位考生一个锻炼机会，但我想总结阶段最重要的是能否最好展现我们团队的讨论成果，这关乎我们整个团队的共同目标，所以我毛遂自荐。"

若经过努力仍未被推选为代表，则想办法补救：一是将自己对讨论所做的总结交给代表，抑或是将自己对他人总结成果所做的几点补充交给代表，并礼貌提醒，在总结时务必说明这几处要点；二是若参与的具体讨论允许"补充"，待代表总结发言完毕后，抓住机会对其发言进行补充。

后 记

亲爱的读者朋友们：

　　首先，我要衷心地感谢您选择了这本书。在这本书中，我们努力提供详尽的国企招聘考试备考指南，旨在帮助您更好地应对国企招聘考试的挑战。

　　但是，仅有理论知识还不足以应对真正的考试环境。因此，我们特别准备了一份国企真题集，作为对读者最真实和实用的回馈。这些国企真题是经过严格筛选、整理和分类的，其中涵盖了各个岗位和行业的典型题目，并且力求与最新的招聘形势保持同步。

　　希望通过对这些真题的练习，您能更好地熟悉国企招聘考试的题型和出题风格，提升自己的解题能力和应试技巧。同时，也希望您结合书中的知识点，进行系统性的学习，从而在国企招聘考试中脱颖而出，成功实现您的求职目标。

　　最后，我要再次感谢您对我们的支持和信任。无论您是即将毕业的学生，还是正在考虑跳槽的职场人士，这本书都会为您提供宝贵的参考和指引。希望我们的努力能对您的求职之路有所帮助，并祝愿您在未来的国企招聘考试中取得优异的成绩！

　　衷心祝愿您的求职之路一帆风顺！